捏造《ねつぞう》された聖書

MISQUOTING JESUS

The Story Behind Who Changed the Bible and Why

バート・D・アーマン
BART D. EHRMAN
松田和也 訳
MATSUDA Kazuya

柏書房

ブルース・M・メッガーに

四福音書記。伝統的な動物のシンボルが描かれている。この動物は、彼らが描くイエスの性質の一側面を象徴する。マタイは人間（人間性）、マルコはライオン（高貴）、ルカは雄牛（犠牲）、ヨハネは鷲（神性）。

捏造された聖書●目　次

謝辞

私の原稿を読み、変更を示唆（時には催促や嘆願）してくださった四人の明敏かつ慎重な学者に謝意を表する。コーネル大学のキム・ヘインズ゠アイツェン、ミネソタ州ベテル・カレッヂのマイケル・W・ホームズ。ヨロラ・メアリマウント大学のジェフリー・サイカー。そして我が妻にしてデューク大学の中世史家サラ・ベックウィズ。世のすべての著者に彼らのような読者がいれば、学者の世界はもっと幸福だっただろう。

ハーパー・サンフランシスコの編集諸氏にも感謝を。この計画を勧め、契約してくれたジョン・ラウンドドン。仕事を家に持って帰って完成させてくれたミッキー・モードリン。そしてとくに、原稿を丹念に読み、有益なコメントをくれたロジャー・フリート。

聖書テキストの翻訳は、とくに注意書きがない場合、私によるものだ。

私は本書を良き指導者で「ドクター・ファーザー」であるブルース・M・メツガーに捧げる。この学問分野を私に教え、そしてつねに私を啓発してくれた。

はじめに

私はこれまでにもさまざまな題材について本を書いてきたが、この本に関しては、なかでもとりわけ深い思い入れがある。何しろこの本の主題は、私が十代後半に初めて新約聖書の勉強を始めた頃からずっと心の中で温め続けてきたものだ――つまりもう三十年以上、構想を練り続けてきたということになる。むしろこの主題は、もはや私自身の一部になっていると言っても過言ではない。だから本書を始めるに当たって、まずはとりあえず、この主題がなぜ私にとってそれほど重要だったのか、そして今も重要なのかという個人的な話から始めさせていただきたい。

本書のテーマは新約聖書の古い写本の数々と、そこに見出される相違点、それに聖書を複製しつつ、時にそれを改竄した書記たちの物語だ。とても自叙伝の鍵にはなりそうもないテーマだが、事実そうなんだからしかたがない。事実は小説よりも奇なりというわけだ。

実際、新約聖書の写本は、この私をすっかり変えてしまったのである。私の、自分自身やこの世界に対する理解、神や聖書に対する考えを。知的にもまた感情的にも。だがいったい何がどうなってそんなことになってしまったのかを説明する前に、まず私という人間がどういう奴なのかをごくかいつまんでご説明しておこう。

私が生まれ育ったのはものすごく保守的な土地、そして時代だった――南部保守地帯《ハートランド》、しかも一九五〇年代半ば。家はごくごく普通の五人家族、教会には顔を出すが、とくに信心深いというわけでもない。五年生の時から、カンザス州ローレンスの監督派教会に通うようになった。この教会には親切で聡明な牧師がいて、しかもその人はたまたまうちの隣人で、その息子と私は友人同士だった（彼とは、中学の頃に一緒にオイタをしたっけ――まあ、タバコをどうのこうの、とか）。監督派教会はたいていそうだが、この教会もまた社会に対して立派に貢献していた。典礼《てんれい》にはまじめに取り組んでいたし、その中では聖書は不可欠だった。だからといって、聖書を重視し過ぎるってこともなかった。聖書はあくまでも信仰と礼拝の手引きのひとつであって、伝統や常識もそれと同じくらい重視された。実際、私たちは聖書の話なんてあまりしなかったし、読みもしなかった。日曜学校ですらそうだった。むしろもっと現実的で社会的な事柄、この世で生きていく方法、そんなことが話題の中心だった。

我が家では聖書は大切にされていた。とくにママはそうで、ときおり聖書の一節を読んでは、私たちがその物語と倫理的な教訓を理解しているかどうか確認したものだ（その「教義」についてはあまりやかましくは言われなかった）。高校に行くまでは、聖書というのはキリスト教にとって重要な謎の本、ってイメージだったと思う。それを研究したり、会得したりするなんて思いもよらなかったのは確かだ。どことなく古めかしくて、神だの教会だの礼拝だのと分かち難く結びついた本。だけど進んで読んでみようとか研究しようなんて気は毛頭なかった。

そんな状況ががらりと変わったのは、高校二年の時だ。その時、地元の教会とは全く違う環境で、私は「再生」を体験した。当時の私は、典型的な「周縁的《フリンジ》」な子供だった――真面目で、学校のスポーツも好きで積極的だけど、これといって得意なものはない。社交生活も好きで積極的だけど、学校の人気者というわけでもない。はっきり憶えているが、私の内面にはつねに満たされない虚しさみたいなものがあったのだった――友達と遊び回っていても（私たちはいつも、パーティに行けば付き合い酒を呑んでいた）、デートをしても（性の世界の畏怖すべき神秘《ミュステリウム・トレメンドゥム》に入門しつつあった頃だ）、学校も（私は懸命に勉強したし、成績も悪くはなかったが、スーパースターではなかった）、バイトも（私は戸別訪問のセールスマンで、盲人のための製品を売っていた）、教会も（私は侍者で、かなり敬虔だった——侍者は日曜の朝には必ず出席して、土曜の夜はその準備をせねばならない）、私の内心の虚しさを満たしてはくれなかった。何のことはない、ティーンエイジャー特有の孤独ってやつだったんだが、もちろん、それがティーンエイジャーのハシカみたいなものだなんて解るはずもなかった——ただ、何か足りないものがある、そんな気がしていたんだ。

そんなとき私は、学内キリスト教青年団の会合に顔を出すようになった。これはメンバーの子供たちの家で行なわれていて——最初に私が参加したヤード・パーティに場所を提供していたのは、みんなから慕われている人気者だった。だから私はこのグループはOKに違いない、と判断したってわけだ。グループのリーダーは二十幾つのブルースって人で、彼はこれを生業にしていた——あちこちにキリスト教青年団を創り、高校生たちに「再生」を体験させ、聖書の真剣な研究や祈りの集会なんかに参加させる、って仕事だ。ブルースは本当に愛嬌のある人だった——私たちの両親よりは若いが、私たちよりは年上で、経験もある。それに、とてもパワフルなメッセージを持っている。キミたちの内心の空虚（ティーンエイジャーなんだから！　みんな内心は空虚なのさ！）は、心の中にキリストがいないからさ！キリストにお願いすれば、彼はボクらの中に入って、喜びと幸福で満たしてくれるのさ！　そりゃあもう、「救われた」人にしか解らない体験さ！

ブルースはもう自由自在に聖書を引用することができた。それもたまげるほどの精確さでだ。聖書をそれなりに大切には思っていたけど、全然知識というもののなかった私にとって、それはそれは圧倒的な説得力だった。それに、教会で聞かされていた話とも似ても似つかなかった。教会のそれは古くさい儀礼が中心で、いわば年寄りの御用達。それに対してブルースのはまさに、楽しみと冒険に飢えていて、しかも内心に虚しさを抱えている私たち子供のためのものだった。

それでまあいろいろあったわけだが、思いっきり話を端折ると、結局のところ私はブルースについて行くことにしたわけだ。彼の救済のメッセージを受け入れ、イエス様に心の中に入ってくださるようにお願いし、本物の「再生」を体験したのだ。たった十五年前にこの現実世界に生まれてきたばかりの私だったが、この二度めの誕生は私にとって全く新しい、わくわくするような体験だった。そしてこれこそ、私が生涯歩んでゆくことになる信仰の道の第一歩だったのだ。その道は山あり谷あり、紆余曲折もあれば袋小路もあった。だがその袋小路ってのがまた、結局は新しい別の道の始まりだったことが判明したりして、結局三十年以上を経た今もなお、私はその道にいるというわけだ。

この「再生」を体験した人は、自分こそが「真の」キリスト教徒であると考える――ただ漫然と教会に通っているだけで、心の中にキリストを持つわけでもない、お義理のキリスト教徒とは違う、ってわけだ。その違いを自分で納得するために聖書の研究や祈りに精を出す。ブルース自身、まさにそんな「聖書人間」だった。シカゴのムーディ聖書研究所を出て、私たちが思いつく限りの（そして思いつきもしないような）あらゆる質問に対して、聖書を的確に引用して答えることができた。私はすぐに、意のままに聖書を引用する彼の能力を羨むようになった。そこで自分も聖書の研究を始め、いくつかのテキストを学び、その意味を理解し、重要な聖句を暗記するまでになった。

ブルースの影響で、私は自分が「真面目な」キリスト教徒としてキリスト教の信仰に身を捧げることを当然と思うようになった。つまり、ムーディ聖書研究所に入って、フルタイムで聖書の研究に励むということだ。当然ながら、ライフスタイルは激変した。ムーディには学生が守るべき倫理「規範」があった――禁酒、禁煙、禁ダンス、禁トランプ、禁映画。そして暇があれば聖書。こんな風に言っていたものだ、「ムーディ聖書研究所の学生は、『バイブル』がミドルネームです」。たぶん私は研究所をキリスト教の新兵訓練所のように考えていたんだろう。いずれにせよ、信仰するならとことんやると決めていた。私はムーディに願書を出し、合格し、入学した。一九七三年の秋だった。

ムーディでの体験は強烈だった。聖書神学を専攻しようと決めたが、それはつまり、大量の聖書研究の講座と体系的な神学コースを取るということだ。これらのコースで教えられる観点はただひとつ。教授全員が是認し（彼らはその声明書に署名しなければならない）、学生も全員が是認している（私たちも署名した）観点だ――つまり、「聖書は無謬なる神の御言葉である」。聖書には唯のひとつも誤りはない。一字一句に至るまで完璧に神の霊感によって書かれたものなのである――まさに「言葉による絶対の霊感」だ。私の取ったすべてのコースが、この観点を前提として教えていた。それ以外の観点は誤りか、もしくは「異端」とされた。こういうのを「洗脳」と呼ぶ人もいるだろう。だが私にとっては、それは子供の頃に慣れ親しんでいた、俗塵にまみれた監督派教会流の腰の抜けた聖書観からの大幅な「ステップアップ」だった。これこそ、完全なる献身者のためのハードコアなキリスト教なのだ。

とはいうものの、聖書が――一字一句に至るまで――霊感によって書かれた言葉であるという主張には、明らかな問題があった。ムーディのカリキュラムの最初のコースで習うのだが、新約聖書のオリジナルなんてものは、世界のどこにも存在しないのだ。あるのはただこれらの文書の複製だけであって、それも何年も後に――というか、ほとんどの場合、何百年も後に――作られた代物なのである。しかもその上、その複製なるものも完璧に精確であるというわけではない。というのも、それを写した書記たちは時には不注意によって、そして時には意図的に、元のテキストをあちこち改竄しているからだ。ありとあらゆる書記がこれをやっている。つまり、今日の私たちが手にしているのは霊感を受けた言葉の書かれた聖書の原文（すなわちオリジナル）なのではなく、その原文の複製、しかも間違いだらけのやつ、というわけだ。そんなわけで、聖書のオリジナルには何が書いてあったかを査定することこそが死活の急務となる。何といっても、（一）それは霊感によって書かれた素晴らしいものであり、しかも（二）その現物が存在しないんだから。

残念なことに、ムーディの級友たちの多くは、この急務をさほど重視せず、それどころかさほどの興味も持っていないようだった。彼らはその原文が神の霊感によるものであるという教えに安穏とし、原文が現存していないという問題については無視を決め込んでいたのだ。だが私にとってはこれはいかんともしがたい問題だった。神が霊感を与えたのは、聖書の言葉それ自体だ。だから神が人間に与えた言葉を理解するためには、その言葉自体がどういうものであったかを知らねばならない。なぜならその言葉というのは神御自身の言葉であり、それ以外の言葉（不注意にせよ意図的にせよ書記たちが捏造した言葉）は、神の本当の言葉を知るための助けにはならないのだから。

そんなわけで私は新約聖書の写本に興味を持つようになった。十八だった。ムーディでは、「本文批評」と呼ばれる学問分野の基礎を学んだ。「本文批評」というのは、原文に改竄を加えた写本を分析し「オリジナル」な言葉を再現するという学問を意味する専門用語だ。だが私はまだこの学問に携わる準備ができていなかった——その前にまず、新約聖書のオリジナルな言語であるギリシア語を学ぶ必要があったのだ。それと、それ以外の古代語、たとえばヘブライ語（キリスト教でいう旧約聖書の言語）やラテン語も必要になるだろう。さらに、他の学者たちの意見を知るためには、ドイツ語やフランス語など現代ヨーロッパの言語も不可欠だ。まさに前途遼遠ってやつだ。

ムーディでの三年間を好成績で終える頃には（三年のコースだったのだ）、私は真剣にキリスト教学者を志していた。当時の私が何を考えていたかというと、福音《ふくいん》主義キリスト教徒（保守的な聖書解釈を固守する立場）の中には教養ある学者がごまんといるが、（世俗の）教養ある学者たちの中に福音主義キリスト教徒がたくさんいるというわけじゃない、だから自分は世俗社会の中で福音主義を説く「声」になってやろうと、そのためにはきちんと学位を取り、敬虔な福音主義者として、世俗の環境の中で教育に携わることができるようになろうと、まあそんなところだ。だがとりあえず当面の課題は学士号の取得であり、そのために福音主義の最高ランクの大学へ行くことにした。選んだのは、シカゴ郊外のホイートン・カレッジ。

ムーディの関係者からは、ホイートンで本物のキリスト教徒を見つけるのは至難の業だ、と脅された――いかにムーディが原理主義的であるかってことだ。そもそもホイートンは福音主義キリスト教徒でないと入れないし、卒業生の中にはTV伝道師のビリー・グラハムだっている。だがいざ入って見ると、その校風は私の好みよりも少しリベラル過ぎた。学生たちのお気に入りの話題と言えば、霊感の御言葉《みことば》なる聖書よりも、もっぱら文学や歴史、哲学など。もちろん、それらをキリスト教的観点から語っていたわけだが、たとえそうであってもだ――彼らは、本当に大切なものが何であるのか、解っていないのか？

ホイートンでは英文学を専攻することにした。昔から読書は大好きだったし、学者の世界に入り込むには聖書以外の学問分野に精通していることが必要だと解っていたからだ。それと、ギリシア語。おかげで、ホイートンでの最初の学期で私はジェラルド・ホーソーン博士に出逢うこととなる。ギリシア語の先生であり、学者として、師として、そして最終的には友人として私の人生に大きな影響を及ぼすことになる人物だ。ホーソーンは、ホイートンの教授のほとんどがそうであるように、敬虔な福音主義キリスト教徒だった。だが彼は自らの信仰に疑問を抱く勇気を持っていた。なのに当時の私は、それを彼の弱さの印と見ていた(事実、私は自分なら彼の疑問のほとんどすべてに答えを出すことができるとまでうぬぼれていたのだ)。だが最終的に、私は彼のそれが、信仰に対する真の献身の証なのだということが理解できたのである。というのも、それは結局のところ、自分の見解をより広い知識と人生経験に照らして修正する可能性をつねに受け入れる、ということに他ならないのだから。

ギリシア語の学習はスリリングな体験だった。実際にやってみると、基礎の習得は実は簡単で、つねに私は一歩先の課題を求めていた。とはいうものの、もっと深い面では、ギリシア語を学習したことで、私自身と私の聖書観について若干の問題が生じた。すぐに解ってしまったのだが、新約聖書のギリシア語テキストの完全な意味とニュアンスを理解するためには、その原語で読んで学ぶ以外に手はないのだ(同じことは旧約聖書にも言える、ということが、後にヘブライ語を学んだときによく解った)。だったらなおのこと、何が何でもギリシア語は完全にマスターしなきゃ、と私は思った。と同時に、これによって私は、霊感によって書かれた神の御言葉としての聖書という理解に疑問を抱かざるを得なくなったのだ。というのも、もしも聖書の言葉の意味を完全に理解するためには、それをギリシア語(それにヘブライ語)で研究しなければならないというのなら、そんな古代語なんて読めないほとんどのキリスト教徒は、神が与えようとした言葉を完全には理解できないということになるんじゃないのか? ということはつまり、霊感によって書かれた教義というものは、それらの言語を学ぶだけの知的能力と暇があり、テキストを原語で読むことのできるエリート学者のためだけの教義ということじゃないか? だったら、聖書の言葉は神の霊感によって書かれたなんて主張に何の意味がある? だってほとんどの人はその言葉自体にアクセスできず、ただオリジナルの言葉と全く関係のない、たとえば英語みたいな言語への不細工な翻訳に頼るしかないっていうのに[1]。

　それだけじゃない。その言葉の書かれている写本について考えれば考えるほど、私の疑問はさらに深まった。そしてギリシア語を学べば学ぶほど、私は新約聖書が書かれている写本そのものに、そして新約聖書のオリジナルなテキストの再現を目指す本文批評という学問に興味を抱くようになった。だがつねに頭の片隅には、根本的な疑問がずっと居座っていた——この学問は、聖書は無謬なる神の御言葉であるという主張を裏づけるのに、どれほど役に立つだろうか。そもそも今の世の中に、神が霊感によって与えた無謬なる御言葉の現物はただのひとつも現存しない。あるのはただ、神の御言葉を書き写した、いわば複製だけなのだ——その複製は正しい部分もあるが、間違っている部分も（数限りなく！）ある。そんな状況で、その原文（すなわちオリジナル）は霊感によって書かれたものだなんていう主張にどれほどの意味がある？　オリジナルなんてどこを探してもないんだ！　あるのはただエラー満載の複製ばかりで、その圧倒的大多数はオリジナルの何世紀も後に造られたものだ。当然ながら、ありとあらゆる点でオリジナルとは別物だ。

　こういう疑念に取り憑かれた私は、聖書の正体を理解するための研究にますます深くのめり込んでいった。ホイートンでは二年で学位を取り、ホーソーン教授の指導の下、さらに新約聖書の本文批評の道を究めることにした。そこで私は、この分野の世界的権威であるブルース・M・メッガーという学者に教えを乞うことを決意したのだった。彼が教鞭を執っていたのは、プリンストン大学神学校だ。

そして私はまたしても、プリンストン大学神学校への入学に関して、福音主義者の友人たちからさんざん脅されることになった。曰く、あそこで「本物」のキリスト教徒を見つけるなんて至難の業だ、というわけだ。何といってもあれは長老派《ちょうろうは》（改革派教会の一派）の神学校だから、再生を体験したキリスト教徒、すなわちキリスト再生派にとってはふさわしくないらしい。とはいえ、それまでの英文学、哲学、そして歴史――ギリシア語は言うまでもなく――の研究によって私の地平は著しく拡大していた。知識に対する情熱も、また然り。知識、そう、聖俗問わずあらゆる知識だ。もしも「真実」を学ぶということが、もはや高校の頃に馴染んでいた再生派キリスト教徒ではなくなってしまうということと同義であるのなら、それもまた良し。私は真実追究の旅をとことん突き詰めてやろうと考えていた。たとえその旅が私をどこに連れて行こうともだ。もしかしたら私の求める真実は、福音主義者の狭量な整理箱にねじ込むのは難しいのかもしれない。だがそれでも、やはりそれが真実であることに間違いはないのだ。

プリンストン大学神学校に入るや否や、私は直ちに初年度のヘブライ語・ギリシア語釈義（つまり解釈）の授業に登録し、可能な限りこういうコースでスケジュールを埋めた。この授業は学問的にも、また個人的にも難物だった。学問的な難しさはむしろ望むところだ。でもここで直面することになった個人的困難は、気持ちの上でかなりきついものだった。すでに述べたように、私はホイートンにいた頃から、無謬なる神の御言葉としての聖書に献身することの、その根本的な部分に疑問を抱き始めてはいた。だがここに至って、プリンストンでの精密な研究によって、その献身がさらに深刻な危機に曝されることになったのだ。私は自分の考えを変えたいという誘惑に抗った。周囲には、私と同じように悩んでいる学生たちがいた。私と同様に保守的な福音主義の学校から来た多くの友人たちが、「信仰を保つ」ために苦労していたのだ（今から考えれば「信仰を保つ」ために苦労するなんてヘンな話だ。私たちのいるのはキリスト教の神学校だってのに）。だが研究すればするほど、ますます私は決断を迫られることとなったのだった。

そのターニングポイントとなったのは二学期の、私が敬愛するカレン・ストーリという敬虔な教授の授業だった。その授業は当時の私の(今もそうだが)一番のお気に入りの福音書である『マルコによる福音書』の釈義だった。この授業に参加するには、『マルコによる福音書』を完璧にギリシア語で読めなくてはならない(私はこの学期が始まる前に、この福音書に出てくるギリシア語の語彙をひとつ残らず暗記した)。私たちは重要な条に関する考えを書き留める釈義ノートをつけ、テキストの解釈上の問題について討論し、自分で選んだ解釈上の難問に関する期末論文を提出することが義務づけられていた。私が選んだのは、『マルコ』第二章でイエスと弟子たちが安息日《あんそくび》に麦畑を通っているとき、弟子たちが麦の穂を摘んで食べ、これを厳格で知られるファリサイ派に咎められた、という部分だ。これに対してイエスは「安息日は、人のために定められた。人が安息日のためにあるのではない」と述べ、ダヴィデ王と供の者たちが空腹だったときのことに言及する。曰く、「アビアタルが大祭司であったとき、ダヴィデは神の家に入り、祭司のほかには誰も食べてはならない供えのパンを食べたではないか」。この一節に重大な問題があることはよく知られている。というのも、ここでイエスが引用している旧約聖書の一節(『サムエル記上』二一章一―六)を見ると、ダヴィデがこれを行なったときの大祭司はアビアタルではなく、その父親のアヒメレクなのだ。つまり言い換えるなら、これは聖書といえども決して無謬ではなく、なかには間違った箇所もあるということを如実に示す一節だということだ。

ストーリ教授に提出した論文の中で、私は次のような主旨の複雑な議論を長々と展開した。つまりマルコはここで、この出来事が「アビアタルが大祭司であったとき」に起こったと述べてはいるが、それは実際にはアビアタルが大祭司であったということを意味するのではないのであって、本当はこの出来事が聖書のテキストの中でアビアタルが主要なキャラクタとして登場する部分において起こったということを表わしているのである、と。私はそこに用いられているギリシア語の単語の意味に基づいてこのように論じたのだが、若干回りくどい感があるということは否めなかった。でも私はストーリ教授がこの論を高く買ってくれると思い込んでいた。というのも彼は善きキリスト教徒の学者であって、明らかに（私と同様）聖書の中に純然たる誤りなど紛れ込んでいるはずがないと信じているはずだったのだから。だが返ってきた論文を見ると、その末尾に添えられた教授のコメントはたったの一行だけ。しかもその一行は私の脳髄を直撃するものだったのである。曰く、「たぶんマルコはたんに間違えたのでしょう」。私は頭を抱えた。自分がこの論文に込めた作業のすべてを考え抜いた。そして自分が、好ましからざる問題を迂回するために若干のアクロバット的釈義に頼っていたということを認めざるを得なかった。私の論文の結論は、まあ実際のところ、どちらかと言えば若干こじつけの気味がなきにしもあらずであった。そして私は最終的に、次のような判断を下すに至ったのである。「あううう……もしかしたら、マルコは本当に間違えたのかもなー」。

　ひとたびこれを認めてしまうと、もはや水門は開かれてしまった。もしもマルコの第二章に、取るに足らないような些細な間違いがあるのなら、他の箇所にもありうるということだ。同じマルコの第四章ではイエスがからし種のことを「地上のどんな種よりも小さい」と言うが、もちろん実際にはからし種が地上のどんな種よりも小さいなどということはない。もしかしたら私は、そのことを重々承知していながら、実はこれこれこういうわけで小さいと言えないこともないのだ、などと奇抜な説明をひねり出したりする必要はないのかもしれない。さらにまた、このような「間違い」はもっと大きな問題にも当てはまるのかもしれない。マルコがイエスの磔刑は過越《すぎこし》（ユダヤ教の三大祝祭の一。ユダヤ人の出エジプトを記念して春に行なわれる）の食事の後だと述べており（『マルコ』一四章一二、一五章二五）、一方ヨハネは彼の死がその食事の前だったと述べている――これもまた純然たる間違いなのかも知れない。あるいは、ルカによるイエス誕生譚では、ヨセフとマリアはベツレヘムに来て（聖別の儀礼を行なって）からちょうど一カ月ほど後にナザレに戻ったとされているが（『ルカ』二章三九）、一方マタイによれば彼らはエジプトに逃避している（『マタイ』二章一九―二二）――これもまた何かの間違いかもしれない。あるいはまた、パウロがダマスコへの途上で改宗した後、彼自身はイェルサレムに行って彼より先に使徒として召された人たちに会うということをしなかったと述べている（『ガラテヤの信徒への手紙』一章一六―一七）のに対して、『使徒言行録』では彼はダマスコを発った後、真っ先にそうしたと書いてある（『使徒言行録』九章二六）――これもまた間違いなのかもしれない。

　このような認識とはまた別に、現存する新約聖書のギリシア語写本を研究すればするほど、目の前に立ちふさがってくる問題があった。オリジナルは神の霊感によって書かれたと主張するのは良い。だが現実には、私たちの手許にはオリジナルなんてないのである――だからオリジナルを再現することができない限り、霊感云々は言っても詮無いことなのだ。しかもその上、キリスト教会というものが出来てこの方、キリスト教徒の圧倒的大多数はオリジナルを手にすることができていないという点も、その霊感を疑わしいものにしている。むしろオリジナルどころか、そのオリジナルの直接の複製すら存在しないのである。いやそれどころかオリジナルの複製の複製すら、というかオリジナルの複製の複製の複製ですら存在しないのである。私たちが手にしているのは、後になって――それも、かなり後になってから作られた複製だ。ほとんどの場合、何世紀も後に作られた複製なのだ。そしてこれらの複製たちは、数え切れないほど多くの点でお互いに異なっている。後で述べるけれど、これらの複製たちは互いにあまりにも異なっている点が多すぎて、相違点が全部でいくつあるのかすら解っちゃいない。だからここでは解りやすいように、別のものと比較してみよう――現存する写本同士の間に存在する相違点の数は、新約聖書に出てくるすべての単語の数より多い！

これらの相違点のほとんどは、実は全く取るに足りないものだ。たいていの場合は、たんに昔の書記たちのスペリング能力がほとんどの現代人よりも劣っていたことを示しているに過ぎない（しかも彼らには辞書すらなかったのである。スペルチェックソフトなんて言わずもがなだ）。だがたとえそうでも、このおびただしい相違をどう理解すればいいのか？　聖書の言葉は神の霊感そのままだと主張したいというのはいいとして、その聖書の正確な言葉そのものが存在しないとしたらどうなる？　後で詳しく述べるが、場合によっては、オリジナルのテキストを精確に再現できたかどうか判断のつかない箇所もある。聖書の言葉が何を意味しているのかを知るのは至難の業だ。その言葉自体が何だったのかが解らないんだから！

これは霊感というものに対する私の観念にとっては厄介な問題だった。というのも、もしも神がその気になれば、ちょいちょいと奇蹟のひとつも起こして、聖書の言葉を同一に保つくらい朝飯前であるはずなんだから。少なくとも最初にその霊感を人間に与えた以上、それに比べて遥かに手間のかかる作業とも思えない。神が本当に自分の民に自分の言葉を与えることを欲したのなら、間違いなくそうしていたはずだ（しかもギリシア語やヘブライ語なんかではなく、民がちゃんと理解できる言葉で与えてくださっていたに違いない）。にもかかわらず、神の言葉が現存していないという事実は、神が私たちのために御言葉を同一に保つということをしてくださらなかったということを意味しているに違いない、と私は推論した。そして神がそんな奇蹟を起こしてくださらなかったということは、それ以前の奇蹟、すなわち御言葉を霊感として人間に与えたという奇蹟を信ずる理由もないのではないかと思えたのである。

簡単に言えば、ギリシア語の新約聖書を研究し、それが書かれた写本を調査することによって、私の聖書理解はラディカルに変わったということだ。私にとっては驚天動地の変化だった。以前の私の信仰は——高校での「再生」体験に始まって、ムーディでの原理主義者としての日々、そしてホイートンでの福音主義者としての日々に至るまで——聖書というものは完全に神の霊感によって書かれた、無謬の書であるという聖書観に基づいていた。だが今の私はもはや聖書をそんな風に見ることはできなくなった。聖書は私にとって、ひじょうに人間的な本になりはじめた。聖書のテキストを人間である書記が複製し、改竄したのと同様、人間である著者が元来のテキストを書いたのだ。これは徹頭徹尾、「人の書」なのだ。それぞれ異なる人間の著者が、それぞれ異なる時代に、異なる場所で、異なる目的のために書いたのだ。これらの著者の多くは自分は神から霊感を受けて書いたと言うだろうが、彼らにはそれぞれ独自の観点があり、独自の信条、独自の視点、独自の必要性、独自の欲求、独自の理解、そして独自の神学があった。そしてこれらの観点、信条、視点、必要性、欲求、理解、神学こそが、彼らの語ることすべてを特徴づけている。これらすべての点で彼らは互いに異なっている。つまり、マルコとルカの言っていることに食い違いがあるのは、マルコとルカの考えが違うからだ。ヨハネとマタイも違う——同じじゃない。パウロは『使徒言行録』とは違うし、ヤコブはパウロとは違う。それぞれの著者は人間であって、だから彼が（彼らが全員男だと仮定して）言わずにいられない事柄を読み取る必要がある。彼の言うことが、他のあらゆる著者の言わずにいられないことと同じであるとか、似通っているとか、首尾一貫しているなんて頭から決めつけてはいかんのである。つまり一言で言えば、聖書とはきわめて人間的な本だということだ。

これは私にとって全く新しい観点であり、福音主義キリスト教徒であった当時の私の視点とは全く異なるものだ——それに、今日のほとんどの福音主義者の視点とも。この新しい観点が私の聖書理解をどのくらい変えてしまったかという実例を挙げよう。ムーディ聖書研究所にいた頃、キャンパスで一番人気のあった本はハル・リンゼイによる黙示録的な未来図『今は亡き大いなる地球』だった。リンゼイの本が人気だったのはムーディだけじゃない。それは一九七〇年代において、英語で書かれたノンフィクションの中で最高に売れた本だったのだ（ただし、もちろん、聖書は除く。それと、ここでは「ノンフィクション」という言葉にあまり厳密性を求めないことにする）。リンゼイは、ムーディの連中と同様、聖書は一言一句に至るまで絶対的に無謬であると信じていて、聖書を読めば神は人間がどのように生き、何を信ずるよう望んでいるかが解るのみならず、神自身が未来において何をどのようにしようと計画しているかまで判ってしまうと考えていた。世界は巨大な破滅を伴う黙示録的な危機に向かっている。そして無謬なる聖書の言葉を読めば、いつ何がどのように起こるかというまで判ってしまうというのである。

とくに私がショックを受けたのは、「いつ」という点だ。リンゼイによれば、イエスによるいちじくの木のたとえ話こそ、未来のハルマゲドンの起こるときを示しているという。弟子たちに「終わり」はいつ来るのかと訊ねられたイエスは、次のように答える――

> いちじくの木から教えを学びなさい。枝が柔らかくなり、葉が伸びると、夏の近づいたことが分かる。それと同じように、あなたがたは、これらすべてのことを見たなら、人の子が戸口に近づいていると悟りなさい。はっきり言っておく。これらのことがみな起こるまでは、この世代は決して滅びない。（『マタイ』二四章三二―三四）

このたとえ話は何を意味しているのか？　リンゼイは、それが神自身の無謬なる言葉であると考え、そのメッセージを次のように解く。聖書においては、「いちじくの木」はしばしばイスラエルの国のイメージとして用いられる。それが葉を伸ばすとはどういうことか？　それはかの国が、一時期（冬）の眠りを経て復活することを意味している。では、イスラエルの復活とはいつか？　一九四八年、イスラエルが再び主権国家となったときだ。イエスは、これが起こってから一世代のうちに終わりが到来すると述べた。では、聖書における「一世代」とは何年か。四十年だ。ゆえに、イエス御自身の口から直接語られた、神の霊感による教えでは——世の終わりはイスラエル再建から四十年後に当たる一九八八年よりも前に来る。

　このメッセージは当時の私たちにとって実に説得力溢れるものだった。今から考えれば珍妙な話だが——というのも、特段ハルマゲドンらしきものもないままに一九八八年はやって来て、そして過ぎ去ってしまったわけであるからして——一方で、何百万というキリスト教徒が今もなお、聖書を額面通りに、完璧なる霊感の書として受け止め、私たちの知る歴史に幕を引く破滅が間もなく起こることを予言していると信じ込んでいるのである。例えば、ティモシー・ラ＝ヘイとジェリー・ジェンキンズによる『レフト・ビハインド』シリーズを巡る熱狂をご覧いただきたい。これもまた聖書を文字通りに読んだ黙示録的未来図で、今のこの時代にシリーズ全体で六千万部以上も売れているのだ。

　聖書を私たちの信仰、人生、未来に関する無謬なる青写真として読むのと、ものすごく人間的な種々の観点を持つ「人の書」として読むのはラディカルな違いがある。しかもその種々の観点の多くはお互いに全然違っていて、そのうちのどれをとっても、私たちがどう生きるべきかという無謬なる指導を記したものはない、となればなおさらだろう。私は最終的にこういう考え方をするようになったし、今もそれにどっぷり浸っている。言うまでもなく、多くのキリスト教徒はそもそも聖書を未来の予言書として読むような直解主義を信奉しているわけではない。そんな見方は全く一方的なもので、聖書のニュアンスを無視するものだと言わざるを得ないだろう（だいたい話としても妙ちきりんだし、キリスト教の信仰自体とも関係がない）。とはいうものの、今もなお、聖書をこのように見なしている人は数多くいる。たまたま私は、クルマのバンパーステッカーにこういうのを見た。「神は言われた、私は信じた、それが真実だ」。こんなのを見るたびにいつも心の中でツッコむわけだが、もしも神がそれを言ってなかったとしたら？　神の言葉と信じている本が、実は人間の言葉だったら？　もしも聖書の中に、現代社会の抱える問題（例えば中絶、女権、ゲイ権、宗教的優位、西欧的民主主義、等々）に対するアンチョコな解答なんて何ひとつ書かれてないとしたら？　自分がどう生きるか、何を信じるかは自分自身で決めねばならないのであって、聖書を偶像として奉ったり、全能なる神との直通ラインを提供してくれる神託装置だなんて考えたりしてはいかんのだとしたら？　実際、聖書は私たちの生活を導く無謬の案内書でも何でもない、と考えるに足る明瞭な理由はいくつもある。なかでも最大の理由は、すでに述べたように、多くの箇所で私たちは（学者としても、あるいはたんなる読者としても）聖書のオリジナルの言葉が何だったのかを知らないということだ。

これに気づいたことで、私の個人的な神学はラディカルに変化し、十代後半から二十代前半に歩んでいた道を大きく逸脱することになった。聖書や、そこに書かれた多くの多様なメッセージに対する尊敬の念は変わらなかったが――それと同様に、聖書と同時代かその直後に書かれた他の初期キリスト教文書に対しても、同様の尊敬の念を抱くようになった。例えば、アンティオキアのイグナティウス、ローマのクレメンス、アレクサンドリアのバルナバスなど、あまり知られていない著述家たちの書いたものだ。そしてまた、だいたい同じような時代の、他の宗教の人が書いたもの、例えばヨセフス、サモサタのルキアノス、プルタルコスなどもそうだ。これらの著者たちはいずれも、世界と、その中にいる自分の位置を理解しようと努め、私たちが学ぶべき価値あるものをたくさん残してくれた。これらの著者たちの正しい言葉を知ることは重要だ。それによって初めて私たちは彼らが言わずにはいられなかったことを知り、これらの言葉に照らして何を考え、どう生きるべきかを自分自身で判断することができる。

こうして私は、新約聖書の写本への興味に引き戻された。そして「本文批評」と呼ばれる分野でこれらの写本を研究するようになった。本文批評は実に興味深く、説得力溢れる研究分野だ。学者にとってだけでなく、聖書に興味を持つすべての人にとって（聖書直解主義者も、直解主義から立ち直りつつある人も、どう転んでも直解主義になんてなりそうもない人も、あるいは歴史的・文化的現象としての聖書になんてほとんど関心のない人にとってすら）、真に重要なものだと信じている。だが、何と言っても困ったことは、この本の読者のほとんどが――たとえキリスト教や聖書や聖書研究に興味のある人であったとしても、そして聖書が無謬であると信じているかどうかは関係なく――本文批評についてほとんど何も知らないということだ。しかもその理由も理解できる。これがしっかりした学問分野として確立してから三百年以上も経つというのに、これについて解りやすく書かれた一般人向けの本がほとんど一冊もなかったということだ。ここで言う一般人というのは、本文批評のことなぞ何も知らず、その研究に必要なギリシア語やその他の言語も知らず、それどころかテキストに「問題」があることにすら気づいていないが、そこに問題があると言われれば、いったいそれは何なのか、そして学者たちはその問題にどう取り組んでいるのかというようなことについて興味を抱いてくれる人である。(2)

この本は、つまりはそういう本だ――私の知る限り、そういう本としては世界初のものだと思う。本文批評については何も知らないけれど、書記たちが聖書をどんな風に改竄したのか、なぜそんなことが解るのかというようなことに興味を持ってくださるあなたのために書いた。内容は、この分野について三十年以上にわたって考えてきたことに基づいていて、聖書観のラディカルな変化を体験した今の私の観点によるものだ。今の新約聖書がどうやって出来たのか、オリジナルの著者の言葉がわからないとはどういうことなのか、その言葉がどんな興味深い理由で改竄されたのか、そして私たちが厳密な分析方法をどんなふうに適用し、本物のオリジナルな言葉を再現していくか、というようなことに興味を持つあなたなら、楽しんで読んでいただけると思う。というわけで、これは多くの点で私にとっては個人的な本であり、長い旅の終着点とも言うべきものだ。でも他の人にとっては、それぞれの旅のお供になってくれるものだと思う。

1

キリスト教聖書の始まり

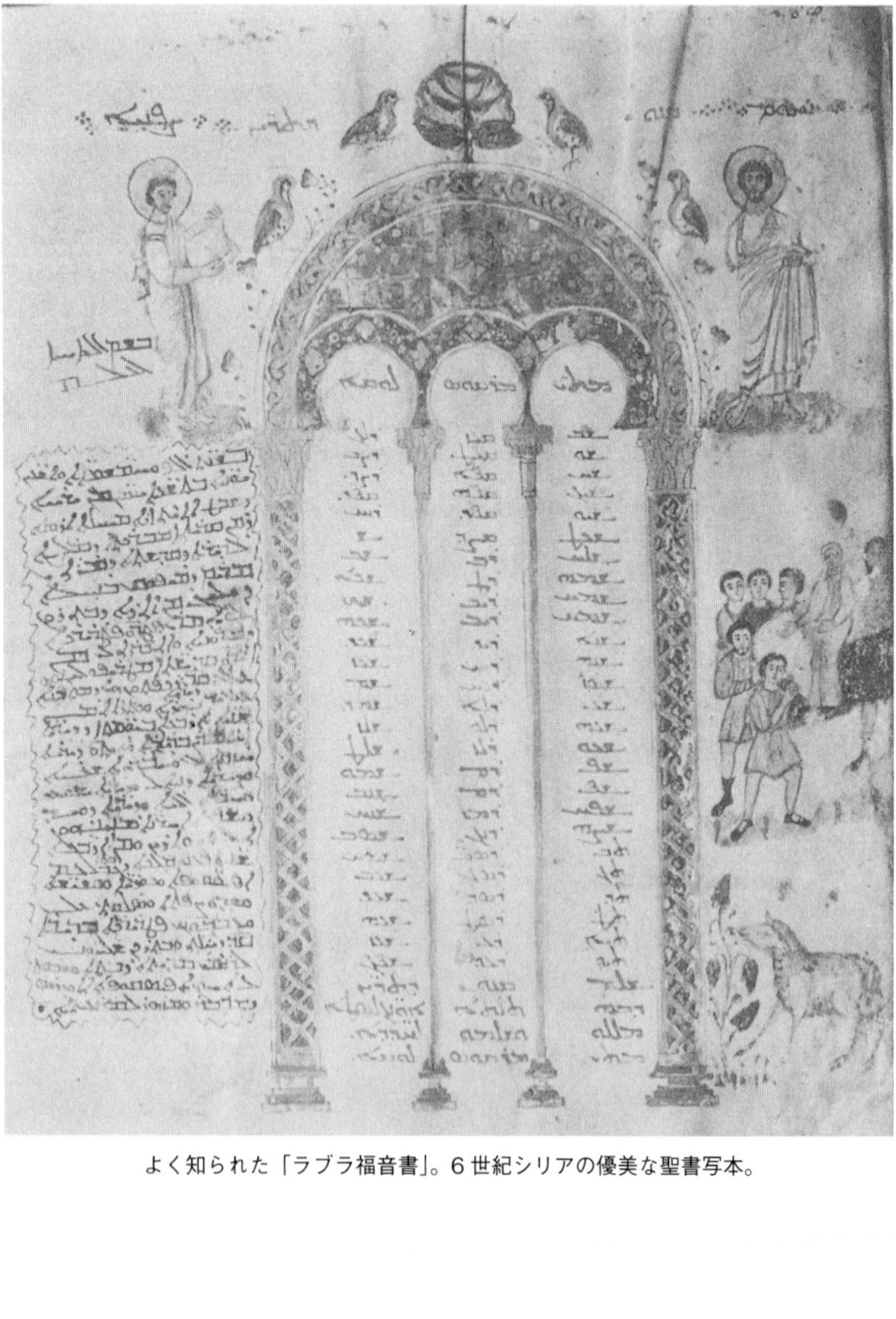

よく知られた「ラブラ福音書」。6世紀シリアの優美な聖書写本。

現存する新約聖書の写本を論ずるためには、まず初めに、当時の世界、すなわちギリシア＝ローマ世界の中での、キリスト教という宗教の異常な特徴について述べておく必要がある——その書物指向だ。実はキリスト教のこの特徴を理解するためには、キリスト教の始まりよりもさらに遡って、その母胎となった宗教であるユダヤ教から始める必要がある。キリスト教の書物指向はある意味、ユダヤ教からそのまま受け継いだものと言える。西洋文明における最初の「書物の宗教」、それがユダヤ教だ。

ユダヤ教の異常な特徴

キリスト教の母胎となったユダヤ教は、ローマ世界では異常な宗教だったけれども、何から何まで他の宗教とは懸け離れていたというわけではない。地中海世界に存在した他の（何百もの）宗教の信者と同様、ユダヤ教徒もまた神界の存在を信じ、そこには人間を超越した存在（天使、大天使、権天使、能天使など）が住んでいると考えていたし、動物や作物を捧げものにする祭礼を行なっていた。そしてこの地上にはこれら聖なる存在が住む特別の聖所（イェルサレムの神殿）があると主張し、捧げものはその場所で行なっていた。神への祈りは、共同体と個人の願いを叶えるために行なわれた。遠い昔にはこの神が人間と直接交流していたという物語が語られ、現世でも神の天祐が期待された。これらのいずれの点においても、ユダヤ教はローマ帝国内の他の神々の信者にとっても「お馴染みの」ものだった。

とはいうものの、ユダヤ教はある点ではきわめて独自のものだった。つまり、ローマ帝国内の他の宗教はすべて多神教だったのだ——あらゆる種類と権能を持つ多くの神々を認め、崇める宗教だ。国家神、地方神、それに人間の誕生や生や死のさまざまな分野を統轄する神々。一方、ユダヤ教は一神教だった

――ユダヤ教徒の拝む神は彼らの祖先と契約した唯一神で、この世界を創造し、支配し、自らの民に必要なものを与えた神であるという。ユダヤ教の伝統によれば、この唯一全能なる神はイスラエルを自らの選民《せんみん》と呼び、自分のみに対する絶対的な帰依《きえ》と引き替えに、彼らの保護を約束した。ユダヤの民にはこの神との「契約」がある。これは彼らがこの神以外の何ものにも仕えず、この神もまた彼ら以外の民を自らのものとしないという約束だ。崇拝して良いのはこの神だけだった。だから神殿もたったひとつ。これは当時の多神教が、例えばゼウスならゼウスというひとつの神に対する神殿をいくらでも造ることができたのとは対照的だ。確かにユダヤ教徒はどこに住んでいようと神を拝むことはできる。だが、神への捧げものという宗教的責務を果たすことができるのはイェルサレムの神殿だけなのだ。他の場所では、「シナゴーグ」と呼ばれる場所に集まって一緒にお祈りをしたり、ユダヤ教の核心である先祖の伝承を語り合ったりする。

この伝承の中には、イスラエルの民の祖先である族長たちと神との交流の物語も含まれている――アブラハム、サラ、イサク、ラケル、ヤコブ、リベカ、ヨセフ、モーセ、ダヴィデなど、いわばユダヤ教の開祖と言える人々だ。また、ユダヤ教の民がどのように神を敬って生きるべきかという詳細な指導もある。そしてローマ帝国内の他の宗教と比べてユダヤ教が独自なのは、これらの指導を初めとする祖先の伝承が「聖典」の中に書き留められたということだ。

今の西洋の三大宗教（ユダヤ教、キリスト教、イスラム）のどれかに親しんでいる現代人には想像もつかないかもしれないが、古代西洋世界の多神教では、本や経典なんてものには事実上、出る幕はなかった。これらの宗教がやっていたのは、祭礼で捧げものをして神を讃えるということだけだ。学ぶべき教義が本に書かれているということもなければ、従うべき倫理規範が本に載っているということもなかった。これは何も、多神教の信者たちが神々に対する信仰や倫理規範を持っていなかったというわけではない。ただ、信仰だの倫理だのは――今の人にとっては奇妙に聞こえるかもしれないが――それ自体、宗教の中ではほとんど何の役割もなかったということだ。それはむしろ個人的な哲学の問題であって、そして哲学というものは、言うまでもなく書物指向になりうる。でも古代の宗教それ自体は「正統教義」だの「倫理規範」だのを必要としないので、そこでは本というものはほとんど何の出番もなかったわけだ。

ユダヤ教がユニークだったのは、祖先の伝承、習慣、律法《りっぽう》を重視し、それが聖なる書物に記されている、と明言した点だ。そこでその本は、ユダヤ教の民にとっては「聖典」ということになる。私たちが関心を持っている時代――つまり、新約聖書の文書群が書かれた西暦一世紀――、ローマ帝国の至る所にいたユダヤ人は、神がモーセの文書群を通じて自らの民に指導を与えたと信じていた。この文書群は総称して「律法《トーラー》」と呼ばれるが、これは「法」とか「指導」を意味する言葉だ。トーラーは五巻の本から成るので、「五書《ペンタテウコス》」という呼び名もある。この五巻とは、つまりユダヤ教聖書（キリスト教で言う「旧約聖書」）の最初の五巻、『創世記《そうせいき》』『出《しゅつ》エジプト記』『レビ記』『民数記《みんすうき》』『申命記《しんめいき》』のことだ。ここには、世界の創造、神の民としてのイスラエルの召命《しょうめい》、イスラエルの祖先と神との関わりなどの物語が書かれている。なかでも最も重要な（かつ長い）のは、神がモーセに与えた律法だ。そこでは神の選民専用の拝み方とか、共同体の中でのお互いの身の処し方などが書いてある。これらは真正なる法であって、学び、論じ、従わねばならない――そしてそのすべてが、一組の書物群の中に記されているというわけだ。

ユダヤ人の宗教生活にとって大事だった本はこれだけではない。例えば「預言者」の本（『イザヤ書』

『エレミヤ書』『アモス書』など）、詩の本（『詩篇《しへん》』）、歴史の本（『ヨシュア記』『サムエル記』など）もあった。結局、キリスト教ができてしばらくした頃、これらのヘブライ語の本のいくつか——というか全部で二十二書——が正典と見なされるようになった。今日のユダヤ教聖書だが、キリスト教徒はこれをキリスト教正典の第一部として受け入れ、「旧約聖書」と呼んだわけだ。(1)

というわけで、ユダヤ教とそのテキストに関する事実をごく簡単に述べてきたが、この話の何が重要かというと、これがキリスト教の背景となったということだ。キリスト教もまた、そのとっぱじめから「書物指向」の宗教だった。言うまでもなくキリスト教はイエスと共に始まったものだが、このイエスという人はユダヤ教の教師《ラビ》で、トーラー、それにたぶん他のユダヤ教聖典の権威を認め、これらの書物に対する彼流の解釈を弟子たちに説いていた。(2)当時のラビがみんなそうだったように、イエスもまた神の意志は聖典、とくにモーセの律法に書かれていると述べた。彼は自らこれらの聖典を読み、これらの聖典を学び、これらの聖典を解釈し、これらの聖典に固執し、これらの聖典を教えた。彼の信徒たちは最初から、伝統的な書物を何よりも重視するユダヤ人だった。そんなわけで、キリスト教の誕生の瞬間から、この新しい宗教の信者、つまりイエスの信徒たちはローマ帝国の中では異常だった。既存のユダヤ教と同じく、でもその他のすべての宗教とは違って、彼らは聖なる権威を聖なる書物に置いていた。キリスト教はまさにその揺籃期から、文字通り書物の宗教だったというわけだ。

ユダヤ教の異常さを受け継いだキリスト教

すぐ後で述べるけれど、初期キリスト教で書物が重視されていたと言っても、だからすべてのキリスト教徒が本を読めたかというと、そんなことは全くない。むしろ全く逆で、初期キリスト教徒のほとんどは、ローマ帝国の津々浦々にいたそれ以外の人々（ユダヤ人も含めて！）と同様、文盲だった。ではキリスト教の中では書物は重視されていなかったのかというと、これがそういうわけでもない。実際、キリスト教共同体の中での信者たちの生活にとって、書物は根本的な意味で、その中心に位置していたのだ。

初期キリスト教書簡

まず最初に注目すべきことは、イエスの死後の西暦一世紀、揺籃期にあったキリスト教共同体は、実にさまざまな種類の文書を重視していたということだ。まず、キリスト教共同体の存在を裏づける最古の証拠である、指導者たちが書いた書簡がある。なかでも最古、かつ最良の例は、使徒パウロだ。パウロは東地中海全域にわたり、主としてその都心部に教会を作って回った。つまり異教徒たち（＝ローマ帝国内の多神教の信者たち）を改宗させて、ユダヤ教の神こそが崇拝されるべき唯一の神であること、イエスはその神の子であること、彼は世界の罪の贖罪のために死に、間もなく審判のために地上に戻ってくることを信じさせたわけだ（『テサロニケの信徒への手紙一』一章九―一〇を参照）。異教徒たちを改宗させるのに、パウロがどの程度聖書（つまりユダヤ教聖書の諸文書）を使っていたかははっきりしない。だが彼は自ら、次のように説教していたと述べている。「最も大切なことは……キリストが、聖書に書いてあるとおり……死んだこと、……また、聖書に書いてあるとおり三日目に復活したこと……です」（『コリントの信徒への手紙一』一五章三―四）。明らかにパウロはキリストの死と復活という出来事を、ユダヤ教聖書に関する自分の解釈と結びつけていたわけだ。高い教育を受けたユダヤ人だった彼はそれを自分で読めただろうし、自分で解釈して人々に語り聞かせ、彼らを改宗させていたのだろう。

ひとつの場所で多くの人々を改宗させると、彼は別の場所に移動し、そこでもまた同じように人々を改宗させた。でも彼はときおり（しょっちゅう?）、以前に作った他のキリスト教共同体からの報せを聞くことがあった。そしてその報せはときおり（しょっちゅう?）、あまり良くないものだった。共同体の成員が堕落し始めたとか、不品行の問題が発生したとか、「偽りの教師」が来て彼の教えに反することを説き始めたとか、一部の者が間違った教義を信奉し始めたとか。これを聞くと、パウロはそれぞれの問題を論じる書簡を書いて、件の共同体に送り返した。これらの書簡は共同体の生活にとってきわめて重要なものとなり、その多くは最終的に聖書そのものと見なされるようになった。そんなわけで、パウロの名で書かれた十三篇ほどの書簡が新約聖書に含まれることとなったわけだ。

揺籃期のキリスト教運動にとってこの書簡がどれほど重要だったかは、何を隠そう現存する最古のキリスト教文書とされるパウロの最初の書簡『テサロニケの信徒への手紙一』を見れば判る。これは一般に、西暦四九年に書かれたとされている。イエスの死から二十年ほど後のことで、彼の生涯を描く福音書の最古のものより二十年ほど古い。パウロはこの書簡を、次のように締めくくっている。「すべての兄弟たちに、聖なる口づけによって挨拶をしなさい。この手紙をすべての兄弟たちに読んで聞かせるように、私は主によって強く命じます」（五章二六―二七）。これは、ちょっとした好奇心があれば誰でも読めるような気軽な手紙ではない。他ならぬパウロ自身がこれを皆の前で読み聞かせるように命じている。共同体の創設者である彼自身の権威ある言葉として受け入れるように厳命しているものなのだ。

こうして、これらの書簡はひじょうに早い段階からキリスト教共同体に流布していた。遠く離れた共同体同士を強く結びつけ、キリスト教徒たちの信仰と礼拝を統一し、キリスト教徒の信仰と振る舞いを規定したのは、紛れもなくこれらの書簡なのだ。共同体の集会の際には、人々の前で朗読された——すでに述べたように、ほとんどのキリスト教徒は、ほとんどの非キリスト教徒と同様、字が読めなかったからだ。

そしてこれらの書簡の多くが新約聖書に採り入れられた。実際、新約聖書の大部分はパウロを初めとするキリスト教指導者が、キリスト教共同体（『コリントの信徒への手紙』『ガラテヤの信徒への手紙』など）や個人（『フィレモンへの手紙』など）に宛てた書簡で構成されている。さらに、現存する書簡——新約聖書に収録されたのは二十一篇——は、実際に書かれたもののごく一部に過ぎない。パウロだけに限っても、新約聖書の中で彼の書簡とされているもの以外に遥かに多くの書簡を書いたと考えられる。ときには現存しない書簡に彼が言及している場合もある。例えば『コリントの信徒への手紙一』の五章九では、それ以前に書いたコリントへの書簡について言及しているし、またコリントの信徒が彼に宛てた書簡（『コリントの信徒への手紙一』七章一）や、彼の敵たちが持っている書簡（『コリントの信徒への手紙二』三章一）に関する言及もある。そしてこれらの書簡はいずれも現存しない。

学者たちは昔から、新約聖書の中にパウロの名で登場する書簡の一部は、実際には後代の彼の信者が偽名で書いたものではないかと疑ってきた(3)。もしそうなら、それは初期キリスト教運動における書簡の重要さを物語る、さらなる証拠となる。というのも、自分の見解を人に聞かせるために使徒の名を使って手紙を書くからには、使徒の手紙というものには相当の権威があったということだからだ。偽名による書簡の疑いを掛けられているもののひとつが、『コロサイの信徒への手紙』だ。この書簡はそれ自体がこれらの書簡の重要さを強調し、現存しない他の書簡に言及している。「この手紙があなたがたのところで読まれたら、ラオディキアの教会でも読まれるように、取り計らってください。また、ラオディキアから回って来る手紙を、あなたがたも読んでください」(四章一六)。明らかにパウロは――彼自身か、あるいは彼の名を騙っている誰かかは判らないけれども――コロサイの近くにあるラオディキアに対しても書簡を書いたわけだ。この書簡もまた現存しないが。(4)

そんなわけで、つまり私が何を言いたいかというと、こうした書簡は初期キリスト教共同体での生活にとってもの凄く重要だったということだ。書簡は彼らの信仰と礼拝とを指導する文書であり、書簡は教会同士を堅く結びつけ、そして書簡はローマ帝国内に散らばる他の宗教とキリスト教とを全く別のものにしたのである。というのも、さまざまなキリスト教共同体は共通の文書をお互いに回覧し合うことによってひとつにまとまっていたのだから(『コロサイの信徒への手紙』四章一六参照)。つまり彼らは他の宗教の信者とは異なり、文書すなわち「書物」に書かれた指導に従う人々だったのだ。

さらに、これらの共同体にとって重要だったのは書簡だけではない。初期キリスト教徒が書き、回覧し、読み、従った文書はきわめて多岐にわたっていたのだ。その点でそれはローマ帝国内の他の宗教とは全く異なっていた。とはいうものの、ここでそういう文書について事細かに説明し始めるとたいへんなので、とりあえずはどんな書物が造られ、流布していたのかという実例だけを簡単に挙げておくことにしよう。

初期福音書

キリスト教徒は当然のことながら、主イエス・キリストの生涯と教え、死と復活について知りたがる。だからイエスの生涯に関する伝承を記録したおびただしい数の福音書が書かれた。これらの福音書の中で、最終的に広く使われるようになったのは四つだけだが――新約聖書に収録された『マタイ』『マルコ』『ルカ』『ヨハネ』だ——それ以外にも多くのものが書かれていた。なかには現存しているものもある。例えば、イエスの弟子であるフィリポが書いたというものや、イエスの弟のユダ・トマスが書いたというもの、それに女性信徒であるマグダラのマリアが書いたというものなどだ。それ以外にも、きわめて古いものも含めて、現存していない福音書があった。どうしてそんなことが判るかというと、例えば『ルカによる福音書』を見ると、その著者は自分の福音書を書くに当たって、「多くの」先人のものを参考にしたと述べている（一章一）。だがその先人のものは現存していない。このような古い資料の一つは、学者たちが「Q資料」と呼んでいるものだ。これはおそらく文書として存在したもので、主としてイエスの語録から成り、『ルカ』と『マタイ』に特徴的なイエスの教えの多く（すなわちよく知られている「主の祈り」や「真福八端」など）がこれに由来している[5]。

すでに見たように、イエスの生涯はパウロらによって、ユダヤ教聖書に照らして解釈された。これらの書物——モーセ五書とその他のユダヤ教文書、例えば預言者や詩篇など——もまた、キリスト教徒の間で広く用いられていた。彼らはそれを研究し、神の意志、とくにキリストにおいて実現されている神の意志を明らかにしようとした。彼らが用いたユダヤ教聖書の複製は、主としてギリシア語版（いわゆる七十人訳《セプトゥアギンタ》聖書）だったが、初期キリスト教共同体では学習と瞑想の資料として広く用いられていた。

初期の使徒言行録

一～二世紀の初期キリスト教共同体の中では、イエスだけでなく、彼の最も古い弟子たちの生涯もまた興味の対象となった。だから自分たちの宗教について深く知りたいと願うキリスト教徒にとって、使徒たちに関する物語——とくにイエスの死と復活の後の、彼らの冒険と宣教の偉業——が重要な位置を占めたことは驚くには当たらない。そうしたもののひとつである『使徒言行録』は最終的に新約聖書に収録された。だがこれ以外にも、主としてそれぞれの使徒個人に焦点を当てた多くの物語が書かれている。例えば『パウロ言行録』『ペトロ言行録』『トマス言行録』などだ。これ以外にも、断片的にしか現存しないか、あるいは全く失われてしまった言行録もある。

キリスト教黙示録

すでに述べたように、パウロ（および他の使徒たち）は、イエスが間もなく天から舞い戻って地上に審判を下す、と教えていた。世界は間もなく終わるという教えは、初期キリスト教徒たちを魅了したのだ。彼らは一般に、間もなく神がこの世に介入して悪の力を一掃し、イエスを盟主とする善の王国をこの地上に打ち立てる、と信じていた。キリスト教の著作家の中には、私たちの知る世界にもたらされる破局的な終末を描く黙示録的な物語を作った者もいた。だが、こういう類の「黙示文学」も、やはりユダヤ教に先例がある。例えばユダヤ教聖書に収録されている『ダニエル書』や、ユダヤ教外典の『第一エノク書』などだ。キリスト教の黙示録で新約聖書に収録されたものはたったひとつ――『ヨハネの黙示録』だけだが、他のもの、例えば『ペトロの黙示録』や『ヘルマスの牧者』なども、最初の数世紀の間、キリスト教共同体ではさかんに読まれていた。

教会規定

パウロの時代に始まった初期キリスト教共同体は、その後も拡大と増殖を続けた。元来のキリスト教会は、少なくともパウロ自身が作ったものに関して言えば、「カリスマ的共同体」とでも呼ぶべきものだった。彼らは、共同体の成員ひとりひとりが聖霊の「賜物《カリスマ》」を神から与えられており、これによって共同体の発展を担うことができる、と信じていた。その「賜物」とは、例えば、教える力、管理する力、施しの力、治癒の力、預言の力などだ。とはいうものの、この世が間もなく終わるという期待が薄れ始めると、もっとしっかりした教会構造が必要なことが明らかとなった。ことに教会が長期にわたって活動しなければならないなら、なおさらだ（『コリントの信徒への手紙一』一一章、『マタイによる福音書』一六章、一八章）。地中海周辺の教会は、パウロが作ったものも含めて、責任と決断を委ねる指導者を選び始めた（全員が「平等」に聖霊の力を与えられていると教えるのをやめたわけだ）。共同体での生活のしかた、聖なる儀式（洗礼《せんれい》と聖餐《せいさん》）の次第、新入会者の教育のしかたなどに関する規則が定められ、教会の組織と管理を指示する文書が作られ始めた。こうしたいわゆる「教会規定」は二～三世紀にひじょうに重視されるようになるが、西暦一〇〇年以前から、（私たちの知る限り）最古のものがすでに書かれ、幅広く流布していた。いわゆる『十二使徒の教え《ディダケー》』と呼ばれるものだ。そしてすぐにたくさんの類書がこれに続いた。

キリスト教の護教論

キリスト教共同体が確立されると、時にユダヤ人や異教徒はこれに対して敵意の眼差しを向けるようになった。彼らはこの新しい宗教を脅威と見なし、その信者が不道徳かつ反社会的な行為を行なっているという疑念を抱いたのだ（今日でも、新興宗教運動がしばしば疑惑の眼差しを向けられるのと同じことだ）。この敵意はその地におけるキリスト教徒の迫害を呼び起こすことがあった。そして最終的に、この迫害は「公式」のものとなってゆく。キリスト教徒を古い異教に立ち返らせるために、ローマの行政官が彼らの逮捕に介入するようになったのだ。一方、キリスト教が勢力を増すと、知識人の中にもこの宗教に改宗する者が現われた。弁の立つ彼らは、キリスト教徒に向けられた告発に反論することができた。これらの知識人の著作は、しばしば護教論《アポロギア》と呼ばれる。アポロギアとはギリシア語で「弁護」を意味する言葉だ。護教家たちはこの新しい宗教に対する知的な弁護を書き、それがローマ帝国の社会に対する脅威であるどころか、道徳的な行ないを説く宗教であり、疑惑は全くの濡れ衣で、唯一の真なる神を崇拝する究極の真理の教えなのだ、ということを示そうとした。これらの護教論は初期キリスト教の読者にとっては重要だった。自分自身が迫害に曝されたときに必要となる主張がそこに書かれていたからだ。このような自己弁護は新約聖書の時代にすでに見られる。例えば『ペトロの手紙一』三章一五だ(『あなたがたの抱いている希望について説明を要求する人には、いつでも弁明できるように備えていなさい』)。また『使徒言行録』でも、パウロら使徒が自分たちへの告発に対して自己弁護するくだりがある。二世紀後半までには、護教論はキリスト教文書の中で人気を博するジャンルになっていた。

キリスト教殉教者伝

護教論が書かれ始めたのと同じ頃、キリスト教徒は自分たちに対する迫害と、その結果として生じた殉教に関する物語を作り始めた。この両者に関する記述は、すでに新約聖書の『使徒言行録』にも登場する。そこでは、キリスト教運動に対する敵意、キリスト教指導者の逮捕、そして少なくともそのうちのひとり(ステファノ)の処刑が、物語の重要な部分を形成している(『使徒言行録』七章参照)。その後、二世紀になると殉教者伝が書かれ始めた。その第一号が『ポリュカルポスの殉教』。主人公のポリュカルポスは二世紀前半、半世紀近くにわたって小アジアはスミルナの司教を務めた重要な指導者だ。

ポリュカルポスの死の物語は、彼の教会の信徒が他の共同体に宛てた書簡の中にある。その後、他の殉教者に関する話が続々と現われ始め、やはりキリスト教徒の間で人気を博した。というのも、それは殉教者と同様に信仰ゆえの迫害に苦しむ人々を励まし、逮捕、拷問、死という究極の恐怖に立ち向かう方法を教えてくれたからだ。

反異端論

キリスト教徒が直面した問題は、迫害という外部からの脅威だけではなかった。キリスト教徒はその揺籃期からすでに、自分たちの仲間内にも宗教的「真実」の解釈のしかたがいろいろあるということに気づいていた。すでにパウロその人が、「偽りの教師」を罵倒している——例えば、『ガラテヤの信徒への手紙』などだ。現存する話を読む限り、この場合の敵が外部の者ではないということははっきりしている。彼らは、同じ教えを奉じながら、その理解のしかたが根本的に異なるキリスト教徒なのだ。この問題に対処するために、キリスト教指導者たちは「異端」（誤った信仰理解を選んだ者たち）への反駁《はんばく》を書き始めた。ある意味では、パウロ書簡の一部はこの種の反駁の最古の例と見なすこともできる。だが最終的にキリスト教のあらゆる宗派は、自らを「正統《オーソドキシー》」（文字通りの意味は「真の教え」）として確立するために、「誤った教え」を説く者たちとの抗争を繰り広げることになっていく。初期キリスト教文書の世界でも、これらの反異端論は重要なジャンルとなる。面白いのは、「偽りの教師」と名指しされたグループの者もまた、他の「偽りの教師」を攻撃する論を書いていることだ。だから場合によっては、キリスト教徒の正統信仰をはっきり定めた宗派、例えば今日まで伝わる使徒信経《しとしんきょう》（使徒から伝えられたとされる信仰告白）などを定めた宗派の方が、いわゆる異端派からの反駁を受けたりすることもある。これは比較的最近になって発見された「異端」文書から明らかになったことだ。それらの文書では、いわゆる「異端者」の方が、自分たちの見解こそが正統なのであって、「正統」教会のそれは誤りであると主張しているのだ。[6]

初期キリスト教註解

正しい信仰と誤った信仰に関する議論の大部分は、キリスト教テキストの解釈に費やされている。その中には、キリスト教徒が自分たちの聖書の一部だと主張する「旧約聖書」も含まれている。これもまた、初期キリスト教共同体の生活にとってテキストがいかに中心的な位置を占めていたかを示す証左だ。やがてキリスト教著述家たちはこれらのテキストの註解を書き始めるが、それは必ずしも、誤った解釈を否定するという直接的な目的のためばかりではなく（もちろんそれはしばしば視野に入っていたが）、たんにこれらのテキストの意味を解明し、キリスト教徒の生活と勤行に対するその重要性を示すという目的のためでもあった。面白いことに、私たちの知る限り、あらゆる聖書テキストに関する註解の中で最も古いものは、いわゆる「異端派」の手になるものだ――二世紀のグノーシス主義者ヘラクレオンによる、『ヨハネによる福音書』への註解である。[7] 最終的に、テキストの註解、行間註、実務的説明、説教などは三〜四世紀のキリスト教共同体で人気を博した。

というようなわけで、初期キリスト教会の生活にとって重要だったさまざまな文書をざっと眺めてきたが、これで文書というものが教会とキリスト教徒にとってこの上もなく大切なものであったということがお解りいただければと思う。書物は――ローマ帝国内の他の宗教とは異なって――そもそもの初めから、キリスト教という宗教の中心にあった。書物は、キリスト教が繰り返し語り継いできたイエスと使徒たちの物語を詳しく語った。書物は、何を信じどのように生きるべきかという指導をキリスト教徒に与えた。書物は、地理的に離れた共同体同士を結びつけ、ひとつの普遍的な教会にした。書物は、迫害されたキリスト教徒を支え、拷問と死に直面した信仰者のモデルを与えた。書物は、たんなる良い忠告ではなく正しい教義を提供し、他者の誤った教義に警告を発し、正統教義の受容を促した。そして書物は、さまざまな文書の真の意味、ものの考え方、礼拝のしかた、正しい振る舞いを教えた。書物は、初期キリスト教徒たちの生活の、まさに中心にあったわけだ。

キリスト教正典の成立

こうして、これらのキリスト教文書のいくつかは、たんに読むべき価値があるものというような次元を越えて、キリスト教徒の信仰と礼拝にとっての絶対権威と見なされるようになった。つまりそれらは、「聖書」になったのだ。

キリスト教の正典の始まり

キリスト教の正典が成立するまでにはひじょうに長い紆余曲折があって、ここでそれをいちいちこまごまと記そうとは思わない[8]。すでに述べたように、ある意味ではキリスト教というものは書物と共に始まった。というのも、その開祖自身がユダヤ教の教師であり、彼は律法を神から与えられた権威の聖典と考え、それに関する自分流の解釈を弟子たちに説いていたのだから。最初期のキリスト教徒は、ユダヤ教聖書の諸文書（それはまだ「正典」にはなっていなかった）を自分たちの聖書として受け入れたイエスの弟子たちだった。パウロを筆頭とする新約聖書の著者たちにとって、「聖書」と言えばユダヤ教聖書のことだった。それは神が自らの民に与えた書物の集成で、救世主であるイエスの到来を予言するものだ。

　だが間もなく、キリスト教徒は他の文書もまたユダヤ教聖書と同等の権威あるものとして受け入れ始めた。こうした姿勢のルーツは、イエス自身の権威ある教えにあるのかもしれない。というのも、彼の弟子たちはイエスによる聖書の解釈を、聖書の言葉それ自体と同等の権威あるものと考えていたからだ。イエスもまた、その説教の中で、このような理解のしかたを奨励していた節がある。例えば「山上《さんじょう》の垂訓《すいくん》」では、イエスは律法が神からモーセに与えられたと述べた後に、律法に対する彼自身のさらにラディカルな解釈を与え、自らの解釈の権威を示したとされる。『マタイ』五章のいわゆる「イエスのアンチテーゼ」などがその例だ。イエスは言う、「あなたがたも聞いているとおり、昔の人は『殺すな。人を殺した者は裁きを受ける』と命じられている［十誡のひとつ］。しかし、私は言っておく。兄弟に腹を立てる者はだれでも裁きを受ける」。これを見る限り、律法の解釈に関してイエスが述べたことは、律法それ自体と同等の権威があるようだ。あるいはまたイエスは言う、「あなたがたも聞いているとおり、『姦淫するな』と命じられている［これもまた十誡のひとつ］。しかし、私は言っておく。みだらな思いで他人の妻を見る者は誰でも、すでに心の中でその女を犯したのである」。

　場合によっては、聖書に対するこの権威ある解釈が、事実上、聖書の律法そのものの撤回のように見えることまである。例えばイエスは言う、「『妻を離縁する者は、離縁状を渡せ』と命じられている［『申命記』二四章一の規定］。しかし、私は言っておく。不法な結婚でもないのに妻を離縁する者は誰でも、その女に姦通の罪を犯させることになる。離縁された女を妻にする者も、姦通の罪を犯すことになる」。離縁が事実上、不可能であるなら、離縁状を渡せというモーセの律法に従うのは難しい。

いずれにせよ、イエスの教えはすぐにモーセの宣言と同様に権威あるものと見なされるようになった——すなわち、トーラーそれ自体と同等ということだ。これは後に新約聖書の時代になるとさらにはっきりする。パウロによって書かれた（とされているが、学者たちは後代の弟子が彼の名で書いたと睨んでいる）『テモテへの手紙一』だ。その五章一八では、著者は信者の間にいる長老たちに気を遣うように読者に促す。そしてこの勧告の裏づけとして「聖書」を引用するわけだ。面白いのは、ここで彼は二つの箇所を引用しているが、ひとつはトーラー（「脱穀している牛に口籠をはめてはならない」『申命記』二五章四）、もうひとつはイエスの言葉だ（「働く者が報酬を受けるのは当然である」『ルカ』一〇章七）。この著者にとっては、イエスの言葉はすでに聖書と同等の権威あるものになっていたわけである。

さらにまた、第二・第三世代のキリスト教徒が聖書と同等の権威と見なしていたのは、イエスの教えだけではなかった。イエスの使徒たちの文書もまたそうだったのだ。その証拠は、新約聖書の中で一番最後に書かれた文書、『ペトロの手紙二』だ。これもまた、批判的な学者のほとんどは、ペトロではなく彼の弟子のひとりが偽名で書いたものと見なしている。『ペトロの手紙二』の三章で、著者はパウロ書簡を捻じ曲げて自分の都合の良いように解釈する偽りの教師に言及する。曰く、「それを聖書のほかの部分と同様に曲解し、自分の滅びを招いています」（『ペトロの手紙二』三章一六）。つまりここでは、パウロ書簡が聖書と同等と見なされているということだ。

新約聖書の時代が過ぎると、一部のキリスト教文書もまた、教会の生活と信仰にとって権威あるテキストとして引用されるようになる。その顕著な例は、先に登場した二世紀のスミルナ司教ポリュカルポスの書簡だ。ポリュカルポスはフィリピの教会から助言を請われた。教会の指導者のひとりが、何らかの不正を働いたというのだ（たぶん教会のカネを着服したのだろう）。フィリピに対するポリュカルポスの書簡はまだ現存しているが、これはいろいろな面でひじょうに興味をそそる手紙だ。その理由のひとつは、この書簡の少なからぬ部分がそれ以前のキリスト教文書の引用であること。十四の短い章から成る書簡の中で、ポリュカルポスは百以上にのぼる文を既知のキリスト教文書から引用し、フィリピの教会が直面している状況に対するそれらの文書の権威を力説している（これと対照的に、ユダヤ教聖書からの引用は十二カ所しかない）。ある箇所では、彼はパウロの『エフェソの信徒への手紙』を「聖書」と呼んでいる。だがたいていの箇所では、彼は単純に文書を引用するか、あるいは言及することによって、共同体に対するその権威を確認しているのだ(9)。

朗読されるキリスト教テキスト

ポリュカルポス書簡が書かれるより以前に、キリスト教徒が礼拝の場でユダヤ教聖書の朗読を聞いていたことが判っている。例えば『テモテへの手紙一』の著者は、「聖書の朗読と勧めと教えに専念しなさい」と促している（四章一三）。『コロサイの信徒への手紙』の項でも見たように、キリスト教徒の書いた書簡もまた共同体の集会で朗読されていたらしい。そして二世紀の半ばには、キリスト教の礼拝の相当数が聖書の朗読を含むようになっていた。例えば、キリスト教知識人で護教家である殉教者ユスティノスによる、よく議論される一節は、彼の故郷であるローマの教会礼拝の様子を伝えている。

太陽の日と呼ぶ曜日には、街ごと村ごとの住民すべてが一つ所に集い、使徒たちの回想録か預言者の書が時間の許す限り朗読されます。朗読者がそれを終えると、指導者が、これらの善き教えに習うべく警告と勧めの言葉を語るのです。（『第一弁明』六七）

これを見ると、キリスト教テキスト――例えば「使徒たちの回想録」（一般に福音書を指すと考えられている）――は、礼拝の場で使用されることによってその地位が上がり、ユダヤ教聖書（「預言者たちの文書」）と同様の権威を持つと考えられるに至っていたらしいことが判る。

「正典」を作ったマルキオン

現存する証拠から、キリスト教正典の成立について、もう少しだけ詳しく突き止めることができる。二世紀の半ばにユスティノスが執筆していたのと同じ頃、もうひとりの傑出したキリスト教徒がローマで活躍していた。哲学者にして教師、そして後に異端として断罪されることになるマルキオンだ[10]。このマルキオンはいろいろな点でひじょうに興味深い人物と言える。彼は小アジアからローマにやって来たが、その時すでにおそらく造船業によって財を成していた。ローマに着くや否や、おそらくローマ教会の歓心を買うために多額の寄付をする。ローマには五年間滞在するが、その間、自らのキリスト教理解を人々に説き、またそれを詳細に著作に記したりして過ごした。彼の重要な著作のほとんどは、彼が書いたというよりも編纂したものであるらしい。マルキオンは私たちの知る限り、「正典」を作った最初の人物だ――正典とは、彼によれば、キリスト教の聖なるテキストから成る一組の書物のことだ。

これはまさに、正典の制定を目指す最初の試みというべきものだ。だがこれを理解するためには、マルキオンの特異な教えについてもう少し良く知る必要がある。マルキオンは使徒パウロの生涯と教えに完璧に入れ込んでいて、パウロこそが教会の黎明期以来の唯一の「真の」使徒だと信じていた。パウロはいくつかの書簡、例えば『ローマの信徒への手紙』『ガラテヤの信徒への手紙』などで、神の前に正しく立つことのできる者はキリストを信じた者だけであって、ユダヤの律法に書かれていることを実践した者ではないと述べている。マルキオンはここに書かれたユダヤの律法とキリストへの信仰の区別を自分なりに突き詰め、きわめて論理的な結論を下す。つまりユダヤの律法とキリストの福音とは全くの別物だと考えたのだ。こうして律法と福音の区別を厳密に突き詰めるなら、この両者が同じ神に由来するということはあり得ないということになる。そこでマルキオンは、イエスの(およびパウロの)神は旧約聖書の神とは別物であると結論するに至るのだ。つまりふたりの別の神がいるというわけだ。ひとりはユダヤ教の神、世界を創造し、イスラエルを自らの民と呼び、彼らに過酷な律法を与えた神だ。もうひとりはイエスの神、ユダヤ教の創造神の暴虐な天罰から人々を救うために、キリストを世に送り込んだ神だ。

マルキオンは、このようなイエス理解をパウロその人から教えられたと信じていた。だから当然、彼の正典には、彼が入手することのできた十篇のパウロ書簡(「牧会書簡」と呼ばれる『テモテへの手紙一、二』と『テトスへの手紙』を除く、新約聖書に収録されたパウロ書簡のすべて)が入っている。さらにまた、パウロはしばしば「福音書」に言及しているので、マルキオンは自らの正典の中にひとつの福音書を含めた――今で言う『ルカによる福音書』の異版だ。それだけ。マルキオンの正典は、全十一編。旧約聖書は無く、ただ一篇の福音書と、十篇のパウロ書簡だけから成っている。だが、話はこれで終わらない。マルキオンは彼の信仰理解を知らない偽りの信者たちが、これら十一篇の書物を複製する際、あちらこちらに少しずつ余計なことを書き加えてきたと考えた。その内容を彼ら自身の信仰、例えば旧約の神とイエスの神が同じものだという「誤った」考えに合わせるためだ。そこでマルキオンは彼の正典十一篇に「修正」を加え、旧約の神への言及、真の神が世界を創造したという記述、あるいは律法に従うべきであるという記述などを削除した。

後でまた述べるけれど、自分の教えに合うようにするために聖なるテキストを改竄するというマルキオンの試みには、先例がないわけではない。それどころか彼の前にも後にも、初期キリスト教文書の写字生たちは折に触れてテキストを改竄し、自分の考えに合わせていたのだ。

マルキオン以後の「正統な」正典

多くの学者たちの信ずるところによれば、他のキリスト教徒たちが正典としての新約聖書を創ることに気合いを入れるようになったのは、まさにマルキオンに対する反発のためだった。面白いことに、まさにマルキオンの時代、ユスティノスは「使徒たちの回想録」というものについて語っているが、これらの書物（おそらく福音書）のどれが何ゆえに教会に受け入れられていたかは示していない。一方それから三十年ほど経つと、同じようにマルキオンに反対した別のキリスト教著述家が、ユスティノスよりも遥かに権威主義的な立場を採っている。その著述家とはガリア（現代のフランス）はリヨンの司教エイレナイオスで、彼はマルキオンやグノーシス派などの異端に反駁する五巻本を書き、どの本を正典福音書に含めるかについてきわめて明確な考えを表明した。

エイレナイオスの『全異端反駁』の中の有名な一節によれば、マルキオンのみならず、他の「異端」もまた、ただひとつの福音書だけを正典として受け入れている――例えば、依然として律法に価値を見出しているユダヤ人キリスト教徒は『マタイ』のみを用いるし、イエスは実際にはキリストではないと論じる宗派は『マルコ』だけを受け入れる。マルキオンとその信徒が受け入れるのは『ルカ』(の異版)だけで、ヴァレンティノス派と呼ばれるグノーシスの一派は『ヨハネ』しか受け入れない。だがこれらはいずれも誤りである。なぜなら――

福音書はその数に関して言えば、これより多い数でもあり得ないし、また逆により少ない数でもあり得ない。何故なら、私たちのいるこの世界の主要方向は四つであり、主要な風も四つであり、他方教会は全地上に撒き散らされていて、福音と生命の霊がその教会の柱であり……この教会が柱を四つもつことは理に適うことだからである(『異端反駁』三巻一一章八)

言い換えれば、大地に四方位があり、風に四方があり、柱が四本あるごとく――当然福音書も四篇が必要だというわけだ。

そんなわけで、二世紀も終わり近くになると、『マタイ』『マルコ』『ルカ』『ヨハネ』の四書こそが福音書である、それより多くても少なくてもいけない、と主張するキリスト教徒がすでに存在していたことが判るのだ。

正典の概略に関する議論は数世紀にわたって続いた。キリスト教徒一般の関心は、どの本を権威として受け入れるべきかを知ることにあった。というのも、それによって(一)どの本を礼拝で朗読するかを知り、それと関連するが、(二)行動と信仰の規範としてどの本が信頼できるかを知ることができるからだ。最終的にどの本を正典とするかは、自動的に決まったのでもなければ、問題なく決まったわけでもない。議論は延々と続き、時には苛烈なものとなった。今日のキリスト教徒の多くはたぶん、新約聖書の正典はイエスの死後間もなく、何となく自然に決まったのだろうなんて考えているかもしれないが、それは全くの誤解だ。というかむしろ、歴史上、今の新約聖書の二十七篇こそが真の新約聖書である——それより多くも少なくもない——と最初に決定したキリスト教著述家はピンポイントで特定することができる。意外に思われるかもしれないが、このキリスト教徒が活動していたのは四世紀後半、すなわち新約聖書の諸文書それ自体が書かれてから三百年近くも後のことだ。この著述家とは、有力なアレキサンドリアの司教で、名はアタナシウス。西暦三六七年、アタナシウスはエジプトの教区内の教会に向けて、年次司教教書を書いた。その中で彼は、どの本を正典として教会で朗読すべきかを指導したわけだ。彼は現在の新約聖書に収録されているのと同じ二十七篇を挙げ、それ以外のすべてを排除した。この教書こそが、現在の二十七篇を新約聖書として規定した、現存する最古の資料だ。だがこのアタナシウスも、完全にこの問題を解決したわけではない。実は論争はその後も何十年、というか何世紀も続いたのだった。私たちが新約聖書と呼んでいる諸文書が正典としてまとめられ、聖書と見なされるようになるのは、それらの本自体が最初に創られてから実に数百年後のことなのだ。

キリスト教文書の読者たち

前項では、聖書の正典化の様子に焦点を当てて論じた。だが先に見たように、西暦の最初の数世紀の間、キリスト教徒が読み書きしていたのは後に新約聖書に編入されることになる本ばかりではない。それ以外にもたくさんの福音書、言行録、書簡、黙示録があった。迫害の記録、殉教の物語、護教論、教会規定、異端への攻撃、説教と指導の手紙、聖書の解説があった――キリスト教とは何かを定義し、それを今日あるべき宗教に仕立てるのに役立ったありとあらゆる文書があったわけだ。さて、本書の今の段階で有益と思われる、これらの文書すべてに関する基本的な問いを立ててみよう――実際のところ、誰がそれを読んでいたのだろうか？

今の世の中では、これはかなり奇妙な問いに聞こえる。もしも著述家がキリスト教徒に向けて本を書いたのなら、その本を読む人間というのはキリスト教徒に決まってるじゃないか。だが問題となっているのが古代世界であるなら、この問いは特別の意味を持つことになる。なぜなら、古代世界においてはほとんどの人が字を読めなかったからだ。

現在の西洋においては、識字能力は生きる手段だ。私たちは毎日、四六時中、字を読んでいる。新聞を読み、雑誌を読み、あらゆる種類の本を読む――伝記、小説、ハウツー本、自己啓発書、ダイエット本、宗教書、哲学書、歴史書、回想録、等々。だが今の私たちの識字能力は、古代人の読書習慣や現実とは全く違うものだ。

研究によれば、現在のような識字能力の大衆化は現代に特有の現象であって、産業革命の到来と共にようやく現れたものだ。[11] 全国民に識字能力を持たせることが経済的利得に繋がるという事実が認識されて初めて、万人に基本的な識字能力を与える教育に、然るべき大規模リソースが――とくに時間、カネ、そして人的リソースが――投入されるようになったのだ。非産業化社会では、そのようなリソースは絶望的なまでに他の事柄に向けざるを得ないし、識字能力自体、社会全体の経済にも福祉にも役に立たない。そんなわけで、近代に至るまで、ほとんどすべての社会で、読み書きのできる人はきわめて少数に過ぎなかったのだ。

このことは、ここで問題にしている古代社会にも当てはまる——例えば西暦の最初の数世紀のローマや、古典時代のギリシアだ。古代における識字能力の研究の最高峰で、最も影響力を持っているのは、コロンビア大学のウィリアム・ハリス教授だが、彼によれば、最も優秀な時代と場所——例えば、古典時代の絶頂期である紀元前五世紀のアテネ——においてすら、識字率は全人口の一〇〜一五パーセントを少し上回る程度。逆に言えば、最高の条件の下ですら人口の八五〜九〇パーセントは読み書きができなかったということになる。西暦一世紀のローマ帝国では、識字率はさらに低かっただろう[12]。

だいたい、何を以て「読み書き」というか、ということを決めることからして、一筋縄ではいかない。例えば、字は読むことはできても文章を綴ることはできない、という人はいくらでもいる。そもそも「読む」とは何を意味するのか？　漫画なら何とか読めるけど社説は読めない、というのを「識字能力がある」と言えるのか？　自分の名前なら書けるけど一ページ分のテキストを書写することもできないという人は「字が書ける」と言えるのか？

古代社会に目を向けると、定義の問題はさらに複雑怪奇になる。古代人自身が、「識字能力」の意味を定義するのに四苦八苦しているのだ。その最も有名な実例は、二世紀のエジプトのものだ。古代にはだいたいにおいてほとんどの人が字を書けなかったので、各地に専門の「読み手」と「書き手」がいて、仕事で書類を扱わねばならない人に雇われていた——徴税、契約、免許、手紙、等々。そしてエジプトでは、政府の仕事でそのような筆記を必要とするものを監督する役目を負う役人が各地にいた。このような、その地方の（あるいは村の）書記という役職は、通常はみんながやりたがる仕事ではなかった。多くの「公式の」管理職と同様、こうした仕事を任せられる人は、手弁当でそれをやる責任があったからだ。言い換えれば、これらの仕事は社会の富裕層が、一種の名誉職として担当させられるもので、自己資金の持ち出しが要求されたというわけだ。

さて、識字能力というものを定義する際の問題だが、ここに登場するのが上エジプトはカラニス村の書記であるペタウスなる人物だ。よくあることだが、ペタウスは自分の村ではなく、プトレマイス・ホルモウという村の仕事を担当していて、そこの財政と農政を監督していた。西暦一八四年、ペタウスはプトレマイス・ホルモウ村出身のもうひとりの村の書記に関する苦情を持ち込まれた。この書記の名はイスキュリオンといって、どこか他の場所で書記の任務を与えられていた。イスキュリオンの担当地区の村人は、彼には書記の職責を果たす能力がない、と言って騒いでいたのだ。つまり彼は「文盲」だというわけだ。この訴えに対して、ペタウスはイスキュリオンが文盲であるなどということは全くあり得ない、と反論した。というのも、彼は実際にさまざまな公式文書に署名していたのだから。言い換えれば、ペタウスにとっての「識字能力」とは、要は自分の名前が書けるということを意味していたというわけだ。

ペタウス自身にも実は問題がおおありだった。彼が作業をしたパピルスの束が現存しているのだが、そこに彼は十二回にわたって公式書類に署名する文言を（ギリシア語で）書いている。曰く、「私こと村の書記ペタウスはこれを認可するものなり」。奇妙なのは、彼は最初の四回は文言をきちんと書き写しているのだが、五回目に最後の単語の最初の文字をすっ飛ばしてしまう。そしてそれ以後の七回は、ずっとその文字を飛ばしっぱなしなのだ。つまり彼は、自分でちゃんと解った上で文言を綴っているのではなく、たんに前の紙の字形を見ながら写しているだけなのである。明らかに彼は、自分が書いている単純な単語の意味すら理解していない。にもかかわらず、彼は正式な村の書記なのだ！[13]

このペタウスですら、古代においては「識字能力」の持ち主の中に入っていたわけだ。とすれば、実際にテキストを読み、その意味を理解するという、本来の識字能力の持ち主はいったい何人いただろう？　正確な数字を出すことはもとより不可能だが、そのパーセンテージはまあそんなに驚くほど高くはなかったに違いない。しかもキリスト教共同体の内部では、その数は一般の平均よりもさらに少なかったはずだ。というのも、キリスト教徒、とくに初期のキリスト教徒はほとんどの場合、教育のない下層階級の出身だったのだから。もちろん、何にでも例外はある。使徒パウロをはじめ、後に新約聖書に編入される文書を書いた人々は、明らかに熟達した文章家だ。だがほとんどのキリスト教徒は文盲階層の出身だったのだ。

最初期のキリスト教徒、つまりイエスの弟子だった人々に関しては、このことはさらに間違いない。福音書によれば、イエスの弟子たちのほとんどはガリラヤ出身の単純な無学者だった——例えば無教養な漁師とか。なかでもペトロとヨハネのふたりは、『使徒言行録』の中でズバリ「文盲」と書かれている（四章一三）。使徒パウロはコリントの会衆に対して、「人間的に見て知恵のある者が多かったわけではない」などと言っている（『コリントの信徒への手紙一』一章二七）——これはもしかしたら、一部の少数の者は教養があったということかもしれないが、ほとんどはそうではなかったわけだ。二世紀になっても状況はあまり変わらない。すでに述べたように、知識人でキリスト教に改宗した人もいたが、ほとんどのキリスト教徒は教育のない下層階級の出身だった。

この見方を裏づける証拠はいくつもある。最も興味深いのは、二世紀後半に生きたキリスト教の敵の異教徒であるケルソスという人物のものだ。ケルソスは『真実の言葉』という本を書き、その中でさまざまな理由に基づいてキリスト教を攻撃し、地上から抹殺すべき愚かで危険な宗教と断じている。不幸なことに、『真実の言葉』それ自体は現存しない——私たちが手にしているのは、キリスト教の著名な教会教父であるオリゲネスの著作の中に引用されている部分だけだ。オリゲネスはケルソスよりも七十年ほど後の人で、ケルソスの非難に対する反論の執筆を依頼されたのだった。その反論、すなわち『ケルソス駁論』は現存している。学識ある批判者ケルソスが著書の中でキリスト教徒に対して何と述べているのか、それを知る主たる情報源は、このオリゲネスの反論本なのだ。[14] この本は、先のケルソスの本を長々と、かつ精確に引用し、その後でそれに対する反論を加えるというスタイルをとっている。おかげで私たちはケルソスの主張をかなり精確に知ることができるというわけだ。さてそのケルソスは、キリスト教徒が無知な下層民ばかりだといって非難している。これに対してオリゲネスが何と反論しているかというと、注目すべきことに、彼もまたそれを否定してはいないのである。ケルソス曰く――

［キリスト教徒は］次のように言う。「教育のある者、賢い者、分別ある者は我らの所に来るな。何故ならこれらの能力はわれわれにとっては悪だからだ。だが無知なる者、愚かなる者、教育のない者、子供である者は、勇を揮って来たるがよい」（『ケルソス駁論』三章四四）

さらに、隠すべきことを街中で明かしつつ物乞いする者は、知識ある人々の集まりには近づこうとしないし、そういう人の前でその高貴な信仰を明かすこともない。だが幼い子供や奴隷の群れ、愚か者の集団を見たときは、その中に入り、これ見よがしに振る舞うのだ（『ケルソス駁論』三章五〇）。

個人の家の中でも、われわれが見るのは織物職人、靴屋、洗濯屋、そしてこの上なく無知無教養の田舎者であり、彼らは目上の者や賢い主人の前では何も言わない。だが内々で子供たちや馬鹿な女たちを捕まえたときは、驚くようなことを言い始める。例えば、父親や教師の言うことに耳を傾ける必要はないとか、……彼らは、こんな話は無意味だとか、理解できないと言う……だが、もしもその気になれば、彼らは父親や教師を棄て、遊び仲間である女や子供を連れて毛糸職人の店に行ったり、あるいは靴屋や洗濯女の店に行き、そこで教えを学ぶことになる、と言う。そしてこのように言うことで彼らを説得するのである。(『ケルソス駁論』三章五六)

オリゲネスによれば、真のキリスト教徒は実際には賢い(そして実際、教養のある人もいた)が、彼らは神に関する事柄において賢いのであり、この世の事柄においてではない、という。つまり言い換えれば、彼はキリスト教共同体の大部分が教育のない下層民から成っているということを否定しているわけではないのだ。

初期キリスト教における公開朗読

というようなわけで私たちは、初期キリスト教に関して、何だか矛盾するような状況に置かれてしまった。キリスト教は書物指向の宗教であり、あらゆる種類の文書が、信仰のあらゆる側面に対して至上の重要性を持っている。にもかかわらず、ほとんどの人はその文書を読むことができない。このパラドクスをどう説明する?

だが実際には、すでにほのめかしておいたことを思い起こしていただければ、状況はそれほど変ではない。つまり、古代におけるあらゆる共同体では、字の読める人が文盲の人々のために奉仕していたということだ。古代世界では、「読む」というのは通常、自分ひとりで何かを読むという意味ではなかった。それは声に出して他人に読んで聞かせることだったのだ。「私は本を読んだ」という表現の真の意味は、それを「読んで他人に聞かせた」だったのである。つまり書物は——初期キリスト教運動にとってきわめて重要なものだったのだから——つねに何らかの社会的な場、例えば礼拝などの場で、声に出して読まれたのだ。

思い起こしていただきたい、パウロはテサロニケの信徒に対して「この手紙をすべての兄弟たちに読んで聞かせるように、私は主によって強く命じます」と言っていた（『テサロニケの信徒への手紙一』五章二七）。共同体の中ではまさにその通りのことが行なわれていたのだろう。そして『コロサイの信徒への手紙』の著者曰く、「この手紙があなたがたのところで読まれたら、ラオディキアの教会でも読まれるように、取り計らってください。また、ラオディキアから回って来る手紙を、あなたがたも読んでください」（四章一六）。また、殉教者ユスティノスの報告にあった、「太陽の日と呼ぶ曜日には、街ごと村ごとの住民すべてが一つ所に集い、使徒たちの回想録か預言者の書が時間の許す限り朗読されます」（『第一弁明』六七）を思い起こしていただきたい。これ以外の初期キリスト教文書でも同じことが指摘されている。例えば『ヨハネの黙示録』では、「この預言の言葉を朗読する人と、これを聞いて、中に記されたことを守る人たちとは幸いである」（一章三）とある——明らかにテキストの公開朗読が言及されている。あまり有名ではないが、二世紀中庸の『クレメンスの手紙二』では、著者は自らの訓戒の言葉に関して次のように言う。「その書き記された言葉に注意するよう、私はあなたたちに訓戒を朗読しているのです。それはあなたたちが、あなたたち自身とまたあなたたちの間で朗読する者とを

共々に救うためなのです」（『クレメンスの手紙二』一九章一）

つまり、初期キリスト教において至高の重要性を持っていた書物は、読むことのできる者によって人々の前で朗読されることがその主要な用途だったのであり、それによって文盲の人がこれを聞き、理解し、学習することができたのだ。初期キリスト教は概ね文盲の信者から成っていたのは事実だが、それでもなお、きわめて書物指向の宗教だったということだ。

とはいうものの、述べておかなくてはならない重要な問題がもうひとつある。初期キリスト教にとって書物がそれほど重要だったとして、そしてそれらは地中海周辺のキリスト教共同体で朗読されていたとして、では共同体はどうやって本を手に入れていたのか？　本はどうやって出回っていたのか？　DTPやコピー機はおろか、活字さえ存在しない時代の話だ。もしも信者の共同体が、流布しているさまざまなキリスト教文書の複製を手に入れていたとするなら、どうやってそれを手に入れたのか？　誰が複製したのか？　そして私たちの研究の究極の目的にとって最も重要なことだが、どのようにして私たちは（あるいは彼らは）、手に入れた複製が正確であることを確認することができるのか——つまり、複製の過程でそこに改竄が加えられていないということを？

2

複製から改竄へ

4世紀の「ヴァティカン写本」。余白（一段と二段の間）に註が書き込まれている。中世の書記が、テキストを改変した先人に対して毒づく内容。「阿呆かお前は！　元のままにしておけ、勝手に変えるな！」。

第一章で述べたように、キリスト教はそもそものはじめから書物指向の宗教だった。あらゆる種類の本が、地中海を取り巻く黎明期のキリスト教共同体で中心的な役割を果たしていた。では、どのようにしてこれらのキリスト教文書は流布し、普及したのか？　言うまでもなくその答えはひとつ――本を広く普及させるためには、それを複製しなくてはならないということだ。

ギリシア＝ローマ世界で本を造るということ

古代の世界で本を複製する方法はただひとつ、人間の手で一字一字、一度に一語ずつ書き写すことだ。時間のかかる、根気を要する作業だ。今の私たちは、国中どこへ行っても大手書店チェーンの棚に、それこそ刊行の翌日には、印刷されたばかりの本が大量に溢れ返っているのを見慣れている。だから私たちは、例えば『ダ・ヴィンチ・コード』のどの一冊をとっても、他のすべての『ダ・ヴィンチ・コード』とそっくり同じものだと思っている。どのページのどの言葉をとっても、他のと違うということはあり得ない――どの一冊を買おうと、他のものと全く同じ『ダ・ヴィンチ・コード』だ。だが古代の世界ではそうはいかない。それに、大量の本を一度に流布させるなんてことも不可能だった（トラックも無ければ、飛行機も、鉄道も無いのだ）。大量に印刷することもできなかった（そもそも印刷機なんて無いし）。本というものは人間の手で、一度に一冊ずつ、ゆっくりと、骨を折って書き写すものだったから、ほとんどの本は大量生産なんてされなかった。もちろんなかには、大量に造られたわずかな例外もある。だがそのような少数の例外といえども、一冊一冊をとればどれも互いに異なっていた。なぜならそれを書き写す写字生は、テキストに必ず何らかの改変を加えるからだ――つまり、偶然か（ペンが滑ったとか、そんな感じの不注意）あるいは意図的にか（写字生が書き写している単語に故意に改変を加える）の理由によって、書き写す単語を変えてしまうのだ。古代には、本を読む人は自分の読んでいるものが著者の書いたものとそっくり同じかどうか、誰も確信は持てなかったわけだ。言葉は改変される可能性がある。というよりも実際、改変されないで済むということはあり得ないのだ。たとえほんの少しであったとしても。

今日では、出版社は一定数の本を書店に送ることによって、大衆の手に届ける。だがこれが古代世界となると、本は大量生産できないし、出版社も無ければ書店も無いので、事情はかなり変わってくる。[1]一般には、著者が本を書き、友人たちがそれを読んだり、朗読を聞いたりする。これはまた、その内容を推敲する機会でもある。こうして本を書き終えると、著者は少数の友人知己のためにその複製を作る。これを出版と呼んで呼べないこともないだろう。その本はもはや著者の手を離れ、他者の手に委ねられる。この他者がさらに複製を欲した場合——家族や友人に贈るとか——、その複製を作る手配をすることが必要だ。つまり、生業として複製を作っている地元の書記を雇うか、教養のある奴隷にやらせるかだ。

だがこの作業は気が狂いそうになるほど遅く、不正確だ。それにこのようなやり方で出来上がった複製はオリジナルとは全く別物になってしまう恐れもある。そのことは、古代の著者自身が証言していることだ。ここでは、西暦一世紀の興味深い実例をふたつほど挙げておくことにしよう。怒りについて書かれた有名な随筆の中で、ローマの哲学者セネカは、怒りには二種類あると述べている。自分に危害を及ぼすものに対する怒りと、全く危害のないものに対する怒りだ。後者のカテゴリの実例として、彼は言う、「特定の物品、例えば写本などを、われわれはしばしばその字が小さすぎると言って投げつけたり、あまりにも間違いが多いと言って引き裂いたりする」[2]。誤植（というか誤写）満載のテキストを読むのはさぞイライラすることだったに違いなく、とりあえず何かに当たるしかなかったのだろう。機知に富んだローマの詩人マルティアリスは、ユーモラスな実例を書き残してくれている。曰く、

読者諸兄よ、もしもこの紙に書かれた詩の中に、あまりにもわけの解らない、あるいは下手くそなラテン語があったとしたら、それは我が輩のせいではないのだぞよ。写字生めが、諸兄のために仕事を急ぐあまり、元の文を無茶苦茶にしおったのだ。だが諸兄があくまでも写字生ではなく、この我が輩が悪いと思うなら、諸兄には知性というものが欠けていると信ずるぞ。「でも、見てみろ、こりゃ酷い」と、まるで我が輩が、明白なことを否定したかのように！　確かに酷い、ならば貴兄が何とかして見せよ[3]。

テキストの複製作業には、人為的なミスの可能性がつきまとう。そしてその問題は、古代世界では広く認識されていたわけだ。

初期キリスト教社会での本の複製

初期キリスト教テキストには、複製作業に言及したものがたくさんある[4]。なかでも面白い実例は、二世紀初頭の『ヘルマスの牧者』と呼ばれる人気テキストだ。この本は、二世紀から四世紀の間、広く読まれた。これを正典に含めるべきだと考えたキリスト教徒もいる。実際、いくつかの新約聖書、例えば

現存する最古の新約聖書写本のひとつである四世紀の『シナイ写本』などは、これを正典の中に含めている。さて、この本の中で、キリスト教の預言者であるヘルマスはたくさんの啓示を与えられるのだが、そのあるものは未来に関する事柄であり、またあるものは当時のキリスト教徒の共同体や個人の生活に関するものだ。この本のはじめの方で（これは実に長ったらしい本で、新約聖書に組み込まれたどの文書よりも長い）、ヘルマスは年配の女性の幻視を見る。これは一種の天使的存在で、キリスト教会を表わしているのだが、彼女は小さな本を朗読している。そしてヘルマスに、ここで聞いたことを仲間のキリスト教徒に伝えよ、と言う。彼は彼女が読んだ内容を逐一記憶するのは無理だと言い、「その本を書き写させてください」と頼む。彼女はそれを彼に与えるが、彼は言う、

そこで、私はその書物を持って、畑のある場所へ引き返し、全部を一字一字書き写した。字の綴りを判別することが出来なかったからである。ところが、書物の文字を全部筆写し終えると、書物が突然私の手からもぎ取られてしまった。誰によって取られたのか、私には何も見えなかったのである。（『ヘルマスの牧者』五章四）

いくら小さな本とはいえ、一字ずつ書き写していくのは大変な作業だっただろう。ヘルマスは「字の綴りを判別することが出来なかった」と言っているが、これはつまりは彼が字を読めなかったことを示しているのかもしれない――すなわち、テキストをすらすら読むことのできるプロの書記としての訓練を受けていないということだ。古代ギリシア語テキスト（そこにはあらゆる初期キリスト教文書が含まれる。当然新約聖書もだ）の問題点のひとつは、それが複製される際に、句読点が全く使われないばか

りか、大文字と小文字の区別もされず、それどころか、単語と単語の間のスペースすら存在しないということだ。こんなふうにだらだらと続いていく書き方を「連続書法《スクリプトゥオ・コンティヌア》」と呼ぶが、こんなことをされるとテキストを読むのはひじょうに困難になる。まして理解など、言うまでもない。例えばgodisnowhereなんて句は、God is now here（神は今、ここにいます）と有神論的にも読めるし、God is nowhere（神はどこにもいない）と無神論的にも読めてしまう。[5]さらに言うなら、lastnightatdinnerisawabundanceonthetableなんて書かれた日にはどうしたらよいのか？　これは普通の出来事か、それとも超自然現象なのか？〔訳註――例文は「昨夜はテーブルにたくさんの食べ物があった」「昨夜テーブルの上で踊っているパンを見た」の両方に解釈できる〕

ヘルマスが字の綴りを判別できないというのは、つまりはテキストを続けて読むことができず、たんにそれぞれの字が判別できるに過ぎなかったということだ。だから彼は一字ずつ書き写していった。言うまでもないが、自分で読んでいる内容が解らなければ、転写の際に間違う可能性は増大する。

ヘルマスは、その後に出てくる幻視でも、複製作業に言及している。例の年配の女性が再び現れ、書き写した本を教会の長老たちに渡したか、と問う。まだだと答えると、彼女は言う――

それは良かった。実は、付け加える言葉があるのです。私が全部の言葉を付け加えたら、お前の手を通して、選ばれた全ての人に知らせてあげなさい。そのために、二つの写本を作って、ひとつをクレメンスに、もうひとつをグラプテに送りなさい。クレメンスがそれを他所の町々に送るでしょう。それが彼に託されたつとめなのですから。他方、グラプテはそれを、寡婦たちや孤児たちに教えるでしょう。お前は、教会の頭なる長老たちと共に、この街の人々に読んで聞かせなさい。（『ヘ

ルマスの牧者』八章三）

つまり彼が延々時間をかけて写したテキストに追加をさせられたのだ。さらに彼はその複製を二部作らされた。そのうちのひとつはクレメンスという人物の許に送られる。この人物は、他のテキストによれば、ローマの三代目の司教であったとされている。たぶん、これは彼が教会の長になる前の話だろう。というのもここでは、彼はローマのキリスト教共同体から離れたところにいる文通相手として登場するからだ。彼はテキストの筆写に当たっていた公認の書記なのだろうか？　もう一部の複製は、グラプテという女性の許に送られる。もしかしたら彼女もまた書記で、ローマにいる他の教会メンバーのためにさらに複製を作るのかもしれない。ヘルマス自身は、共同体のキリスト教徒（そのほとんどは文盲で、テキストを自分で読むことができない）に対して、自分の複製を読み聞かせることになる――彼が字の綴りの判別もできないのに、なぜそんなことが期待されているのかという謎に関しては、何の説明もないが。

ではここで、初期教会の中での複製作業は実際にどういうふうに行なわれていたのかを見てみることにしよう。たぶん、地中海世界全域に散らばっているどの教会をとっても、状況は似たようなものだったはずだ。まあ、ローマの教会ほど大きいものは（たぶん）なかっただろうけど。教会の書記は選ばれた少数者だった。書記の中には、とくにその技能に秀でている人もいた。例えば件《くだん》のクレメンスはどうやらキリスト教文書の普及という責務を担っていたらしいのに対して、ヘルマスはたまたま仕事を与えられたからやってみただけ、という風情だ。このような、会衆の中の知識人（そのレベルにもいろいろあるが）によって作られたテキストの複製は、その後、共同体全員に向けて朗読される。

キリスト教共同体の中の書記について、他に判ることはないだろうか？　クレメンスやグラプテについては確かなことは判らないが、ヘルマスに関しては、まだ追加情報がある。彼は自らのことを元奴隷であると述べている（『ヘルマスの牧者』一章一）。彼はどうやら字が判別できたようだが、だとするとそれなりの教育を受けていたということになる。彼自身はローマの教会の指導者ではなかった（「長老」の中には入っていない）が、後の伝承によれば、兄弟にピウスという名の人物がいて、この人は二世紀半ばにその教会の司教となったという(6)。もしそうなら、彼の家族はキリスト教共同体の中で特権的な地位を獲得していたのかもしれない——たとえヘルマスがかつて奴隷であったにせよ。字が読めたのは教育を受けた人だけであり、そして教育を受けるためにはそれなりの暇もカネも必要なのだから（奴隷として文字の読み書きを訓練された場合は除くが）、初期キリスト教の書記は共同体の中では裕福な、高い教育を受けた人々だったようだ。

すでに見たように、キリスト教共同体の外では、すなわち一般的なローマ世界では、テキストはプロの書記か、仕事の一環としてそういう任務を与えられた識字能力のある奴隷が複製していた。つまり言い換えれば、ローマ帝国内のどこでも、一般にテキストを複製する人とそのテキストを欲しがっている人とは別である。写字生がテキストを筆写するのは、一般的に言って、誰か他人のためだ。一方、初期キリスト教の書記に関する最近の研究によれば、キリスト教共同体内部ではそれが全く逆だったらしい。つまりテキストを複製するキリスト教徒は、そのテキストが欲しい人自身であるらしいのだ——自分自身や共同体の中で使うために複製したり、あるいは共同体の成員のために製作するのだ(7)。簡単に言えば、初期キリスト教テキストを複製していた人々は、全員とは言わないがたいていの場合は、生計の手段としてそれを行なっていたプロの書記ではないということだ（前述のヘルマスを参照）。キリスト教の会衆の中で、複製を行なうことができ、またその仕事を買って出たのは、たんに字の読める素人だった。

こういう人たちの一部――あるいはほとんど？――は、共同体の指導者だったかもしれない。最初期のキリスト教の指導者は裕福な人々だったと考えられている。というのも、教会の集会は成員の家で行なわれていたからだ（最初の二世紀間は、私たちの知っているような教会の「建物」は存在しなかった）。多くの人間が入れるほど大きな家を持っていたのは、裕福な人だけだ。古代の都では、ほとんどの人はウサギ小屋みたいな所に住んでいたのだ。このように建物を提供した人が教会内部で指導力を発揮しただろうと考えるのは不自然ではないし、現存する多くの書簡からも推測できる。そうした書簡では、特定の人に対して謝意が表明され、その人の「家で教会が開かれた」などと書いてあるのだ。こうした裕福な家主は教育もあっただろうし、だから時に会衆に対してキリスト教文書を「読む」よう求められるのも不思議ではない。例えば、前述の『テモテへの手紙一』四章一三には「私が行くときまで、聖書の朗読と勧めと教えに専念しなさい」とある。それでは彼ら教会指導者たちは、会衆に朗読されるキリスト教文書の複製作業に関しても、少なくともある程度までは責任を負っていたのだろうか？

素人書記の問題

初期キリスト教テキストの複製は、少なくとも最初の二～三世紀の間は、プロの書記ではなく、信徒の中で識字能力とやる気のある素人が従事していた。(8) ということは、とくに最初期の複製作業では、筆写の際の間違いなど日常茶飯事だったということだ。実際にそうだったことを示す確実な証拠もある。これらのテキストを読み、オリジナルの言葉を見つけ出そうとするキリスト教徒が、しばしば不満を表明しているのだ。例えば三世紀の教会教父オリゲネスは、彼の手許にあった福音書について、次のような不満を述べている。

それぞれの写本同士の相違は甚だしいものとなっている。それは一部の写字生の無知によるものであったり、あるいは他の写字生の御しがたい無謀さによるものであったりする。彼らは自分で筆写したものを見返すということをしないし、その見返しの作業で、好き勝手に追加や削除を行なうのである。(9)

この問題を認識していたのは、オリゲネスだけではない。彼の論敵である異教徒のケルソスもまた、彼よりも七十年ほど前に同じようなことを言っている。キリスト教とその文書に対する非難の中で、ケルソスはキリスト教徒の写字生とその杜撰な複製作業を名指しで批判する。

信者の中には、酒でも呑んでいるかのように、言うことが支離滅裂となり、福音書の原文を三度、四度、あるいはそれ以上にわたって改変し、批判の矢面に立たされた難問を否定できるようにしている者もいる。(『ケルソス駁論』二章二七)

この実例で面白いのは、キリスト教徒のお粗末な複製手法を外部から指摘されたオリゲネスが、これに続く部分でキリスト教徒によるテキストの改竄を否定しているということだ。彼自身、他の文書ではそういうお寒い状況を罵倒していたにもかかわらず、である。だがオリゲネスは、いくつかの異端宗派については、その例外として認めている。つまり彼によれば、異端者は聖なるテキストを悪意をもって改竄しているというのだ。(10)

異端者は時に自分で複製したテキストを改竄し、自分自身の見解に合わせようとする、という非難には、聞き覚えがある。二世紀の哲学者・神学者であるマルキオンが、まさにそういう非難を受けていた。彼は十一篇の聖文書から成る正典を提唱したが、その際、自分の見解、すなわちパウロにとっては旧約聖書の神は真の神ではなかったという主張に合わない部分を削除したのだった。マルキオンに対する「正統信仰」側の論敵であるエイレナイオスによれば、マルキオンの所業は――

パウロの書簡を寸断し、天地を造り給いし神が我らが主イエス・キリストの父であると使徒が述べている部分を全て取り除き、また預言者たちが主の到来を予言していたことを示すために使徒が引用した預言者の書をも削除している。(『異端反駁』一巻二七章二)

容疑者はマルキオンだけではない。エイレナイオスとだいたい同じ頃に生きていたコリントの司教であるディオニュシウスという人は、偽りの信者たちが聖なるテキストのみならず、破廉恥にもディオニュシウス自身の文書まで改竄して困る、と述べている。

仲間であるキリスト教徒から手紙を書けと要請があって、私はその通りに致しました。害毒に満ち満ちたるこれらの悪魔の使徒どもは、その一部を削除し、別のものを付け加えました。これらの者に禍いあれ。心ない者どもは主御自身の御言葉すら歪曲するわけでありますから、私のささやかな文書を損なうことを企むのは何の不思議もありません。

「異端者」に対するこのような非難——すなわち、彼らは聖書の文言を自説に合うように改竄しているという非難——は、初期キリスト教著述家の間にはひじょうによく見られるものだ。とはいうものの、ここで注目すべきことは、最近の研究の結果、現存する写本の証拠を見る限り、状況はむしろ正反対だったということだ。実際には正統教会に関わっていた書記たちの方が、しばしばテキストの改竄に携わっていたのである。それは時には異端的教義を主張するキリスト教徒に「誤用」される可能性を根絶するためであり、また時には彼らが唱道する教義にテキストを適合させるためだった[11]。

テキストの言葉を重視しない書記たちが、それを好き勝手に改竄できてしまうという状況の真の危険性は、別の所にもある。つねに念頭に置いていただきたいのだが、初期キリスト教文書が作られていた時代というのは、印刷機や出版社が無かっただけではなく、著作権法なども無かったのだ。ひとたび自分の書いた文書が世に出回ってしまったが最後、そのテキストが改竄を受けていないということを、著者はどうやって保証することができるだろうか？　簡単に言えば、不可能だ。だからこそ著述家たちはしばしば、無許可でテキストを改竄する写字生に対して呪いの言葉を吐くのだ。このような呪いの言葉の一例は、新約聖書に収録されている初期キリスト教文書の中にすでに見ることができる。『ヨハネの黙示録』だ。ここで著者は、そのテキストの最後の方で、次のような恐ろしい警告を発する。

> この書物の預言の言葉を聞くすべての者に、私は証しする。これに付け加える者があれば、神はこの書物に書いてある災いをその者に加えられる。また、この預言の書の言葉から何か取り去る者が

あれば、神は、この書物に書いてある命の木と聖なる都から、その者が受ける分を取り除かれる。
（『ヨハネの黙示録』二二章一八―一九）

この言葉はしばしば、この預言書に書かれたすべてのことを信じるべしという、読者に対する警告だと解釈されるが、そうではない。実際にはこれはこの本を書写する者に対する、よくある類の警告なのだ。つまり、たんに単語を削除したり付け加えたりするなと言っているわけだ。似たような呪いの言葉は、初期キリスト教文書の至る所に散らばっている。例えばローマの神学者ルフィヌスは、オリゲネス作品の翻訳についてかなり厳しい警告を発している。

父なる神と子なる神と聖霊の御前にて、私はこれらの書を書写もしくは朗読するすべての者に厳命し懇願する、その者の来たるべき御国に対する信仰によって、また死よりの復活の秘儀の名によって、そして悪魔とその使いのために用意されている永遠の炎によって、その者が永遠の悲嘆と歯ぎしりの場、永遠にその霊を焼かれ続ける場に留め置かれることにならぬために、その者がここに書かれた言葉に何ひとつ付け加えることのないように、そして何ひとつ取り去ることのないように。ただひとつの挿入も変更も加えぬように、そしてその者が自らの書写と、その手本である写本とをしっかりと見比べるように(12)。

たかがテキストの言葉を改変したという程度のことにしては、これはまた凄まじい脅迫だ——何といっても地獄の業火と来たもんだ。だが、著述家の中には自分の言葉がきちんと伝わるかどうか不安を抱く人が少なからずいて、好き勝手にテキストを改竄する写字生に対してはどれほど恐ろしい脅迫をしても十分ではないと考えていたのだ。何しろ当時は著作権法なんてものが無かったのだから。

テキストの改竄は広く行なわれていた

とはいうものの、こういう改竄を加えるのはテキストの言葉に対して個人的な好悪を持つ写字生だけだ、と考えるのは早計だ。実際には初期キリスト教写本に見られるほとんどの改竄は、神学やイデオロギーとは全く関係がない。むしろ改竄の原因は純然たる凡ミスであることの方が遥かに多いのだ——書き損じ、不慮の省略、不注意による添加、綴りの間違い、さまざまな疎漏。書記の中には無能な者もいた。当時の写字生は別にそのための職業訓練を受けたわけでも何でもなく、たんに信者の中で字が読めるというだけの、それも能力的にはピンキリのボランティアだったということを思い起こしていただきたい。後の時代になると、四～五世紀あたりからキリスト教の書記も教会内部でプロとしての仕事をするようになったし[13]、またさらに後になると修道院の中の専門の修道士がほとんどの写本を複製するようになるが——それでもなお、なかには下手な書記もいた。いつの時代でもこれはひじょうに骨の折れる退屈な仕事なので、仕事の終わった書記はしばしば、写本の最後に次のように書きつけたりしている。「これで終わり。神様ありがとう！」[14]。書記だって時には注意力が散漫になることもあるし、お腹が空いたり眠くなったりすることもある。何となく気が乗らないということだってあるだろう。

有能で、技術もあり、注意深い書記であっても、間違いを犯すことはある。さらにまた、すでに見たように、場合によっては元のテキストを改竄した方がいいと勝手に判断して改竄してしまうこともあった。とはいえ、そこには必ずしも特定の神学的理由があったというわけでもない。書記の意図的な改竄には、それ以外の理由もあった――例えば、ある条に、明らかに訂正の必要のある誤りが含まれていることに気づいた時だ。それはテキストの中の矛盾であったり、地理的な記述の誤りであったり、聖書への言及の誤りであったりする。このように、書記の加えた改竄が意図的なものであったとしても、その動機は白雪のように純粋である場合もある。しかしいずれにせよ改竄が行なわれたことは事実であって、それによって著者のオリジナルな言葉は改変され、失われてしまったかもしれない。

　テキストの意図的改竄の面白い実例が、現存する最古かつ最良の写本のひとつで、四世紀に造られた「ヴァティカン写本《コーデクス・ヴァティカヌス》」（ヴァティカン図書館から発見されたのでこの名がある）の中にある。ほとんどの写本では、『ヘブライ人への手紙』の冒頭には「御子は、……万物を御自分の力ある言葉によって支えて（ギリシア語：PHERŌN）おられます」（一章三）と書いてあるのだが、「ヴァティカン写本」の場合、書記はここでちょっとした改竄を行なった。そこではテキストは「御子は、……万物を御自分の力ある言葉によって顕わして（ギリシア語：PHANERŌN）おられます」と読めてしまうのだ。何世紀か後、別の書記がこの条を読み、見慣れない「顕わす」という単語を、一般的な「支える」に変えようと考えた。そこで問題の単語を消して書き直したのだった。だがさらに数世紀後、第三の書記がこれを見て、先人による書き直しに気づいた。そこで彼は、再び「支える」という単語を消して「顕わす」に書き直した。さらに彼は欄外に、第二の書記に対する自らの所感を註として書きつけた。曰く、「阿呆かお前は！　元のままにしておけ、勝手に変えるな！」。

　私はこの写本のこのページをコピーして、額に入れて机の前の壁に飾っている。書記というものはテキストをともかく変え、さらに変えたがるものだということをつねに肝に銘ずるためだ。明らかに、ここで改竄されたのはたった一語に過ぎない——それがそれほど重大なのか？　重大なのだ。なぜなら、著者の言いたかったことを理解するための唯一の方法は、彼の実際の言葉——そのすべての言葉——を知ることに他ならないのだから（テキストの中のただひとつの単語に基づく説教の数がどれほど膨大なものか、考えてみて欲しい。で、もしその単語が実際には著者の書いていないものだとしたら？）。だいたい、キリストがその言葉の力によって万物を啓示したというのと、キリストが言葉によって宇宙を保っているというのは全然別じゃないか！

「オリジナル・テキスト」は復元できるのか

そんなわけで、写本を複製する書記たちはありとあらゆる改竄をやった。後の章で、それぞれの改竄の種類についてもっと深く見ていくことにするが、ともかくここでは改竄が行なわれていたということ、それも広く行なわれていたということを知れば十分だろう。とくに、テキストの複製が始まった最初の二百年間は、ほとんどの写字生が素人だったから、その傾向は強かった。本文批評が取り組むべき主要な問題のひとつは、現存する写本がこんなにも間違いだらけという状況の下で、どうやってオリジナル・テキストを——つまり、著者が最初に書いた通りのテキストを——復元するかということだ。さらに問題を悪化させているのは、ひとたび改竄が行なわれると、それはそのテキストの伝統の中にしっかりと根を下ろしてしまうという事実だ。実際、オリジナルよりもさらにしっかりと根を下ろしてしまうのだ。

つまり言い換えるなら、ひとたび書記がテキストに——偶発的であれ、意図的であれ——改竄を加えると、その改竄が写本の中で恒久化されてしまうということだ（もちろん、他の書記がこれに気づいて元に戻した場合を除く）。その写本を複製する第二の書記は、改竄されたものをそのまま複製することになる（それが正しいと信じているわけだ）。そしてさらに自分自身の改竄を付け加えてしまう。さらにその写本を複製する第三の書記は、第一、第二の書記の改竄を両方とも複製した上で、さらに自分自身の改竄を付け加える。以下同文。改竄が修正されるのは、書記がその前任者の誤りに気づいて、これを修正しようとしたときだけだ。とはいうものの、改竄を訂正しようとする書記が、それを正しく訂正できるという保証はない。つまり、これは間違いだと判断したものを訂正しながら、実際にはその訂正の方が間違っていた、という事態もありうるわけだ。そんなわけで、今やテキストには三通りあるということが判った。オリジナル、改竄、そしてその改竄を修正しようとして間違ったもの、の三つだ。改竄は増大し、繰り返される。時には修正されるが、時には改竄に改竄が積み重ねられる。それが延々と続いていくわけだ。何世紀にもわたって。

言うまでもなく、書記の手許に複数の写本があり、両者を比較対照することによって誤りを正すことができる場合もある。だが実際のところ、これはさらに問題を悪化させてしまう恐れもあるのだ。つまりその書記が、改竄された方の写本を正しいと思いこみ、それに照らして正しい方の写本を訂正してしまう可能性もあるということだ。可能性はどこまで広がるか判らない。

このような問題を抱えた私たちは、いったいどうやって、オリジナル・テキスト、すなわち著者自身が書いたテキストを復元することができるのか？　これは途方もない問題だ。あまりにも途方もなさ過ぎて、多くの本文批評家が「オリジナル」テキストに関する議論はやめた方がいい、と主張しているくらいだ。だってそんなものは絶対に復元不可能なんだから。これは言い過ぎかもしれないが、新約聖書の文書から具体的な実例をひとつふたつご紹介すれば、その問題がいかなるものかが明らかになるだろう。

改竄を突き止める

最初の実例として、パウロ書簡の『ガラテヤの信徒への手紙』を採り上げよう。そもそもこの書簡は誰に向けて書かれたのかという点についてすら、さまざまな難問が山積している。「オリジナル」テキストを知るという考えを放棄した人たちに思わず同意したくなってしまうほどだ。ガラテヤというのはひとつの街の名前ではなく、そこにある教会もひとつではない。それは小アジア(今のトルコ)にあった地域の名前で、パウロはそこにいくつもの教会を作った。「ガラテヤの信徒」というのは、それらの教会のどれかひとつを指すのか、それとも全部をひっくるめているのか? たぶん、彼がひとつの街だけを特別視している形跡がないということからして、その地域のすべての街に向けてその書簡を書いたのだろう。だがつまりそれは、彼が同じ書簡の複製をいくつも作ったということなのか、それともひとつの書簡がその地方のすべての教会の間で回覧されると考えていたのか? 全く判らない。

仮に、たくさんの複製を作ったとしよう。それらはいったいどうやって作ったのか? まず第一に、この手紙は他のパウロ書簡と同様、直接彼の手によって書かれたものではなく、秘書に口述筆記させたものらしい。その証拠は、書簡の最後にパウロが自分自身の手で追伸を付け加えていることだ。つまり書簡の文責が自分にあることを示しているのだ(古代の口述筆記ではよく用いられた手法だ)。「このとおり、私は今こんなに大きな字で、自分の手であなたがたに書いています」(六章一一)。言い換えれば彼の筆跡は、口述筆記をした書記の字よりも大きく、素人臭かったのだろう[15]。

さて、パウロがこの書簡を口述筆記したとするなら、彼はそれを一語一語口述していったのか？　あるいは、基本的なポイントだけを述べて、後は書記に任せたのか？　古代においては、両方の方法が普通に用いられていた[16]。もし書記が大部分を任されたのなら、果たしてそれはパウロの考えを精確に反映したものと言えるだろうか？　もし言えないなら、それは実際にパウロの言葉なのか、それとも名も知らぬ書記の言葉なのか？　一方、仮にパウロが一語一語口述していったとしよう。その過程で書記が間違って書き取ってしまったということがありうるだろうか？　時としてあり得ないことが起こるものだ。もしそうなら、その書簡の原本（すなわちオリジナル）がすでに「改竄」を含んでいたということになる。以下、それに続くすべての複製は、（彼の書記が間違えた部分において）パウロの言葉ではないということになる。

では、書記がすべての言葉を百パーセント完璧に書き取ったとしよう。この書簡の複製が数多く作られたとして、そのすべてがやはり百パーセント完璧に正しいと断言できるだろうか？　たとえすべての複製がパウロの目の前で作られたとしても、多くの複製の中のひとつやふたつで、あちらこちらに一語や二語の間違いが生じるというのは十分ありうることだ。もしそうなら、多く作られた複製のうちのどれかひとつだけが、以後のすべての複製の――一世紀から二世紀、三世紀、そしてそれ以後の――底本となったとしたら、どうだろう？　この場合、この書簡のすべての底本である最古の複製それ自身が、パウロの書いた（あるいは書きたかった）通りのものとは限らない。

ひとたびこの複製が回覧されると――すなわち、目的地であるガラテヤの街のひとつに到着すると――言うまでもなく、それはさらに再複製され、改竄が施されることになる。書記が意図的にテキストを変えることもあるし、たまたまそうなってしまうこともある。このような改竄された複製がさらに再複製される。以下同文。この過程のどこかで、オリジナルと言うべき一次複製（あるいは一次複製のすべて）はどこかへ行ってしまったり、擦り切れてしまったり、あるいは破棄されたりしてしまう。つまりある時点で、複製と底本とを比較してその正しさを確認するということが不可能になってしまうのだ。たとえ誰かがその素晴らしいアイデアを思いついたとしても。

そんなわけで、今日現存しているものは、その書簡のオリジナルではないし、パウロ自身が作った一次複製のひとつでもないし、その書簡の宛先であるガラテヤの街のどこかで作られた二次複製でもないし、あるいはそれらの二次複製から直接複製された三次複製でもない。現存する『ガラテヤの信徒への手紙』の複製の中で最古と思われるもの（この写本は断片的であり、つまり欠けている部分がたくさんある）はP46と呼ばれるパピルスだ（これは目録化されている新約聖書パピルスの四十六番目のものなのでそう呼ばれる）。これはだいたい西暦二〇〇年頃に作られたものだ。つまり、パウロがその書簡を書いてからだいたい百五十年後である。今日現存する最古の複製が造られるまでに、実に百五十年にわたってそれは回覧され、複製され続けていたわけだ。ある時は正しく、そしてある時は改変されながら。私たちは、P46の底本となった複製を再現することはできない。それは精確な複製だったのか？　もしそうなら、どの程度精確だったのか？　そこには何らかの誤りが含まれていたに違いない。それの底本になったものがそうであったように。あるいはその底本のそのまた底本となったものがそうであったように。以下同文。

つまり簡単に言えば、『ガラテヤの信徒への手紙』の「オリジナル」を云々することは一筋縄ではいかないということだ。それは現存しない。私たちにできるのは、その伝播の可能な限り早い段階にまで遡るだけだ。後はせいぜい、その段階を再現した結果が——たまたま現存していた写本（中世になると、現存する写本の数は増える）に依拠しているに過ぎないのだが——パウロ自身が書いた、あるいは口述の時点で書こうと思っていたものになるべく近いものであることを祈るくらいのものだ。

問題の第二の例として、『ヨハネによる福音書』を採り上げよう。この福音書は新約聖書の中の他の三つの福音書とは全く違うもので、物語の内容も違えば、文体も全く異なっている。『ヨハネ』の中では、イエスの言葉は簡潔かつ直接的な語録というより、長々とした講話だ。例えば、『ヨハネ』のイエスは他の三つの福音書のイエスと異なり、全くたとえ話をしない。さらにまた、『ヨハネ』の中で語られる出来事は、しばしば『ヨハネ』にしか登場しないのだ。例えば、イエスとニコデモの会話（三章）、サマリヤ女との会話（四章）、水をぶどう酒に変える奇蹟（二章）、ラザロを死から甦らせる話（一一章）など。イエスその人の描写もまた全く違っている。他の三つの福音書とは違って、『ヨハネ』のイエスは自分の正体（天から遣わされた者）を説明することと、かつそれが真実であることを証明する「しるし」を行なうことに時間を費やす。

ヨハネが自分の物語の資料を持っていたことは間違いない——たぶん、イエスのしるしを物語る資料や、彼の講話を記した資料などだろう。[17] 彼はイエスの生涯、伝道、死、復活を語る淀みない物語の中に、これらの資料を混ぜ込んだ。だが実際には、ヨハネは自らの福音書の異なるヴァージョンをいくつか作っていたという可能性もある。例えば昔から言われていたことだが、二一章は後代の付加に見える。この福音書自体は、間違いなく二〇章三〇－三一で終わっていた方が自然だ。二一章の出来事はどうにも後づけ臭く、おそらくは復活のイエスの出現の話を補完するため、またこの福音書の物語を書いたとされる「愛された弟子」が死んだ時にそれが予め予見されていたということを説明するために付け加えられたのだろう（二一章二二―二三参照）。

この福音書には、首尾一貫しない条が他にもある。そもそも、この福音書全体の一種のプロローグとも言うべき冒頭部分、一章一―一八からして、残りの部分とずいぶん印象が違っている。このきわめて名高い詩は、神の「言《ことば》」を語る。この言は世の初めから神と共にあり、それ自体が神であり、そして「肉となり」、イエス・キリストとなった。この条は、福音書全体と全く異なる、ひじょうに詩的な文体で書かれている。それだけではない。この条の中心テーマは以降の物語の中でも繰り返し語られるが、その中でも最も重要な語彙は二度と出てこない。つまり、イエスは物語全体を通じて天から来た存在として描かれるのだが、彼が「言」と呼ばれることは二度と無いのだ。この冒頭の条は残りの部分とは別の資料から採ってきたもので、すでにこの書が完成した後に、著者によって開巻にふさわしいものとして付け加えられたのだろうか？

ここでひとつの頭の体操として、ともかく二一章と一章一―一八がこの福音書に後から付け加えられたものだと仮定してみよう。「オリジナル」の復元を目指す本文批評家としては、それをどう扱うべきだろうか？　どんなオリジナルが再現されるのだろうか？　現存するギリシア語写本は、すべて問題の条を含んでいる。だから本文批評家としては、それをもともと含んだ形でこの福音書のオリジナル・テキストを復元すべきだろうか？　だが私たちとしては、「オリジナル」とはより古い形、すなわち問題の条が付け加えられる前のものを指すと考えるべきではないのか？　さらに、より古い形を再現することが目的であるのなら、この段階、つまりいわば『ヨハネによる福音書』の初版の段階の再現で止めてしまうのは正しいのだろうか？　なぜさらに遡って、この福音書の元になった資料、例えば「しるしの資料」や「講話の資料」、あるいはその背後にある口伝の再現にまで挑もうとしないのか？

本文批評家はつねにこういう問題に悩まされる。なかにはオリジナル・テキストの探求なんて諦めてしまえ、と言い出す者も出る始末だ――そもそも、『ガラテヤ』にしても『ヨハネ』にしても、そのオリジナルとは何を意味するのかということ自体、一致した見解なんてないんだから。だが私自身としては、どこまで到達できるか百パーセント確かではないにしても、少なくともこれだけは確実に言えるというものもある、と考えている。それは、現存する写本のすべてが他の写本から複製されたものであるということ、その底本となる写本もまた別の写本から複製されたものであるということ、そして少なくとも、新約聖書の各書について、その写本の伝統の最も古い段階にまで遡ることは可能である、ということだ。例えば、現存する『ガラテヤ』のすべての写本は明らかに、何らかの複製テキストにまでは遡ることができる。現存する『ヨハネ』のすべての写本は明らかに、プロローグと二一章を含むヴァージョンの『ヨハネ』にまでは遡ることができる。つまり、このようにして可能な限り最古のヴァージョンにまで遡ることこそが私たちにできる最善の努力であり、それが「オリジナル」テキストであるか否かはまた別の問題である、というのが落しどころだと思う。この最古のテキストは間違いなく、著者自身が書いたオリジナルと密接に（きわめて密接に）関係している。だから著者の教えに関する解釈の基盤になりうるのだ。

新約聖書のテキストを再現する

言うまでもなく、似たような問題は初期キリスト教文書のすべてに当てはまる。新約聖書に入っていようといまいと、福音書だろうと言行録だろうと、書簡だろうと黙示録だろうと、あるいはその他の文書だろうと、関係ない。本文批評家の仕事は、これらすべての文書にとって、そのテキストの最古の形はどんなものだったのかを決定することだ。後で詳しく見るけれど、この決定を下すための原理というものがすでに確立している。写本に含まれる異文のうちのどれが間違いで、どれが意図的な変更で、どれがオリジナルな著者にまで遡れるものなのかを見分ける方法だ。とはいえ、それは並大抵の苦行ではない。

一方、そうした苦心惨憺の末に出された結論は、きわめて啓蒙的で、興味深く、ワクワクするものだ。本文批評家はかなりの精確さで、現存する写本が新約聖書のオリジナル・テキストと違っている部分を数多く指摘できるようになっている。この分野に関する知識は全く無いけれど、新約聖書を（まあ、英語版でね）もっとよく知りたいと思っている人にとっては、その結果のいくつかは驚くべきものだろう。この章の締めくくりとして、そんな実例をふたつほどご紹介したい――いずれも福音書の一節だが、今ではかなり確実に、元来の新約聖書には存在しなかったと判明している。幾世紀にわたって、それこそ今日まで、キリスト教徒にとってはひじょうに親しまれてきた条であるにもかかわらず、だ。

姦通の女

姦通を犯した女とイエスの話は、たぶん聖書のイエスに関する話の中で最も有名なものだろう。イエスの生涯がハリウッドで映画化されるたびに、間違いなく好んで採り入れられてきた場面だ。メル・ギブソンの『パッション』にすらしっかり入っていた。この映画はイエスの死の直前の数時間を描いたものだというのに、だ（数少ない回想シーンのひとつに入れられているのだ）。だがその人気ぶりにもかかわらず、この話は新約聖書の中でたった一度しか出てこない。『ヨハネによる福音書』七章五三－八章一二だ。しかもそれですらオリジナルではないと考えられている。

話はよく知られている。イエスが神殿で説教をしていると、彼の公然たる敵である律法学者やファリサイ派が「姦通の現場で捕らえられた女」を連れて近づいて来る。イエスを試すために彼女を連れてきたのだ。モーセの律法によれば、このような罪人は石打ちの刑で殺されることになっている。だが彼らは、イエスがこの件について何と言うか試そうとしたのだ。石打ちの刑だと言うか、あるいは慈悲を示すか？　もちろん、これは罠だ。もしもイエスが女を許してやれなんて言ったなら、神の律法を破ったとして訴えられる。もしも石打ちの刑だと言ったら、彼自身の愛や慈悲や許しの教えを反故にしたとして訴えられる。

イエスはすぐには返事をせず、その代わり、身をかがめて地面に何やら書き始めた。そこでしつこく問い続けると、彼は言った、「あなたたちの中で罪を犯したことのない者が、まず、この女に石を投げなさい」。そして再び地面に何かを書き続けた。一方、女を連れてきた連中はひとりまたひとりと去って行き――おそらく、自分自身の悪行に罪悪感を抱いたのだろう――最後に女だけが残った。イエスは身を起こして言った、「婦人よ、あの人たちはどこにいるのか。だれもあなたを罪に定めなかったのか」。女は答えた、「主よ、誰も」。そこでイエスは言う、「私もあなたを罪に定めない。行きなさい。これからは、もう罪を犯してはならない」。

見事な話だ。パトスと機知に満ち満ちて、そしてイエスはその機知によって自分自身を――哀れな女は言うまでもなく――窮地から救う。もちろん、注意深い読者にとっては、つっこみどころの多い話でもある。例えば、もしもその女が姦通の現場を押さえられたのなら、一緒に捕まったはずの男はどこへ行ったのか？　モーセの律法によれば、そういう場合は男女とも石打ちの刑になるはずだ（『レビ記』

二〇章一〇参照)。さらに、イエスは地面に何か書いていたとあるが、これは何を書いていたのか?(古い伝承によれば、彼が書いていたのは告発者たちの罪状の数々だったという。これを見た彼らは自分たちの罪が見透かされているのを知って、いたたまれなくなって立ち去ったというのだ!)。そして愛のメッセージを説いていたイエスは、本当にモーセの律法はもはや無効で、従うべきではないと考えていたのか? 罪というものは罰せられるべきではないと考えていたのか?

この物語が実に見事であり、魅力的で、興味深いものであることは事実だ。だがにもかかわらず、この話はもうひとつ、実に大きな問題を抱えている。実を言うと、この物語は『ヨハネによる福音書』のオリジナルには入っていなかったのだ。というか、どの福音書のオリジナルにも入っていない。後代の書記によって付け加えられた話なのだ。

どうやってそんなことが解るのか? 実際、写本の伝承を研究している学者たちにとっては、この件は揺るぎない事実だ。この本をもう少し読み進めていただいたところで、学者たちがこのような判断を導き出すための証拠についてかなり突っ込んでご説明することにする。今この段階では、ほとんどすべての学者を納得させた基本的な事実をいくつか指摘するにとどめよう。まず、この物語は現存する『ヨハネによる福音書』の中で最古の、そして最良の写本の中に入っていない[18]。さらに、その文体は『ヨハネ』全体と全く異なっている(その前後の物語とすら違っている)。そしてこの物語には、この福音書の他の部分には全く出てこない単語やフレーズが大量に登場する。というわけで、結論はただひとつ——この条は、『ヨハネ』のオリジナルには入っていなかった。

では、いったいどういう顛末でこの話は『ヨハネ』の中に紛れ込んだのか? 多くの説がある。多くの学者たちの考えでは、この話はたぶん、イエスに関する口頭伝承のひとつとして知れ渡っていたものだ。それがある時、写本の余白に書き込まれた。これを見た書記か誰かが、その欄外の脚註を本文の一部だと思い込んで、『ヨハネ』七章五二の話の直後に挿入した。注目すべきことに、この話を新約聖書の別の場所に挿入した書記もいるのだ――例えばある者は『ヨハネ』二一章二五の後に。またある者は、面白いことに、『ルカ』二一章三八の後に挿入している。いずれにせよ、それを書いたのが誰であれ、ヨハネではないことは確かだということだ。

これを知った読者はジレンマに陥るだろう。もしもこの物語が元来『ヨハネ』の中になかったのなら、これを聖書の一節と考えて良いのか？　この問いに対する答えは人によっていろいろだろう。だが本文批評家にとっては、その答えは「ノー」なのだ。

『マルコによる福音書』の最後の十二節

次に採り上げる例は、聖書をあまり読んだことのない人にとっては馴染みがないかもしれないが、聖書解釈の歴史の上ではとても重要で、新約聖書のテキストの伝承を研究する学者たちにはかなりの問題を投げかけているものだ。この例は『マルコによる福音書』のもので、その最後の部分に当たる。

マルコによれば、イエスは安息日の前日に磔刑に処せられ、アリマタヤのヨセフの手で埋葬される（一五章四二―四七）。安息日の翌日、マグダラのマリアとふたりの女性が、死体にきちんと油を塗るために墓に戻って来た（一六章一―二）。墓に着くと、その入口の石がすでに脇へ転がしてあった。墓の中に入ると、白い長衣を来た若者がいて、彼女らに言った、「驚くことはない。あなたがたは十字架につけられたナザレのイエスを捜しているが、あの方は復活なさって、ここにはおられない。御覧なさい。お納めした場所である」。それからこの若者は言う、イエスは弟子たちより先にガリラヤに行く、「かねて言われたとおり」そこで彼に会えると弟子たちに告げよ、と。だが女たちは墓から逃げ去り、誰にも何も言わなかった。「恐ろしかったからである」（一六章四－八）。

この後、ほとんどの現代英語版聖書では、『マルコによる福音書』最後の十二節が続く。まず、イエス自身がマグダラのマリアの許に現れる。マリアは弟子たちの所に行ってその話をするが、誰も信じない（九－一一）。それからイエスは他のふたりの弟子の許に現れる（一二－一三）。それから最後に、テーブルを囲んでいた十一人の弟子（イスカリオテのユダを除く十二使徒）のところに現れる。イエスは彼らの不信仰を咎めた後、「全世界に行って、すべての造られたものに福音を宣べ伝えなさい」と命ずる。「信じて洗礼を受ける者は救われるが、信じない者は滅びの宣告を受ける」、というのである。その後に、この部分で最も興味深い一節が続く。

> 信じる者には次のようなしるしが伴う。彼らは私の名によって悪霊を追い出し、新しい言葉を語る。手で蛇をつかみ、また、毒を飲んでも決して害を受けず、病人に手を置けば治る。（一七－一八）

それからイエスは天に上げられ、神の右の座に着く。弟子たちは世に出て福音を説き、その言葉はしるしによって確証される（一九－二〇）。これは恐るべき条だ。神秘的で、感動的で、力強い。ペンテコステ派はこの一節を用い、イエスの信徒が未知の「言葉」を話すことを示す。彼らの礼拝では、時にそのようなことが起こる（いわゆる異言現象）。また「アパラチアの蛇遣い」と呼ばれる宗派もまたこの一節をことのほか大切にする。彼らは今もなお、手で蛇を摑んでも害を受けないというイエスの言葉に対する信仰を示すために、素手で毒蛇を摑むのだ。

だがやはり問題がある。というのも、この条もまたオリジナルの『マルコによる福音書』には存在しないのだ。後代の書記による付加なのである。

ある意味では、この部分に関する本文批評上の問題は、先に挙げた姦通の女よりも議論を呼ぶものだ。というのも、もしもこの最後の数節がなければ、マルコの結末は全く別の、理解しがたいものになってしまうからだ。とはいうものの、後述するように、だからといって学者たちがこの部分をそのまま受け入れているというわけではない。この部分を付加であると考える理由はひじょうに強固で、ほとんど議論の余地はないのだ。むしろ学者たちが議論しているのは、多くの英語版に採り入れられ（通常は、真正ではないという但し書きがついているが）、後のギリシア語版にも見られるこの結末が真正ではないという前提の下で、それでは実際のマルコの結末はどのようなものだったのか、ということだ。

この部分がマルコのオリジナルに含まれていなかったという証拠は、姦通の女の場合と似たようなものなので、ここでもまた要点だけをごく簡単に述べておこう。『マルコによる福音書』の現存する最古かつ最良の写本にこの部分が含まれていないのはもちろんだが、それ以外にも重要な証拠がある。その文体は『マルコ』の他の部分と全く異なっているし、この条の直前の数節からの繋がりも何だかよく解らない（というのも、いきなり九節でまるで初登場であるかのようにマグダラのマリアが紹介されるのだが、彼女はその直前の数節にすでに登場しているのだ。あと、ギリシア語の用法の点でもこの繋がりはきわめて不可解だ）。それと、『マルコ』の他の部分には全く登場しない単語やフレーズがこの条にだけ大量に出てくる。つまり一言で言えば、この部分は『マルコ』に対する後代の付加であることを確信させる証拠がきわめて豊富だということだ。

だが一方でこの部分がないと、物語の結末はいかにも唐突だ。試しに、問題の部分を取っ払ってみていただきたい。女たちは不思議な青年からこう告げられる、イエスは弟子たちよりも先にガリラヤに行くからそこで彼に会えると弟子たちに伝えなさい、と。だが彼女たちは墓から逃げ去り、誰にも何も言わなかった。「恐ろしかったからである」。終わり。

明らかに書記たちは、この結末はあまりにも唐突すぎると考えたわけだ。女たちは誰にも何も言わなかったって？　じゃあ、弟子たちは復活のことをずっと知らなかったってこと？　それでイエスは弟子たちのところに出現したりもしなかった？　そんな結末があるか！　この問題を解決するために、書記たちは結末を付け加えた[19]。

この書記たちと同様、一六章八は福音書の結末としてはあまりにも唐突すぎると考える学者もいる。だからといって、前にも言ったように、そういう学者たちにしても、後の写本に登場するこの最後の十二節がオリジナルな結末だったと考えているわけではない――そんなことはあり得ないと解っている――ただ彼らは、本来ならイエスがガリラヤで弟子たちに会うという顚末が書かれていたはずの最後のページが散逸してしまったのだが、現存するすべての写本はこの散逸した不完全な写本に由来しているのだ、と考えているのだ。

その可能性は十分にありうることだ。だが別の学者たちが唱えているように、マルコは意図的に一六章八でその福音書を終えたのだという可能性もまた同様にありうる[20]。女たちが誰にも何も言わなかったのだから、弟子たちはイエスの復活の真実を知ることはなかったのだ。そのように考える理由のひとつは、もしもマルコがそのような結末を用意したとしたら、それはこの福音書の至る所に見られる他のモティーフとも一致するからだ。『マルコ』の研究家にとっては常識に属することだが、この福音書の中では（他の福音書とは違って）、弟子たちはそれほど「デキる」連中ではない。彼らはイエスのことを解っていないと繰り返し書かれるし（六章五一―五二、八章二一）、イエスは来たるべき受難と死について何度も語るのに、明らかに彼らはその言葉を理解していない（八章三一―三三、九章三〇―三二、一〇章三三―四〇）。もしかしたら彼らは、最後まで理解することはなかったのかもしれない（一方『マルコ』の読者は、はじめからイエスが何者であるのかを知っている）。さらに興味深いことに、『マルコ』の中では、誰かがイエスに関して何かを理解すると、イエスはその人に沈黙を命ずるのだ――だがしばしばその人はその命令を無視し、報せを広めてしまう（例えば一章四三―四五）。何と皮肉なことに、墓の女たちは沈黙するな、語れ、と命じられたのに、やはりその命令を無視する――そして沈黙を守るのだ！

簡単に言えば、マルコは意図的に、この唐突な結末を読者に与えたのかもしれない――実にうまいやり方だ。読者はハタと立ち止まって、戸惑いながら息を呑み、そして自問せざるを得なくなる――「何、だって？」

私たちの使命

以上で述べた実例は、書記たちが新約聖書の写本に加えた何千カ所もの改竄のうちの、たったふたつに過ぎない。このふたつはいずれも、書記がテキストに施した付加、それもかなり長めの付加の例だ。ほとんどのものはこれほど大規模なものでないにせよ、現存する新約聖書の写本には重要な改竄がたくさんある（そして重要でないものはもっとたくさんある）。以下の各章では、学者たちがどうやってこの改竄箇所を見つけたのか、そしてテキストの最古の形（つまり「オリジナル」テキスト）を再現する方法をどうやって編み出していったのか、というようなことを見ていきたい。とくに、テキストの改竄箇所の実例をたくさん見ていくつもりだ——そして、この改竄がどのように英語版の翻訳に影響を及ぼしたのかということを。

で、この章の最後に、私たちの発見の中でもとりわけ強烈な皮肉についてさらりと書いておきたい。第一章で述べたように、キリスト教はそもそものはじめから書物指向の宗教であり、特定のテキストを権威ある聖典として強調してきた。だがこの章で見たように、実際にはその権威あるテキストは現存していない。つまりキリスト教とはテキスト指向の宗教でありながら、肝心のテキスト自体は改竄され、現存する写本の内容はお互いにてんでばらばら、それも時にはきわめて重要な点で異なっているのだ。本文批評家の使命は、これらのテキストの最古の形を発見することだ。

これはどこからどう見ても重要な使命だ。というのも、新約聖書の言葉を解釈するためには、まずその言葉が何だったのかを知る必要があるのだから。そしてここまでお読みいただいた方にはお解りと思うが、その言葉を知ることが重要なのは、それが神の霊感によって書かれたと信じている人にとってだけではない。新約聖書を重要な書物だと考えるすべての人にとってそうなのだ。そして間違いなく、西洋文明の歴史、社会、文化に興味のある人で、新約聖書を重要だと思わない人なんていないはずだ。なぜなら新約聖書は、他のことはともかくとしても、ともかく膨大に出回っている本であり、何百何千万という人が崇めている本であり、今日の世界で最大の宗教の基盤となっている本なのだから。

3

新約聖書のテキスト

アルブレヒト・デューラーによるデシデリウス・エラスムスの肖像。16 世紀初頭。エラスムスはロッテルダムの著名な人文学者で、ギリシア語新約聖書の最初の刊本を出版した。

これまでに述べてきた複製作業というものは、キリスト教ができてから最初の三世紀間のものだった。当時、キリスト教テキストを複製する人のほとんどは専門訓練を受けたプロではなく、たんにここやあそこの会衆の中の識字能力のある素人で、読み書きができるというだけで呼び出され、共同体が使うテキストの複製を暇な時間にやっていたような人である[1]。この種の仕事のために高度な訓練を受けたわけではないので、プロの書記よりもさらに間違いを犯しがちだったと言えよう。だからこそ、現存する初期キリスト教文書のうちの最古のものは、後の複製（まあ、例えば中世の全盛期などのもの）と比べて、お互い同士の間でも、また後の複製との間でも差異が大きい。だが最終的に、一種のプロの書記階級というものがキリスト教の知識人の中に生まれ、プロの書記というものが出現すると、複製作業もより統制され、誤りもまた遥かに少なくなった。

それ以前、キリスト教会の最初の数世紀は、キリスト教テキストはどこであれ、それが書かれた場所や持ち込まれた場所で複製されていた。テキストがそれぞれの土地で複製されていたということは、それぞれの土地で異なるテキストの伝統が生まれるのも当然だ。つまり、ローマで作られた写本はどれも、特徴的な同じ誤りを数多く共有しているということだ。というのもそれらはほとんどの場合、「組織内」文書であり、お互い同士で複製し合うものだからだ。だからそれがパレスティナで作られた写本から大きく影響を受けることはない。そしてパレスティナの写本はパレスティナの写本で、それ独自の特徴があり、その特徴は他の場所、例えばエジプトのアレクサンドリアなどで発見されるものと同じではない。さらにまた、キリスト教会の最初の数世紀間は、場所によっては優秀な書記を多く抱えているところがいくつかあった。現代の学者の認めるところによれば、古代世界における主要な知的センターであったアレクサンドリアの書記はとくに几帳面で、それは初期の数世紀ですら立派なものだった。だからアレクサンドリアでは、献身的で技術もかなり高いキリスト教徒の書記によって、ひじょうに純粋な形の初期キリスト教文書のテキストが世代を超えて作られていた。

プロフェッショナルなキリスト教書記

キリスト教会が、テキストの複製にプロの書記を使い始めたのはいつだろう？　これは四世紀初頭周辺と考えられている。その頃まで、キリスト教というのはローマ帝国内のマイナーな小宗教で、しばしば理解されず、場合によっては迫害された。だが三一二年頃、ローマ帝国皇帝コンスタンティヌスがキリスト教に改宗すると、状況は一変する。民衆からも国家権力からも迫害される社会の落伍者のカルト宗教だったキリスト教は、突如として、帝国内の宗教界で大きな役割を果たす宗教になったのだ。たんに迫害が止んだのみならず、西洋世界最強の帝国がキリスト教会に対して惜しみない恩典を注ぎ込むようになった。無数の人々がキリスト教に改宗した。皇帝自身がキリスト教への帰依を公に宣言する時代に、キリストの信徒であることは当たり前のことだからだ。

高い教育と技術を身につけた人々も、どんどんキリスト教に改宗した。当然ながら彼らは、キリスト教の伝統のテキストを複製するのにこの上なくうってつけの人々だ。大きな都にキリスト教の写字室《スクリプトリウム》が造られるようになったのはこの頃だと考えられている。(2)「写字室」というのは、プロの写字生が写本の複製作業を行なう場所のことだ。キリスト教の写字室が四世紀初頭に機能していたことをほのめかす資料がある。三三一年、皇帝コンスタンティヌスは建築中の大教会のために、立派な聖書を手に入れたいと望み、カエサレアの司教エウセビウスに書簡を送った。(3)五十冊の聖書を国費で作れというのだ。エウセビウスはこの要求に応えて、それにふさわしい尊厳と壮麗さを備えた写本の作製を計画し、その作業を監督した。明らかに、こんな大規模な注文を完遂するためには、贅沢なキリスト教聖書のための材料は言うまでもなく、プロフェッショナル用の写字室も必要だ。ほんの一〜二世紀前までは、地元の教会が暇な時間のある信徒に頼んでツギハギの写本を作らせていたのだから、時代は変わったものだ。

まあそんなわけで、四世紀以降、聖書の複製はプロの手によって作られるようになった。そして何十年、何百年という時間が経つうちに、ギリシア語聖書の複製は修道院で働く修道僧たちの仕事になった。彼らは日がな一日、聖なるテキストを入念かつ誠実に複製して過ごす。この作業は中世の間、ずっと続けられた。一五世紀になって、活版印刷術が発明されるまでだ。今の世に現存するギリシア語写本の大部分は、これら中世キリスト教書記の筆によって生み出されたものだ。彼らは東方（例えば現在のトルコやギリシアなどの地域）、つまりビザンティン帝国に住み、働いていた。だから七世紀以降のギリシア語写本は「ビザンティン写本」と呼ばれることがある。

先にも述べたが、新約聖書の写本伝承に詳しい人にとっての常識として、これらのビザンティン写本はお互いの間の差異があまり見られない。一方最初期の写本は、お互い同士でも、また後の写本と比較しても、異同がきわめて多い。その理由は、ここまでお読みいただいた方には明白だろう。それはテキストを複製する人（プロフェッショナル）と、彼らが作業をしていた場所（比較的狭い領域）に関係している。とはいうものの、後の写本は互いの差異がきわめて少ないからといって、それが新約聖書の「オリジナル」テキストを復元するためのよりよい資料になると思ったら大間違いだ。というのも、つねに念頭に置くべき問いは――「この中世の書記たちは、これほどプロフェッショナルな技術で複製するテキストを、い﹅っ﹅た﹅い﹅ど﹅こ﹅か﹅ら﹅入手したのか」ということだから。彼らはそれを、より古いテキストから入手した。そしてその古いテキストというのは、さらに古いテキストの複製だ。そしてそのテキストもまた、さらにもっともっと古いテキストの複製だ。そんなわけで、オリジナルに最も近い形のテキストというのは意外にも、標準化されたプロフェッショナルな仕上がりの中世の複製ではなく、間違いが多くて素人臭い初期の複製の方なのだ。

ラテン語版聖書――ウルガタ

これまでに簡単に述べてきた複製作業というのは、主としてローマ帝国の東側で行なわれていた。当時もまたその後も、その地域の主要言語はギリシア語だった。だがしばらくすると、非ギリシア語地域のキリスト教徒たちは、自分自身の地元の言語による聖書を欲しがるようになった。ローマ帝国の西側の大部分では、言うまでもなく、ラテン語を使っている。シリアではシリア語、エジプトではコプト語だ。これらの地域では、新約聖書の各文書がそれぞれの言語に翻訳されるようになった。たぶん二世紀中葉から後半のことと考えられている。それから、これらの翻訳版テキストがそれぞれの地域で書記によって複製されることになった[4]。

テキストの歴史にとってとくに重要なのは、ラテン語への翻訳だ。なぜなら、西洋ではラテン語を主要言語とするキリスト教徒の数がものすごく多かったから。とはいうものの、ラテン語訳された聖書の問題点はすぐに表面化した。というのも、実に多種多様なラテン語訳が作られ、しかもそれぞれがお互いに全く違う代物だったのだ。四世紀の終わりには、この問題は放置できないところまで来てしまった。そこで教皇ダマススは、当代随一の学者であるヒエロニムスに命じて、「公式」のラテン語版を作らせた。ローマでもどこでも、ラテン語を使うすべてのキリスト教徒に権威あるテキストとして受け入れられるにふさわしいものだ。ヒエロニムス自身、当時出回っていたラテン語訳に対しては言いたいことが山ほどあり、自ら問題の解決に取り組んでいた。そこでヒエロニムスは、当時最高のラテン語訳を選び、そのテキストを手に入る限り最高のギリシア語写本と照らし合わせ、新しいラテン語版の四福音書を作り上げた。さらに彼もしくはその弟子たちは、新約聖書の他の文書についても、新しいラテン語版を作った。(5)

このラテン語版――ヒエロニムス訳――は、「ウルガタ」と呼ばれるようになる。ラテン語を話すキリスト教徒のための共通《ウルガタ》の聖書というわけだ。これこそ西方教会のための聖書となり、何度も何度も複製された。これこそ、現代に至るまで幾世紀もの間、キリスト教徒が読み、学者たちが研究し、神学者たちが用いて来たものだ。今日では、新約聖書のギリシア語写本の二倍近いウルガタ写本が現存している。

最初に印刷されたギリシア語聖書

前述のように、新約聖書のテキストは中世を通じ、東方(ビザンティン・テキスト)でも西方(ラテン語版ウルガタ)でも、かなり標準化された形で複製されていた。ところが一五世紀、ヨハネス・グーテンベルク(一四〇〇-一四六八)の印刷機の発明は、本というもの全般、とくに聖書の製作に関するすべてを変えてしまったのだ。可動活字を使って本を印刷することによって、言葉の改変の恐れなしに、あらゆる本のページを他の本と同一に保つことができるようになった。写字生によるテキストの偶発的もしくは意図的改竄の結果、同じ底本から全く別の複製が出来上がるという時代は過去のものとなった。印刷したものは、文字通り盤石だ。さらに、書物の製作は以前よりも遥かに速くなった。もはや、一度に一字ずつ書写する必要はないのだ。そしてその結果、書物の製作費も遥かに安くなった。近代の世界に、印刷機ほどの革命的なインパクトをもたらしたものはほとんど無い。これに近いものと言えば（こちらは今後、最終的には印刷機を凌ぐことになるかもしれないが）パーソナル・コンピュータの登場くらいのものだ。

グーテンベルクの機械が印刷した最初の主要な作品は、ラテン語版ウルガタ聖書の豪華版で、その作業には一四五〇年から五六年までが費やされた。(6) それに続く半世紀の間に、ヨーロッパのさまざまな印刷所で、五十種ほどのウルガタが製作された。この印刷初期の時代、ギリシア語の新約聖書を製作しようという機運がなかったのは奇妙なことのようだが、ちょっと考えればその理由は明らかだ。そのヒントは、今まで私が書いてきたことの中にある。つまり、ヨーロッパ中の学者たちは――聖書学者も含めて――もう千年近くの間、ヒエロニムスのウルガタこそがキリスト教会の唯一の聖書だと見なしてきたのだ（現代の教会の一部が、『欽定訳聖書』こそ「真の」聖書だと考えているのに似ている）。ギリシア語聖書は神学とも研究とも無関係だと見なされていた。西方ラテン世界の考えでは、ギリシア語聖書はギリシア正教会のもの。そしてそのギリシア正教会は真の教会から逸脱した分離主義者なのだった。それにまた、西ヨーロッパにはギリシア語を読める学者はほとんどいなかった。そんなわけで、当初、ギリシア語聖書を印刷する必要を感じる者はいなかったのだ。

西方の学者の中でギリシア語新約聖書の製作を最初に思い立ったのは、スペインの枢機卿《すうきけい》ヒメネス・デ・シスネロス（一四三七－一五一七）という人だ。彼の指導の下、ディエゴ・ロペス・デ・スニガなどの学者たちが、数巻に及ぶ聖書の製作に取り組んだ。この聖書は多国語版――つまり、いくつかの言語で聖書のテキストを再現したものだ。原語であるヘブライ語による旧約聖書と、ラテン語版ウルガタと、ギリシア語版セプトゥアギンタが三つの柱状に並べられたわけだ(序文の中にこの並べ方に関する説明があるが、それを見ると、編集者たちがこの三つの中でウルガタこそ最高のものと見なしていることがよく判る。彼らはウルガタを、ふたりの罪人の間で磔刑に処せられるキリストに準えているのだ。そしてふたりの罪人のうち、過ちを犯しているユダヤ人がヘブライ語聖書、分離主義者のギリシア人がセプトゥアギンタというわけだ)。

ヒメネスの聖書が印刷されたのはアルカラという街だが、そのラテン名がコンプルトゥムだったので、通称『コンプルトゥム版多国語対照聖書』と呼ばれることとなった。最初に印刷されたのは新約聖書の収録された巻(第五巻、一五一四年完成)で、ギリシア語テキストの他、ギリシア=ラテン語辞書まで収録されていた。とはいうものの、この巻だけを他の巻に先んじて刊行する計画はなかった――計画では、全六巻(一―四巻は旧約聖書で、六巻はそれを読む手引きとなるヘブライ語文法と辞書)をまとめて刊行することになっていて、これにはひじょうに長い時間がかかった。全作業はどうやら一五一七年には完了していたらしいのだが、カトリックの公式刊行物ということで、実際の刊行には教皇レオ十世の認可が必要だった。で、その認可が下りたのが一五二〇年。しかしそれ以外にも何やかやとややこしい事情があって、この本が世に出たのはようやく一五二二年のことだった。ヒメネスが死んで五年ほど後のことだ。

すでに述べたように、この頃にはすでに何百種というギリシア語写本(すなわち手書きの複製)が、東方のキリスト教会や学者たちの間に流通していた。ではヒメネスたちはその中からどの写本を選ぶかをどうやって決定したのか、そして実際にどの写本が彼らの手に入ったのか？　残念なことに、今も学者たちはこの問いに関して確信をもって答えることができない。ヒメネスが自分の聖書の「謝辞」で述べているところによれば、彼は教皇レオ十世の「教皇蔵書」からギリシア語複製を借りたという。ということは、彼の聖書で使われた写本はヴァティカンの所有物だったようだ。だが一部の学者たちは、地元で入手可能だった写本が使われたと考えていた。コンプルトゥム版が作られてから二百五十年ほど経った頃、デンマークの学者であるモルデンハウエルという人がアルカラを訪れ、図書館の資料を当たったが、ギリシア語の新約聖書写本は一冊も発見できなかった。だが彼はこの図書館が過去のある時点においてそのような写本を所蔵していたに違いないと考え、さらに粘り強く調査を続けた。そしてついにある司書から次のような話を聞き出したのだ。曰く、確かにこの図書館にはひじょうに古いギリシア語新約聖書の写本があった。だが一七四九年、そのすべてがトリョという名の花火職人に「無価値な羊皮紙として」（だが花火を造る材料にはなるとして）払い下げられたのだという。

後の学者たちは、この話の信憑性を否定しようと頑張ってきた。(7)まあ少なくとも、新約聖書のギリシア語写本の研究は花火みたいに派手でもなければ刹那的でもないということだ。

エラスムスのやっつけ仕事

『コンプルトゥム版多国語対照聖書』はギリシア語新約聖書の最初の印刷本だったわけだが、最初の刊本だったわけではない。すでに見たように、コンプルトゥム版は一五一四年には印刷を終えていたが、刊行されたのは一五二二年のことだったからだ。実はこの間に、野心的なオランダの学者で人文主義の教養人デシデリウス・エラスムスが、ギリシア語新約聖書を印刷、刊行してしまったのだ。つまり、まんまと最初の刊本《エディティオ・プリンセプス》の誉れをかっさらって行ったというわけだ。エラスムスは、他の古典作品と並んで、新約聖書の研究を長年の間、断続的に続けていた。そしてある時点で聖書の印刷版を作ろうという考えに思い至ったのだが、実際に着手したのは、一五一四年八月にバーゼルを訪れ、ヨハン・フローベンという名の出版業者の勧めを受けてからのことだ。

　エラスムスもフローベンも、『コンプルトゥム版多国語対照聖書』が完成間近であることを知っていた。だからともかくギリシア語テキストの出版はできる限り急がねばならない。しかしエラスムスも何やかやと忙しく、この件に本格的に取り組んだのは一五一五年七月になってからだった。この頃、彼はバーゼルへ行って、このテキストの底本として使えそうな写本を物色している。あまりたくさんの写本を見つけられたわけではないが、彼にとっては当面はそれで十分だった。片手に余るほどの中世後期の本だ。彼は今日の編集者が入稿用原稿の整理でもするような調子で、それらの写本に徹底的に赤を入れた。印刷業者は真っ赤になった写本を受け取り、それを直接活字に起こした。

　どうやらエラスムスが依拠したのは、福音書に関しては一二世紀のたった一冊の写本だけで、また使徒言行録と書簡に関しても、別の一二世紀の本一冊だけが頼りだったらしい――適宜、他のいくつかの写本と見比べて誤りを訂正しながら。『ヨハネの黙示録』に関しては、友人であるドイツの人文主義者ヨハネス・ロイヒリン所蔵の写本を借りねばならなかった。だが不運なことに、この写本はあちこちがほとんど読めなくなっていて、最後のページも欠落していた。そこには黙示録の最後の六節が書いてあった。仕事を急ぐエラスムスは、これらの散逸部分に関しては、ラテン語版ウルガタからギリシア語に訳し直してしまった。実はこの手法は、現存するギリシア語写本がない場合に、現代の本文批評家が使っている手だったりする。そして後に見るように、このエラスムスによるギリシア語版こそ、一世紀後に「欽定訳聖書」の翻訳家たちが底本として用いたものだった。

エラスムス版の印刷は一五一五年十月に始まり、ちょうど五カ月で完成した。この版にはかなり慌てて集められたギリシア語テキストと、ラテン語版ウルガタの改訂版が並んで収録されていた（第二版以降では、エラスムスはウルガタの代わりに彼自身のラテン語訳テキストを収録したので、当時の神学者の多くは仰天した。彼らは依然として、ウルガタこそがキリスト教の「唯一の」聖書だと思っていたのだ）。この本は巨大なもので、千ページ近くもあった。とはいえ、エラスムス自身が後に述べているように、それは「編集したというよりも、急いででっち上げたものだ《プラエキピタトゥム・ウエリウス・クアム・エディトゥム》」。

さて、ここで注意していただきたいのだが、このエラスムス版がギリシア語新約聖書の最初の刊本《エディティオ・プリンセプス》と呼ばれるのは、たんにその興味深い歴史的経緯のためだけではないということだ。それよりも遥かに重要なことに、テキストの歴史の発展と共に、エラスムス版（彼は合計五つの版を作ったが、いずれも結局のところ、かなり慌てて作った最初の版に基づいていた）はその後三百年以上にわたって、西ヨーロッパの印刷業者が作るギリシア語テキストの標準となったのである。エラスムス版以後、学者たちにはお馴染みの印刷業者たちによって、おびただしい数のギリシア語版が作られた。ステファヌス（ロベール・エティエンヌ）、テオドール・ベーズ（ベザ）、そしてボナヴェントゥラ＆アブラハム・エルゼヴィル等々。だがこれらのテキストはいずれも、大なり小なりそれ以前のテキストに頼っている。そしてそれらすべてでは、そこに含まれた誤りもひっくるめて、エラスムス版に行き着くというわけだ。だがそのエラスムス版というのは結局のところ、中世の比較的後期に作られた、片手に余る数の（場合によってはたった二冊か一冊の——そして黙示録の一部に至っては、全く存在すらしていない！）写本が元になっていたというわけだ。印刷業者はたいていの場合、テキストの底本として、より古くて良質の写本を探し出すということをしない。その代わり、たんに同じテキストにほんの少しの変更を加えながらただ刷り続けるだけなのだ。

確かに、これらの中には重要な版もある。例えば、一五五〇年のステファヌス第三版は、底本の異同に関する註を施した最初の版として知られている。彼の第四版（一五五一）はさらに重要なものかもしれない。というのは、これこそテキストを節に分けた最初のギリシア語新約聖書だからだ。それまではテキストはずっとベタに印刷され、節の区切りを示すものは何もなかった。ステファヌスがこの版でこれを行なったことに関しては、面白いエピソードがある。後に彼の息子が報告しているところによると、ステファヌスが節の区切り（そのほとんどは今の英語版にもそのまま受け継がれている）をつけたのは、馬に乗って移動中のことだったという。当然ながらここで息子が言いたかったのは、彼の父がその時「旅行中」だったということ――つまり、夜に宿泊先の宿屋で作業を行なったということだろう。だが息子は文字通りステファヌスがこの作業を「馬上で」行なったと書いているものだから、ひねくれた人は彼が実際に馬に乗っている時に作業したと解釈し、馬が跳ねるたびにステファヌスのペンもまた跳ねて、今日の英語版新約聖書に見られるように、どうにも首をひねるようなところに節の区切りがついてしまったのだ、などと言ったものだ。

まあそれはそれとして、私がここで言わんとしているのは、エラスムス版以後の版はすべて――ステファヌス版も含めて――結局はエラスムスの最初の刊本《エディティオ・プリンセプス》に遡るのであり、そのエラスムス版は比較的後期の、つまり必ずしも信頼しうるとは言えないギリシア語写本に依拠しているということだ。つまり、たまたま彼がバーゼルで手に入れることのできたものと、友人であるロイヒリンから借りたものだ。

これらの写本が、必ずしもとくに高い品質を誇るものだったとは思えないのも当然の話だ。いわば、その時たまたま彼の手近にあったものに過ぎないわけなのだから。

実際、これらの写本は最高と言えるものではなかったということが判明している。何にしても、オリジナルから千百年も後に作られたものなのだ！　例えば、エラスムスが使った福音書写本には、『ヨハネ』の姦通の女や『マルコ』の最後の十二節がしっかり入っている。前章で見たように、これらはもともとは福音書にはなかったものだ。

一方、エラスムスが依拠した写本に含まれていない、重要な条がある。それは『ヨハネの手紙一』五章七—八だ。学者たちはこの条を「ヨハネ断章」と呼んでいるが、ラテン語版ウルガタの写本にはあるのに、ギリシア語写本の大部分にはない。だがこれは長い間、キリスト教神学者たちのお気に入りだった。というのも、「三位一体」の教義がはっきり記述されているのは、聖書全体の中でこの条だけなのだ。「三位一体」というのは、神には三つの位格があるが、その三つで一つの神である、というものだ。ウルガタでは、次のように書いてある。

天に証《あか》しする者は三つ、父と御言葉《みことば》と御霊《みたま》なり。この三つ合ひて一つとなる。地に証しする者は三つ、御霊と水と血となり。この三つ合ひて一つとなる。

何を言っているのかよく判らない条だが、「三位一体の神」という教会の伝統的な教義を示すものであることは明らかだ。もしもこの条がなければ、三位一体の教義は聖書の膨大な項目を繋ぎ合わせ、導き出さないといけなくなってしまう。そうしてキリストが神であり、かつ聖霊であり父であり、なおかつ唯一の神である、ということを論証しなくてはならなくなるのだ。一方この条は、この教義を直接かつ簡明に述べてくれている。

だがエラスムスは、ギリシア語写本の中にこの条を発見することができなかった。そこに書いてあったのは、次の言葉だけだ。「証する者は三つ、御霊と水と血となり。この三つ合ひて一つとなる」。あれ、「父と御言葉と御霊」はどこへ行った？　それはエラスムスの依拠した主要な写本には、あるいは彼が参照したすべての写本にもなかった。だから当然ながら、彼はこの条をギリシア語テキストの初版から除外した。

当時の神学者たちが激怒したのは、何よりもこの点だった。エラスムスがテキストのこの部分を削除したのは、三位一体の教義を排除し、それによってキリストが完全なる神性を持つという教義まで貶めようとするものだ、というわけだ。とくに、『コンプルトゥム版多国語対照聖書』の編集者のひとりであるスニガは公然とエラスムスを誹謗し、将来の版においてこの条を然るべき位置に戻せ、と要求した。

話によると、エラスムスは――たぶんウッカリしていたんだろうが――自分の将来のギリシア語版にその条を挿入するということを条件付きで約束してしまった。その条件とは、問題の条が含まれている、ギリシア語写本の実物を見せろ（ラテン語写本だけでは不十分だ）、というものだった。すると、そこで注文通りのギリシア語写本が出てきたのである。出てきたというか、実際にはわざわざそのために作られたのだった。つまり誰かがヨハネ書簡のギリシア語テキストを複製し、問題の条はラテン語からギリシア語に翻訳して挿入したわけである。こうして、お馴染みの、神学的に有益な「ヨハネ断章」が出来上がった。言い換えれば、エラスムスに提出された写本は、一六世紀の特注品というわけだ。

何やら釈然とはしなかったが、エラスムスは約束を守り、次の版以降、ずっとヨハネ断章を収録し続けた。すでに述べたように、このエラスムス版はその後、ステファヌス、ベーズ、エルゼヴィルらが何度も何度も製作するギリシア語新約聖書の基盤となった。そしてこれらの版が、欽定訳聖書の翻訳家たちが使ったテキストの元になったのである。そんなわけで、英語版聖書――一六一一年の欽定訳から、二〇世紀の現代版に至るまで――の読者たちにとっては、姦通の女や『マルコ』の最後の十二節、そしてヨハネ断章などはお馴染みのものとなった――そのうちのどれひとつをとっても、ギリシア語新約聖書の最古かつ最良の写本には含まれていないというのに、だ。それらが英語圏の人々の意識の中に深く刻みつけられることとなったのは、歴史の中のほんの些細な偶然の結果なのである。つまり、たまたまエラスムスの手許にあった写本と、彼のために新しく作られた写本がそうだったから、というわけだ。

　いずれにせよ、一六〜一七世紀のさまざまなギリシア語版はどれもひじょうに似通っていたので、印刷業者はこれこそ、すべての学者と読者に認められたギリシア語新約聖書の普遍的テキストである、と主張するまでになった――その主張は正しい。なぜなら競合版なんてひとつもなかったんだから！　アブラハム&ボナヴェントゥラ・エルゼヴィル（二人は叔父と甥の関係だ）の一六三三年版に、かの有名な主張が掲げられている。ここで彼らが読者に向けて述べている言葉は、以後、学者たちの間ではしょっちゅう引用されることになる。「読者諸君が今、眼にしているものは万人の認めるテキストである。われわれは何ひとつとして変えず、また損なっていない[8]」。この言葉、とくに「万人の認めるテキスト」の部分から、「公認本文《テクストゥス・レセプトゥス》」（略称TR）という用語が生まれた。この用語は本文批評の世界で使われるもので、その名から想像されるような最古かつ最良の写本ではなく、エラスムス版に基づいて作られ、以後三百年以上にわたって印刷業者たちの間に受け継がれてきたギリシア語テキストを意味している。つまり、ギリシア語新約聖書は最古かつ最良の写本に基づく科学的原理によって確定されるべきものであり、たんに伝統的なものを再版するだけのものであってはならない、という真っ当な主張を本文批評家たちが口にするようになるまでに、実に三百年以上の時間が必要だったということになる。欽定訳聖書を初めとする最初期の英訳聖書から、一九世紀末の版に至るまで、英語版聖書の基盤となっていたのはこの「公認本文」という名前負けした粗悪なテキストだったのだ。

三万カ所の異文！

そんなわけで、一六世紀と一七世紀を通じて、刊本のテキストを手に入れることのできる学者たちのほとんどは、そのギリシア語新約聖書のテキストがしっかりした基盤に基づいていると考えていた。何しろ、どの版を見ても全部同じことが書いてあるのだ。だがときおり、熱心な研究によって、ギリシア語写本のテキストが刊本でお馴染みのそれとは違っているということが明らかになることもあった。すでに見たように、ステファヌスの一五五〇年版は、彼が見比べたいくつかの写本（全部で十四種類）における異同の箇所を傍註に示している。その後、一七世紀になると、ブライアン・ウォルトンやジョン・フェルなどといったイギリスの学者たちによる版が発行された。彼らは現存する（そして入手可能な）写本にある異同をより厳密に研究した。とはいうものの、当時はまだテキスト間の異同の問題の重大さを認識していた人はほとんどいなかったと言える。それが初めて学者たちの注目を浴びるのは、一七〇七年に新約聖書の本文批評の分野の古典とも言える画期的な研究が発表されたときだ。この一冊の本はギリシア語新約聖書の伝承の研究を激変させ、新たな水門を開いたのだった。これによって学者たちは、新約聖書写本のテキストの状況を厳密に考察せざるを得なくなったのだ。[9]

これこそ、オクスフォードはクィーンズカレッジの理事であるジョン・ミルによるギリシア語新約聖書だ。ミルはこの版のために、三十年もの間、苦心惨憺して資料を集め続けた。とはいえ、彼が印刷したテキスト自体は、ステファヌスの一五五〇年版をそのまま流用している。ミル版の重要さはテキストではなく、比較研究資料として挙げられた多種多様な異文の方にある。ミルは百種類にも及ぶ新約聖書のギリシア語写本の異文を調べ上げただけではなく、初期教会教父（古代キリスト教会の代表的神学者）たちの文書を丹念に吟味し、彼らがテキストをどのように引用しているかを調べた——つまり、教父たちの引用を見れば、彼らの手許にあった写本を再現できると考えたわけだ。さらに、彼自身はラテン語以外の古典語を読めなかったにもかかわらず、先に出版されていたウォルトン版を用いて、シリア語やコプト語の初期の版とギリシア語版との違いまでも研究した。

三十年に及ぶこの熱心な研究で蓄積された大量の資料に基づいて、ミルはテキストに膨大な研究資料を添付した。それは彼が入手したすべてのテキストにおける異同の箇所を示したものだ。読者の多くは衝撃を受け、狼狽した。というのも、ミルの研究資料は、現存する資料の中に三万カ所に及ぶ異文が存在することを指摘したのだ。つまり、さまざまな新約聖書の写本、教父による引用、さまざまな版の中に、三万カ所の異文が存在したということだ。

とはいうものの、それでもなおミルは自分の集めたデータを余すところなく公開したわけではなかった。実際、彼が発見した異同箇所は三万を遥かに上回っていたのだ。彼はその発見のすべてを収録することは断念し、例えば語順のみの変更などは割愛してしまっている。それでもなお、彼が指摘した箇所は斯界を揺るがすに十分だった。何といっても人々は、「公認本文」と呼ばれるものが絶えず出版され続けているという事実を信頼するあまり、「公認本文」こそがオリジナルのギリシア語新約聖書であると何となく思い込んでいたのだから。今やオリジナル・テキストは、幅広く論議すべきものとなった。ギリシア語新約聖書のオリジナルな言葉が何だったのかが判らないなら、これらの言葉を使って正しいキリスト教の教義を決めるなんて不可能ではないか！

ミルの研究がもたらしたインパクト

ミルの研究はただちに絶大なインパクトをもたらしたが、彼自身はそのドラマを見ることはなかった。というのも、彼はその膨大な文献の出版からわずか二週間後に、脳卒中でこの世を去ってしまったのだ。だがその早すぎる死（一説によれば、その死因はコーヒーの飲み過ぎだったという！）も、人々の誹謗中傷を沈黙させることはできなかった。なかでも最も痛烈な非難を浴びせたのは、その三年後にダニエル・ホイットビーという論客が発表した学識深い研究だ。彼は一七一〇年に新約聖書の註釈を発表したが、そこにミルの研究資料に引用された異文に関する、百ページに及ぶ詳細な調査を付録としてつけたのだ。ホイットビーは気鋭のプロテスタント神学者だった。彼によれば、確かに書記による新約聖書の複製に紛れ込む誤りのすべてを神が防いでくださるわけではないが、その神聖な目的の達成が不可能になるほど酷いテキストの破壊（つまり改竄）などは起こるはずがないのである。そこで彼は嘆いてみせる、「私はミルの序言の中に、かくも甚だしく、明々白々に信仰の基盤を危うくするもの、あるいは少なくとも疑念を抱かせるに十分なきっかけを見出したことを深く嘆き悲しむものである」[10]。

さらにホイットビーは言う、ローマ・カトリックの学者たち――彼は「教皇主義者」と呼んでいるが――は、新約聖書のギリシア語テキストの基盤が危ういことに基づいて、聖書は信仰の権威としては十分ではないこと――つまり、むしろ教会の権威こそが最高であると言ってご満悦であろう、と。彼は言う、「モリヌス［カトリックの学者］は、彼がステファヌス版ギリシア語新約聖書の中に見出したさまざまな異文によって、ギリシア語テキストの権威が危うくなることを喜んでいる。それでは、教皇主義者たちは同じテキストに対してどのような勝利を成し遂げるのだろうか、ミルが三十年に及ぶ努力の末に、その四倍に及ぶ異文を見出したことを知ったなら？」[11]。さらにホイットビーは続ける、実際には新約聖書のテキストは盤石である。というのも、ミルが引用した異文の中に信仰や行ないに疑問を抱かせるようなものは何ひとつ無く、ミルの異文の圧倒的大多数は聖書の正当性に疑義を表明するようなものではないからである。

ホイットビーはもしかしたら、誰も実際には彼の反論を読みもしないで納得してくれることを期待していたのかもしれない。というのも、彼の文体は実に仰々しく、晦渋で、全く読む気が起きないものだ。しかもそれがぎっしり百ページにわたって、ただひたすらに反論のための反論をだらだらと垂れ流しているだけなのだ。

ホイットビーの擁護論によって問題は収まるところに収まるかと思われたが、そうは問屋が卸さなかった。ミルによる三万カ所の異文を、まさにホイットビーの恐れた通りに用いる輩が出現したのだ。つまり、聖書のテキストはそれ自体が不確かなものであって、信じるに足りない、と主張するために。このような論陣を張った人々の代表は、イギリスの理神論《りしんろん》者アンソニー・コリンズ。ジョン・ロックの友人であり弟子でもある彼は、一七一三年に『自由思考論』と題する小冊子《パンフレット》を出版した。この作品は一八世紀初頭の理神論思想の典型だ。それは啓示（すなわち聖書）や奇蹟譚に対する論理と証明の優越を説く。「宗教の問題」を扱う同書の第二章で、コリンズは実にいろいろな話題を出しつつ、キリスト教の聖職者（すなわちミル）ですら、「聖書のテキストが当てにならないものであることを認め、証明しようと試みている」と述べ、ミルによる三万カ所の異文に言及している。

コリンズのパンフレットは広く読まれ、影響力を持ったが、多くの辛辣な批判も呼び起こした。その多くは愚鈍かつぎこちないものだったが、なかには学識深く、かつ憤然たるものもあった。なかでも特筆に値するのは、国際的に令名高かった一流の学者、ケンブリッジはトリニティ・カレッジの学寮長リチャード・ベントリーの参戦だ。ベントリーはホメロス、ホラティウス、テレンティウスなどの古代ギリシア・ローマの著述家に関する著作で名声を博していた。フィレレウテルス・リプシエンシス（「ライプツィヒ出身の自由を愛する者」といったような意味――明らかに、コリンズの「自由思考」の主張への当てつけだ）という偽名を使ったベントリーの主張によれば、ミルが集めたさまざまな異文はプロテスタントの信仰の基盤を危うくするものではない。というのも、それらの異文はミルがそれに気づくい以前から存在していたからだ。彼がそれを作り出したわけではない。彼はただ指摘しただけなのだ！

もしもわれわれが、この賢明なる著者［コリンズ］のみならず、さらに賢明と自称する博士［ホイットビー］をも信頼するならば、彼［ミル］はその間ずっと、聖書のテキストが不確かであることを証明するために苦心惨憺していたということになる……いったい、かのホイットビウス（ホイットビー）は何に対してかくも激しく糾弾の叫びを上げているのか？　彼曰く、かの博士の骨折りによって、テキスト全体が不確かなものとなった、そして教皇主義者に対しては宗教改革の、無神論者に対してはキリスト教それ自体の、化けの皮を剝がさしめたと。神よ許したまえ！　われわれは、もっとましなことを望む。これらのさまざまな異文は、以前からいくつかの底本に存在していたものである。ミル博士がそれを作り出したわけではない。彼はただそれをわれわれに示しただけなのだ。それ故に、もしもキリスト教が、これらのさまざまな異文が存在したにもかかわらず、以前から真実であったのなら、それは今もなお、たとえそれが万人の目に触れたとしても、依然として真実であり、ゆえに今もなお盤石なものなのだ。キリスト教を信ぜよ。明白に示された真実、事実にして、真の宗教を覆しうるものは何もない[12]。

古典のテキスト伝承の専門家であるベントリーはさらに論を進めて曰く、大量の写本を調べるならば、そこには必ず大量の異文が見出される。ある作品の写本がただ一冊しか存在しないなら、そこに異文は存在しないだろう。だが二冊目の写本が発見されれば、それは多数の箇所で、一冊目とは異なっているものだ。だがこれは悪いことではない。これらの異文の多くは、一冊目の写本にあった間違いの箇所を示してくれるからだ。三冊目の写本が見つかれば、さらに異文の数は増える。だがその結果、オリジナルのテキストが保存されている箇所（すなわち、最初の二つの写本が共通して誤っている箇所）も増えるのだ。これがずっと続いていく——たくさんの写本を発見すればするほど、異文の数も増える。だが同時に、これらの異文のどこかにオリジナル・テキストを見出す可能性も増えるというわけだ。そんなわけで、ミルが発見した三万カ所の異文は、新約聖書の完全性を減じるわけではない。それはたんに、学者たちがテキストの再現に取り組む際に必要なデータを提供してくれるに過ぎない。何といっても古代世界の文書で、これほど資料が豊富なものは他にないのだ。

次の章で見るように、ミルの出版に対するこの論争を通じて、ベントリーはその驚くべき知的能力を、新約聖書の最古のテキストの再現という問題に振り向けることになった。だがその話に移る前に、私たちはここで少し立ち止まって考えてみよう。ミルは新約聖書の写本の伝統の中に三万カ所にも及ぶ異文を発見したが、その当時と比べて、今の私たちの状況はどうなっているのだろうか？

正確な数は判らない

ミルは三万カ所の異文を発見するのに、百種類ものギリシア語写本を参照した。だが現在の私たちの知るギリシア語写本の数は遥かに、遥かに多い。最新の統計では、五千七百以上のギリシア語写本が発見され、目録化されている。つまり、ミルが一七〇七年の時点で知っていたものの五十七倍だ。この五千七百の中には、小はクレジットカードサイズの断片から、大は完全な形で保存されている豪華な大型本まで含まれている。新約聖書の中のひとつの書しか含まれないものもあれば、いくつかの書を集めたもの（例えば四福音書とか、パウロ書簡とか）もある。新約聖書のすべてを収録したものはきわめて少ない[13]。さらに、新約聖書のさまざまな初期翻訳版《ヴァージョン》の写本も数多くある。

その年代も、二世紀初期（P[52]と呼ばれる断片で、『ヨハネ』一八章の数行が書かれている）から一六世紀にまで及んでいる[14]。大きさも実にさまざまだ。掌に収まるような小さなものもある。例えば『マタイ』のコプト語版である「シャイド写本」と呼ばれるものは、一〇×一三センチの大きさだ。また、きわめて大きくて立派なものもある。例えば先に述べた「シナイ写本」は三八×三四センチもあり、開いてみた時の印象は圧倒的だ。また、これらの写本の中にはひじょうに安価に、急いで作られたものもある。なかには中古の紙に書かれたものまでもある（元の文書が抹消され、その上に新約聖書のテキストが書かれているのだ）。そうかと思うと、きわめて贅沢で高価なものもある。例えば紫に染めた羊皮紙の上に、銀や金で書かれたものなどだ。

一般に、学者たちのいうギリシア語写本には、次の四種類がある。[15]（一）最も古いものは「パピルス」写本で、これは葦の一種であるパピルスに書かれている。古代世界においてはひじょうに有用かつ安価な、優れた筆記用素材だった。二世紀から七世紀のものだ。（二）「大文字《マジュスキュル》」写本は羊皮紙（これは動物の皮から作られた紙で、羊以外のものもある）に書かれたもので、今日の大文字に似た大きな文字が使われている。年代は、ほとんどの場合、四世紀から九世紀。（三）「小文字《ミニュスキュル》」写本もまた羊皮紙だが、しばしば連結された（ペンが紙を離れない）小さな文字で書かれ、ちょうど草書体《キュルシフ》のギリシア語版とも言うべきものである。年代は九世紀以降。（四）「聖句集《レクショナリ》」は通常は小文字で書かれるが、内容は新約聖書の各書ではなく、新約聖書から取られた「文選」を一定順序で並べたもので、教会で毎週もしくは祝日ごとに朗読するために用いられた（今も教会で使われる聖句集と同様）。

これらのギリシア語写本に加えてラテン語版ウルガタの写本が一万ほどあり、またそれ以外に、他国語版もある。例えばシリア語版、コプト語版、アルメニア語版、古グルジア語版、教会スラヴ語版、等々（ミルが見ることのできたのはこれらの古代語版のうちのほんの少しであり、しかもそのラテン語訳を通じてであったことを思い起こしていただきたい）。さらにそれに加えて、教会教父たちの著作もある。例えばギリシア教父ならアレクサンドリアのクレメンス、オリゲネス、アタナシウスなど、ラテン教父ならテルトゥリアヌス、ヒエロニムス、アウグスティヌスなど――いずれもさまざまな箇所で新約聖書のテキストを引用している。それによって、彼らが手にしていた写本（そのほとんどは失われている）がどんなものであったか、再現することが可能になっている。

この豊富な資料を基に、今日知られている異文の数はどのようになっているのか？　研究者によって、その見積もりは大幅に異なっている——二十万という意見もあれば、三十万、あるいは四十万以上という話もある！　実はその確かな数は判らないというのが実情だ。というのも、コンピュータ・テクノロジーは長足の進歩を遂げたものの、いまだもってそのすべてを数えた人は誰もいないのである。たぶん、先にも述べたが、この問題については比較用語で述べておくのが一番良い。現存する異文の数は、新約聖書の単語の数よりも多いと。

改竄の種類

現存する写本にある改竄の数については はっきりしたことは言えないとして、ではその写本にある改竄の種類はどうか？　今日の学者は、書記の単純ミスによる偶発的な改竄と、何らかの意図を持って故意に行なわれた改竄とを区別している。もちろん、この両者の間に明瞭な境界線を引けるわけではないが、それでもこれを区別することは妥当だろう。書記がテキストを複製する際、ついうっかり単語をひとつ飛ばしてしまう（偶発的な改竄）ということは十分ありうることだ。だが、『マルコ』の最後の十二節を、ついうっかり筆が滑って書き加えてしまうなどということはかなり想像しがたい状況だ。

そんなわけで、本章の最後にそれぞれの改竄の種類の実例を少し挙げておくことは意義があるだろう。まずは「偶発的」な異文の指摘から始めよう。

偶然による改竄

偶発的に筆が滑ってしまうという現象⑯をさらに悪化させているのは、すべてのギリシア語写本が

「連続書法《スクリプトゥオ・コンティヌア》」によって書かれているという事実だ――つまり、ほとんどの部分に句読点が無く、さらには単語の間のスペースすら無いのである。これはつまり、似たような単語はしばしば混同されるということだ。例えば、『コリントの信徒への手紙一』五章八でパウロは、過越の子羊であるキリストに与《あずか》るように呼びかけ、「古いパン種や悪意と邪悪のパン種」を用いるな、と言う。ここに出てくる「邪悪」という単語はギリシア語ではPONĒRASと綴るが、これは「姦淫」を意味するPORNĒIASという単語にひじょうによく似ている。この二つの単語の意味の違いはさほど甚だしいものではないかもしれないが、現存するいくつかの写本の中で、パウロが一般的な「邪悪」ではなく、はっきりと「姦淫」をとくに名指しで非難しているのは見過ごすことはできない。

　このようなスペルミスは、書記が時間や紙幅の節約のために特定の単語を短縮して書いているような場合に、さらに顕著になる。例えばandを意味するギリシア語の単語はKAIだが、書記によってはこの単語の代わりにその頭文字であるKだけを記し、そこに短縮形を示す下向きの線を付け加えたりしている。よくある短縮形としては、これ以外に学者たちが「聖なる名前《ノミナ・サクラ》」と呼ぶものがある。神、キリスト、主、イエス、聖霊などといった単語はしょっちゅう出てくるために、あるいは特別の注意を惹くために短縮されるのだ。こういうさまざまな短縮形は、後の書記を混乱させることになる。ひとつの短縮形を別の短縮形と取り違えたり、短縮形なのに普通の単語として読んでしまったりするわけだ。そこで例えば、『ローマの信徒への手紙』一二章一一では、パウロは「主に仕えなさい」と述べているわけだが、主すなわちKURIWという語は写本の中ではしばしばKWと短縮される（短縮形を示すために単語の上部に線が引かれる）。だが初期の書記の一部は、これをKAIRW（時）の短縮形と取り違えた。そこでそれらの写本では、パウロは読者に対して「時に仕えなさい」と推奨しているのである。

同様に、『コリントの信徒への手紙一』一二章一三ではパウロは、キリストにおいてはあらゆる者が「皆一つの体となるために洗礼を受け、皆一つの霊を飲ませてもらったのです」と言う。ここに登場する「霊 PNEUMA」という単語は、ほとんどの写本では PMA と短縮される。これを「飲みもの」を意味するギリシア語の単語 POMA と混同する書記が現れるのも当然だし、また実際混同されている。だからそういう文書では、パウロは万人が「一つの飲み物を飲ませてもらったのです」と言ったことになっている。

ギリシア語写本でよくある間違いは、ふたつの行が同じ文字もしくは同じ単語で終わっている場合に起こりがちなものだ。書記がそのテキストの最初の行を書写し、次にもう一度そのページに目を戻した時、今書き写したばかりの行ではなく、次の行の同じ単語に目が行ってしまうというわけだ。そこでその箇所から書写作業を再開することになり、その結果、その間にあった単語や行をすっ飛ばしてしまうことになる。このようなミスを、同一終端《ホモエオテレウトン》による視点跳躍《ペリプレプシス》と呼ぶ。まあ私の学生に対しては、同一終端による視点跳躍に関して学問的に語ることができれば、大学教育を受けた値打ちがあるヨ、と常々教育している。

これがどういう具合に起こるかということを示す実例が、『ルカ』一二章八－九だ。

(8) Whoever confess me before humans, the son of man will confess before the angels of God
(9) But who ever denies me before humans will be denied before the angels of God

(言っておくが、誰でも人々の前で自分を私の仲間であると言い表す者は、人の子も神の天使たちの前で、その人を自分の仲間であると言い表す。しかし、人々の前で私を知らないと言う者は、神

の天使たちの前で知らないと言われる）

現存する最古のパピルス写本は、九節をまるごとすっ飛ばしている。そういう間違いが起こった仕組みを見て取るのは簡単だ。書記が八節の「before the angels of God」という語句を書写し、それから再び元のページに目を戻した時、九節の末端の同じ単語を見て、これは今書写したばかりの語句だと思い込んでしまう――そこで彼は九節をすっ飛ばして、一〇節の書写に移るというわけだ。時には、こういう間違いがテキストにとって致命的となる場合もある。例えば『ヨハネ』一七章一五では、イエスは信徒たちについて、次のように神に祈る。

I do not ask that you keep them from the world, but that you keep them from the evil one.
（私がお願いするのは、彼らを世から取り去ることではなく、悪い者から守ってくださることです）

現存する最良の写本（四世紀の『ヴァティカン写本』）では、二行目の「world, but that you keep them from the」がすっ飛ばされていて、ここでイエスは不吉にも、「私は彼らを悪い者から守ってくださらないようにお願いします」と祈っていることになっているのである！

場合によっては、見た目ではなく発音の似通った単語の間でこのような間違いが起こることもある。例えば、書記が口述によって複製しているような時にこれが起こる――つまり、ひとりの書記が写本を朗読し、ひとりもしくはそれ以上の書記がそれを聞いて新しい写本に書写するような場合だ。これは四世紀以降の写字室ではときおり行なわれていた。もしもふたつの単語の発音が同じなら、書写している書記はうっかり間違った方の単語を書き込んでしまうかもしれない。とくに、それで文意が（誤っていながらも）通ってしまうような場合だ。例えば、『黙示録』一章五。ここで著者は、「私たちを罪から解放してくださった方に」祈る。ここで、「解放する」という単語LUSANTIは、「洗う」という単語LOUSANTIの発音にひじょうによく似ている。そこで中世の写本の多くが、この部分を「私たちの罪を洗い清めてくださった方に」となっているのも不思議ではない。

もうひとつの例は、『ローマの信徒への手紙』にある。ここでパウロは、「私たちは信仰によって義とされたのだから、私たちの主イエス・キリストによって神との間に平和を得ており」と言っている（五章一）。だが本当にそうか？「私たちは平和を得ており」という、事実の表明である語句は、「私たちは平和を得ましょう」という奨励の語句にきわめて近いのである。そこで、最古のものを含む多数の写本において、パウロは彼と信徒たちが神との間に平和を得たといって安穏としているわけではない。自分も他人も平和を求めねばならないと促しているのである。この部分は、果たしてどちらの異文が正しいのか、本文批評家が頭を悩ませるところだ(17)。

とはいえ、いつもいつもこれほど悩ましいものばかりではない。だいたい見当がつくように、テキストが偶発的に改竄されると、たいていは文意が通らなくなってしまうからだ。こういうことはしょっちゅう起こるもので、それもすでに論じた理由によるものだ。例えば『ヨハネ』五章三九でイエスは敵たちが「……聖書を研究している。ところが、聖書は私について証しをするものだ」と言う。だがある古い写本では、この最後の動詞が発音のよく似た、だが意味の通らないものに改竄されている。その写本では、イエスはこう言うのだ、「……聖書を研究している。ところが、聖書は私に対して罪を犯しているのだ」！　次の例は、『黙示録』。そこでは預言者が神の玉座のヴィジョンを見る。そしてその周囲に「エメラルドのような虹が輝いていた」（四章三）。最古の写本の一部ではここに改竄が加えられ、実に奇怪なことに、その玉座の周囲には「エメラルドのような司祭たち」がいるのだ！

現存する写本にある何千何万という偶発的な改竄の中で最も奇天烈なものは、とある四福音書の小文字写本だろう。これは一〇九番という番号が付され、一四世紀に作られたものだ[18]。その奇妙な間違いがあるのは、『ルカ』の第三章、イエスの家系図に関する条だ。書記は明らかに、この系図が二段組で書かれている写本を複製していた。そしてどういうわけか、彼は一度に一段ずつ書写するのではなく、段を跨いで書写してしまったのだ。その結果、系図に登場する名前は順番が無茶苦茶になり、ほとんどの人が実の父以外の人の子とされてしまっている。さらに悪いことに、この二段目の部分の行が最初の段よりも少なかったらしい。その結果、彼が作った複製では、人類の造り主（すなわち、最後に言及される存在）は神ではなく、ペレツという名のイスラエル人になった。そして神自身は、アラムという人間の息子になってしまったのだ！

意図的な改竄

ある意味では、これまでに見てきた改竄は、テキストの最古の形を再現する際に最も容易に発見し、排除することのできるものだ。これに対して、意図的な改竄は少々厄介だ。というのも、それらは意図的に為された（ように見える）ものであるから、これらの改竄は一見すると意味が通るものになっている。そして意味が通るがゆえに、これこそ最も正しい文だと――すなわち、それがオリジナルであると論ずる人々がつねに存在する。これは、テキストが改竄されたと考える学者と、改竄されていないと考える学者の論争ではない。テキストが改竄されたということは誰でも知っている事実なのだ。問題は、どの文が改竄の結果であり、どの文が最古のものに最も近いのかということだ。ここで学者たちの意見は分かれることもある。

ひじょうに多くの場合——というか、実際にはほとんどの場合——学者たちの意見は概して一致している。ここで、現存する写本の中に見出される意図的な改竄の種類を考察しておくのは有益だろう。そうすれば、書記たちがそんな改竄をした理由が理解できるからだ。

例えば、テキストの中に事実関係に関する明白な誤りがあると判断した場合、書記はそのテキストを改竄する。これは『マルコ』の冒頭に当てはまるだろう。曰く、「預言者イザヤの書にこう書いてある。『見よ、私はあなたより先に使者を遣わし、……その道筋をまっすぐにせよ』」。問題は、この引用部分の冒頭が『イザヤ書』とは全く関係がなく、『出エジプト記』二三章二〇と『マラキ書』三章一の詩句を組合わせたものだということだ。書記たちはこれが由々しき問題であることに気づき、テキストを改竄して「預言者たちの書にこう書いてある……」とした。これで引用の誤りの問題は解決した。だがマルコがもともとそう書いていたということは、ほとんど疑いの余地はない。『イザヤ書』への言及は、最古の、かつ最良の写本にも見出せるのだ。

場合によっては、書記が訂正しようとした「誤り」は事実関係ではなく、解釈に関わるものであることもある。有名な実例は、『マタイ』二四章三六だ。そこでイエスは終末の時を予言し、「その日、その時は、誰も知らない。天使たちも子も知らない。ただ、父だけがご存じである」と言う。書記たちはこの条が厄介なものであることに気づいた——神の子であるイエス自身が、終末の到来の時期を知らないとは？　いったいどういうことなのか？　彼は全知全能ではないのか？　この問題を解決するために、一部の書記はテキストを改竄し、「子も」という一語を削除した。こうして、天使たちは知らないかも知れないが、神の子は知っているということになったのだった。[19]

また、テキストに誤りが含まれているからではなく、それが誤解されるのを避けるために改竄が加えられる場合もある。その実例は『マタイ』一七章一二－一三。ここでイエスは、洗礼者ヨハネが終末時に出現する預言者エリヤであると述べる。

「言っておくが、エリヤは既に来たのだ。人々は彼を認めず、好きなようにあしらったのである。人の子も、そのように人々から苦しめられることになる」。そのとき、弟子たちは、イエスが洗礼者ヨハネのことを言われたのだと悟った。

ここでの問題は、このテキストが、洗礼者ヨハネがエリヤであると述べているのではなく、彼が人の子であると述べているように解釈できるということだ。書記はその解釈が誤りであることを解っている。そこで一部の者はテキストを入れ替え、「そのとき、弟子たちは、イエスが洗礼者ヨハネのことを言われたのだと悟った」の部分を、人の子に関する言及の前に持ってきた。

また、明白に神学的な理由でテキストが改竄されることもある。テキストが「異端者」に悪用されるのを避けるため、あるいは（書記たちによる）解釈をより確実なものとするためだ。この種の改竄には実に数多くの事例があり、それについては後の章で深く考察する。ここでは、簡単な実例をふたつ指摘しておくだけにとどめよう。

二世紀には、キリストがもたらした救済は完全に新しいもので、これまでに世にあったいずれにもまして優れたもので、キリスト教の母胎となったユダヤ教よりも優れている、と固く信ずるキリスト教徒が出現していた。一部のキリスト教徒は、ユダヤ人の古《いにしえ》の宗教であるユダヤ教は、イエスの到来により完全に前世紀の遺物と化したとまで考えた。このような信仰を持つ書記にとって、イエスの言う「新しいぶどう酒と古い革袋」のたとえ話は問題を孕むものだった。

また、誰も、新しいぶどう酒を古い革袋に入れたりはしない。……新しいぶどう酒は、新しい革袋に入れねばならない。また、古いぶどう酒を飲めば、誰も新しいものを欲しがらない。「古いものの方がよい」と言うのである。（『ルカ』五章三七―三九）

古いものの方が新しいものより良いとは、イエスは何を言っているのだろうか？　彼がもたらした救済は、ユダヤ教（そしてそれ以外の宗教）がもたらす何ものよりも優れているのではないのか？　この言葉の意味に悩んだ書記たちは、単純に最後の一文を削除した。こうすれば、イエスは古いものの方が新しいものよりよいなどということは何も言っていないことになる。

また場合によっては、好ましい教義をしっかりと強調するためにテキストを改竄することもあった。例えば、『マタイ』で述べられるイエスの系図だ。それはユダヤ人の太祖アブラハムに始まり、父から子へと家系を下って、最後に「ヤコブはマリアの夫ヨセフをもうけた。このマリアからメシアと呼ばれるイエスがお生まれになった」と締める（一章一六）。現状のままでも、この系図はすでにイエスを特例として扱っている。というのも、彼はヨセフの「子」とは呼ばれていないからだ。にもかかわらず、一部の書記にとっては、それでもまだ不十分だったわけだ。そこで彼らはテキストを改竄し、「ヤコブはヨセフをもうけた。このヨセフが処女マリアと娶せられ、マリアからメシアと呼ばれるイエスがお生まれになった」とした。もはやここではヨセフはマリアの夫とすら呼ばれず、たんに彼女と娶せられただけの男であり、彼女は明瞭に処女であると宣言されている――多くの初期の書記にとっては重要な点だ！

また場合によっては、書記たちは神学上の理由ではなく、典礼上の理由によってテキストを改竄した。初期キリスト教で禁欲の伝統が強化されると、このことが書記によるテキストの改竄に影響しても不思議ではない。例えば、『マルコ』九章では、弟子たちが手を焼いた悪霊をイエスが追い祓い、次のように言う。「この種のものは、祈りによらなければ決して追い出すことはできないのだ」(九章二九)。後に書記たちはこれに対して適切な付加を行なった。彼ら自身の勤行に照らして、イエスは次のように言うようになったのだ。「この種のものは、祈りと断食によらなければ決して追い出すことはできないのだ」。

典礼上の理由による改竄の中で最も有名なのが、ルカによる「主の祈り」だ。もちろん、この同じ祈りは『マタイ』にもある。そしてかつても今も、キリスト教徒にとって最も親しみ深いのはこのマタイ版の方だ。[20] これに対して、ルカのものは絶望的なまでに切りつめられている。

父よ、御名《みな》が崇められますように。御国《みくに》が来ますように。私たちに必要な糧を毎日与えてください。私たちの罪を赦《ゆる》してください、私たちも自分に負い目のある人を皆赦しますから。私たちを誘惑に遭わせないでください。(一一章二―四)

書記たちはこの短すぎるルカ版に、『マタイ』六章九―一三の並行記事にある嘆願を加えることで、問題を解決した。すなわち――

天におられる私たちの父よ、御名が崇められますように。御国が来ますように。御心が行われますように、天におけるように地の上にも。私たちに必要な糧を毎日与えてください。私たちの負い目を赦してください、私たちも自分に負い目のある人を赦しましたように。私たちを誘惑に遭わせず、悪い者から救ってください。

このように、書記たちが各福音書の記述を「調和」させようとする傾向は普遍的なものだ。異なる福音書で同じ物語が語られる時、書記の誰かが筆を滑らせ、その相違点を削除して、各物語が完璧に調和するように計らうのだ。

また時には、並行記事のみならず、当時流通していたイエスに関する口頭伝承や物語から影響を受ける場合もある。その大規模な例は、姦通の女や『マルコ』の最後の十二節で見た通りだ。もっと小さな事例でも、口頭伝承が福音書の文書テキストに影響を及ぼす様子を見ることができる。その顕著な例は、『ヨハネ』五章にある、イエスがベトザタの池の畔で病人を癒す忘れがたい物語だ。物語はまず、その池の側に多くの人――病気の人、目の見えない人、足の不自由な人、体の麻痺した人など――が体を横たえていたことを述べる。そこでイエスはひとりの男に目を留める。彼は三十八年もの間、治癒を求めてそこにいた。イエスがその男に「良くなりたいか」と訊ねると、彼は答えた。「水が動くとき、私を池の中に入れてくれる人がいないのです。私が行くうちに、ほかの人が先に降りて行くのです」。

現存する最古かつ最良の写本では、池の水が動くときになぜこの男が池の中に入りたがっているのか、という説明がない。だが口頭伝承はその欠落を埋め、後代の写本の多くに見られる三―四節を付加した。つまり「それは、主の使いがときどき池に降りて来て、水が動くことがあり、水が動いたとき、真っ先に水に入る者は、どんな病気にかかっていても、いやされたからである[21]」と。はじめから魅力的だった物語に、さらに魅力的な一筆が加えられたものだ。

数え切れぬほどの改竄

偶発的にせよ意図的にせよ、新約聖書のテキストの改竄箇所について語り始めれば、時間がいくらあっても足りないだろう。すでに述べたように、その実例は何百ではなく、何万もあるのだ。とはいえ、ここに挙げた実例だけで、基本的なポイントはお解りいただけると思う。つまり、現存する写本には多数の相違点があり、それは聖文書を書写する書記たちによって作られたものだ。最初の数世紀には、書記たちは素人で、だから書写しているテキストを改竄する傾向が――四世紀以降の、プロ化した時代の書記たちよりも――さらに強かった。

書記たちによる改竄が偶発的なものか意図的なものかを見極めるのは重要だ。それが解れば、改竄箇所を特定し、改竄後と改竄前を見分け、決定する際に当て推量を排除することができる。また、現代の学者たちが編み出した識別方法を知ることも重要だ。次章では、その物語をご紹介しよう。ジョン・ミルの時代に始まって現代まで、新約聖書のテキストを再現し、その伝承の過程で加えられた改竄を見抜くために編み出された手法を見ていくことにする。

4

改竄を見抜く

その方法と発見

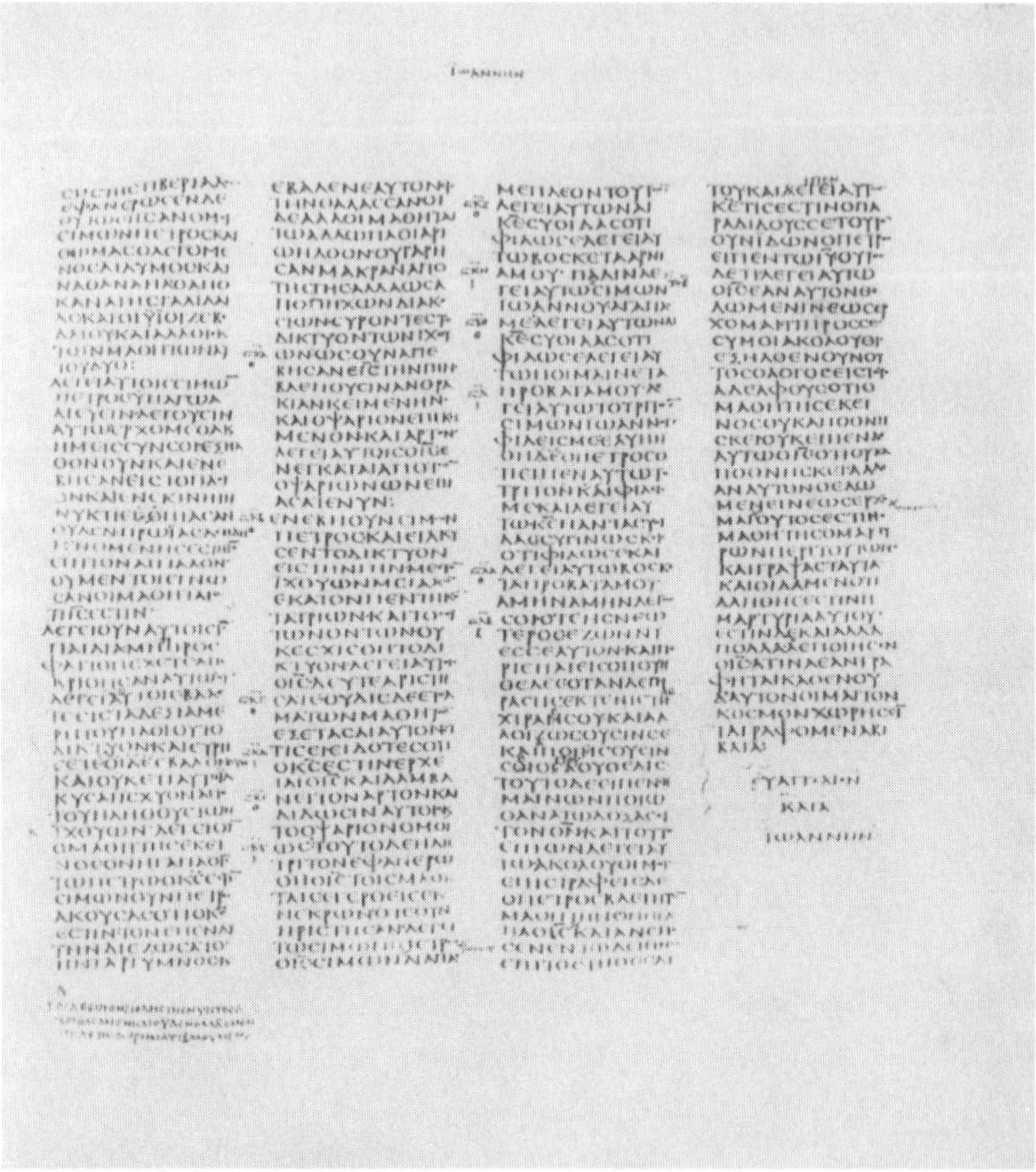

よく知られた「シナイ写本」の『ヨハネによる福音書』の最後のページ。19 世紀、意志堅固な写本学者ティッシェンドルフによって、シナイ山の聖カタリナ修道院にて発見さる。

ジョン・ミルは現存する資料の中に三万カ所の異文を発見し、これを註釈として付したギリシア語新約聖書を出版した。だがそれよりも遥か以前に、新約聖書のテキストに問題があることに気づいた学者も（少しは）いた。すでに二世紀の時点で、異教徒の批評家ケルソスは、キリスト教徒はあたかも大酒を呑んだ酔っぱらいのように、好き勝手にテキストを改竄している、と述べている。彼の論敵であるオリゲネスもまた、福音書の写本の間にある「きわめて多数」の異同に言及している。それから一世紀以上後、教皇ダマススはラテン語版の翻訳が実に多種多様であることを懸念し、標準訳の製作をヒエロニムスに依頼した。そしてヒエロニムス自身、ギリシア語やラテン語の数多くのテキストの写本を比較し、これぞその著者自身のペンによって書かれたものと彼が太鼓判を捺すテキストを決定した。

とはいうものの、その問題は中世を通じて鳴りを潜めていた。そしてついに、ミルらによる真剣な研究が開始されたわけである。[1] ミルがその記念碑的な一七〇七年版のためにデータを集めていた頃、新約聖書のテキストの問題に根気よく取り組むもうひとりの学者がいた。だがこの学者はイギリス人ではなくフランス人で、プロテスタントではなくカトリックだった。さらに彼は、新約聖書のテキストの丹念な分析により、まさに多くのイギリスのプロテスタントが恐れるものが露見する、と考えていた。すなわち、伝承されたテキストに幅広い異文が存在することによって、キリスト教の信仰がただ聖書のみ（プロテスタント宗教改革の教義である「ただ聖書のみ《ソラ・スクリプトゥラ》」だ）に基づくことは不可能であるということが明白となる、なぜならテキストは不確かで、信頼の置けぬものなのだから。一方、信仰には（カトリックの）教会に保たれた使徒伝承が必要であるというカトリックの教えは正しいに違いない、というわけだ。一連の重要な著作の中でこのような思想を追究したフランス人著述家の名は、リシャール・シモン（一六三八－一七一二）。

リシャール・シモンの神学的意図

シモンは基本的にはヘブライ語学者だったが、新約・旧約両聖書のテキスト伝承に取り組んだ。彼の修士論文『新約聖書テキストの批判的歴史』が世に出たのは一六八九年、まだミルがテキスト伝承の中の異文の解明に取り組んでいた頃だ。この論文を読んだミルは、自らの一七〇七年版の序論の中でその学識を評価し、神学的結論においては食い違うものの、それが彼自身の研究にとって重要なものであることを認めている。

シモンの本は手に入る限りの異文を明らかにするのみならず、伝承の中のテキストの相違を論ずることでテキストそれ自体の不確かさを示し、依然としてカトリック神学者によって権威あるものと見なされていたラテン語版の優越性を論じている。彼は主要なテキスト上の問題点のすべてに隅々にまで通じていた。例えば、この本で述べてきた問題点の多くは、すでに彼によって詳細に論じられている――姦通の女、『マルコ』の最後の十二節、そしてヨハネ断章(三位一体の教義をはっきり述べた部分だ)。彼によれば、神学的考察の基盤として用いることのできるテキストとは、ヒエロニムスが教会に提供したウルガタに他ならない。第一部への序文の中で彼は次のように述べる。

> 聖ヒエロニムスが教会に対して成し遂げた貢献はまことに大なるものであって、きわめて厳密なる批判の基準に基づいて、古のラテン語の写本を集め、吟味したのである。われわれが本書において示そうとするのはこのことであり、またギリシア語による最古の新約聖書写本は最良のものとは言

い難いということである。というのもそれらは、その質がひじょうに劣悪であるがゆえに、聖ヒエロニムスによって改訂の要ありと判断されたラテン語写本と大同小異なのであるから[2]。

これは実に才気煥発なる主張であって、後でもう一度触れることになる。つまり、最古のギリシア語写本が信頼できないのは、それが悪質な複製であって、よりよいテキストの確立のためにヒエロニムスが改訂の必要を感じたものであるからであり、ゆえにヒエロニムス以前に作られたギリシア語の複製は、現存するものの中では最古であるけれども、信頼を置くことはできない、というのだ。

確かに才気煥発なる主張ではあるのだが、この主張が本文批評家の間で幅広い支持を集めたことはいまだかつてない。要するにこの主張は、現存する最古の写本は信頼が置けないが、これらの写本の校訂版は信頼できると言っているに過ぎないわけだ。では、ヒエロニムスはいったいどういう基準でそのテキストを校訂したのか？　彼以前の写本に基づいて、だ。つまり彼ですら、より古いテキストの記録を信頼していたわけだ。だから今の私たちが彼にならわないとしたら、それは大いなる後退だと言える——最初の数世紀におけるテキスト伝承の多様性を考慮するにしても、だ。

いずれにせよ、シモンは自説の追究において、すべての写本には改竄があるが、とくにギリシア語のものについてはそれが甚だしいと論じている（ここで、「真の」教会からの「東方離教」について、反論の声もあるだろう）。

今日、ギリシア語であろうとラテン語であろうと、シリア語であろうとアラビア語であろうと、真の意味で権威のあると言える新約聖書の写本は存在しないだろう。なぜなら、いかなる言語であれ、完全に付加を免れている写本はないからである。私は断言するが、ギリシア語の写字生は写本の筆写の際にきわめて大きな自由を享受していた。このことはいずれ別の箇所で触れるであろう(3)。

このようなことを言うシモンの神学的意図は、その長大な論文全体に明瞭に見て取ることができる。あるところで、彼は次のような反語的な設問をする。

神が教会にその規則となるような本を与え、そして同時に、これらの本の最初のオリジナルが、キリスト教の始まりの時点から失われてしまうというようなことをお許しになることがあり得ようか(4)?

彼の答えは、言うまでもなく、ノンだ。聖書は信仰の基盤を提供するが、究極の重要さを持つのは本それ自体ではなく(なぜなら結局のところ、本というものは何度も改竄を受けているのだから)、これらの本の解釈であり、それは(カトリック)教会の中に受け継がれた使徒伝承に見出されるのである。

無論、聖書はわれわれの信仰の基盤となる確かな規則であるが、この規則はそれのみで十分なものではない。これ以外に、使徒伝承というものが必要であるということを知らねばならない。そしてわれわれがそれを学ぶことができるのは使徒の教会のみである。それは聖書の真の意味を守ってきたのだ(5)。

シモンの反プロテスタント的結論は、彼の他の著作にさらに明らかだ。例えば、「新約聖書に関する主要な註釈者」を扱った著作では、彼ははっきりこう述べている。

> 聖書の写本に加えられた改竄は……最初のオリジナルが失われた以上、プロテスタントの原則を完全に破壊している。……彼らは、今日の形における聖書の写本を参照するのみである。もしもキリスト教の真実が教会の中で生き続けていなかったとしたら、きわめて多くの改竄に曝され、写字生の意のままにされてきた書物の中にそれを求めるのは安全ではなかっただろう。(6)

プロテスタントの聖書理解に対するこのような理路整然たる論難は、学界ではひじょうに深刻に受け止められた。一七〇七年にミル版が出ると、プロテスタントの聖書学者たちは現存する写本の実態を認識し、自らの信仰理解の再考と防衛に迫られた。もちろん、「ただ聖書のみ《ソラ・スクリプトゥラ》」という観念を捨て去るわけにはいかない。彼らにとって、聖書の言葉は依然として神の御言葉の権威を担うものだった。とはいうものの、ひじょうに多くの箇所でその言葉が実際には何だったのかが判らないという状況にどう対処すればよいのか？　ひとつの解決策は、本文批評の技法を発展させることだ。そうすれば、当代の学者たちがオリジナルな言葉を再現し、信仰の基盤は再び盤石なものとなるだろう。このような神学的課題を背景に、主にイギリスとドイツで、有用かつ信頼しうる手法を開発する努力が行なわれたわけだ。たまたま運良く今の世まで保存されていたにすぎないエラー満載の大量の複製から、新約聖書のオリジナルな言葉を再現するために。

リチャード・ベントリーの大風呂敷

すでに述べたように、古典学者にしてケンブリッジはトリニティ・カレッジの学寮長だったリチャード・ベントリーもまた、その著名な知性を新約聖書のテキスト伝承の問題に向けるようになったのだが、そのきっかけは、多数の写本に見られる異文を大量に収録したミル版ギリシア語新約聖書出版に対して、否定的な反応が起こったことだった(7)。理神論者コリンズに対するベントリーの反論である『自由思考論への返答』はおおいに人気を博し、八版を重ねた。彼の何よりも重要な主張は、ギリシア語新約聖書にある三万カ所の異文というのは、これほど大量に写本が存在するテキストとしては決して多すぎるものではないということ、またミルは自らこれらの異文を作り出したのではなく、たんに見つけ出しただけなのだから、彼がキリスト教の真実を傷つけたなどというのは謂れなき非難である、ということだ。

結局、ベントリー自身も新約聖書のテキスト伝承の研究に興味を持つようになり、そしていったん興味を持ったからには、異文の存在する箇所の多くで、オリジナル・テキストを再現する作業に重要な貢献をせねばならぬと決意したのだった。パトロンであるウェイク大主教に宛てた一七一六年の手紙の中で、彼は新版のギリシア語新約聖書の製作を前提に話をしている。彼によれば、丹念に分析することによって、ニカエア公会議（三二五年に開催されたキリスト教最初の公会議。父と子を同質とする教義を採択）の時点での新約聖書のテキストを再現することが可能である、という。それはそれ以前に、古代における偉大な本文批評家であるオリゲネスによって広められたテキストの形を伝えるもので、オリジナルを歪める異文のほとんどが登場するよりも何世紀も前のものである（とベントリーは信じた）。

ベントリーは、しなくてもいい遠慮をする人物ではなかった。この手紙の中で、彼は言う――

私は、ニカエア公会議の時点における、最高の底本と全く同じギリシア語新約聖書を提供することが自分には可能であることに気づきました（他の人は不可能と考えていたものです）。二十語どころか、寸分の違いもないものです。……それにより、現在においてはこの上なく不確かなものとされているかの書物が、他のいかなる本をも凌ぐ確実性を得、同時にまた、すべての異文に、今もまた今後も終焉がもたらされることでありましょう[8]。

ベントリーのやり方は、かなり直球なものだった。イギリスにある新約聖書のギリシア語写本の中で最重要のもの、すなわち五世紀初頭の『アレキサンドリア写本《コーデクス・アレクサンドリヌス》』のテキストと、現存する最古のラテン語版ウルガタの写本とを照合しようと考えたのだ。そこに彼が見出したのは、ひじょうに幅広い範囲の驚くべき一致だった。そしてこの両写本の一致点は、しばしば中世に製作されたギリシア語写本の大部分とは違っていた。さらにその一致は、とくに違いの多い語順にまで及んでいた。そこでベントリーは、ラテン語版ウルガタとギリシア語新約聖書の双方を編集することによって、これらのテキストの最も古い形に到達することができ、最古の文が確定する、と確信したのである。ミルがいくら三万カ所の異文を挙げようと、盤石なテキストの再現さえ出来てしまえば何の意味もないわけだ。

ベントリーの理論は、単純明快だ。もしもヒエロニムスが、ウルガタを編集するために当時の世界で入手しうる最高のギリシア語写本を使ったのなら、ウルガタの最古の写本群（これによってヒエロニムスのオリジナル・テキストがどれかを確定する）と、ギリシア語新約聖書の最古の写本群（ヒエロニムスが使ったギリシア語版を確定する）とを比較すれば、ヒエロニムスの時代の最高のテキストがどのようなものであったのかを確定することができる――そしてテキストが繰り返し改竄を受け続けた千年以上にわたる伝承史を飛び越えることができる。さらに、ヒエロニムスのテキストは彼の先駆者であるオリゲネスのものであっただろうから、これはまさにキリスト教誕生後の最初期に入手し得た最高のテキストであると期待できるだろう。

そんなわけで、ベントリーは彼にとって当然とも言える結論を導き出す。

教皇のウルガタから二千の誤りを取り除き、プロテスタントの教皇スティーヴンのもの［すなわち、ステファノス版＝公認本文のこと］から同じだけの誤りを取り除くことで、九百年よりも新しい本に一切頼ることなしに、それぞれの版を二段に並べて提示することができる。それはそれぞれの単語ごとに実に精確に一致するのみならず、最初は驚かされたが、語順までが一致しており、いかなる割り符や歯形切目証書《インデンチュア》も、これほどに一致するものではあるまいと思われたのである。(9)

さらに写本の照合作業を進め、また他人が行なった照合作業の検証を続けたベントリーは、ますます自分の能力に対する自信を深め、自分の仕事の正しさを確信した。一七二〇年、彼は『刊行提案』と題するパンフレットを発表した。これは多くの出資者を募り、彼の計画に支持を集めることを目的としたものだ。その中で彼はテキストの再現の手法を提案し、それが正確無比なものであることを説く。

著者は（ひじょうにわずかな数カ所を除いて）真にオリゲネスの底本を再現し得たと信ずるもので

ある。……そしてギリシア語とラテン語の写本を相互参照することで、今日の時点においていかなる古典作品にもまして、きわめて細かい機微に至るまで、原文を確定し得たと確信するものである。かつまた、この道しるべは、今日における最良の版のページに犇《ひし》めき、どれを信じて良いか解らぬ多くの善男善女を憤慨させている三万の異文の迷宮より我らを導き、解放するものであると著者は信ずる。何千何万もの異文の中から、多少なりとも考慮に値するものは二百に満たないであろう。(10)

重要な異文の数を、ミルの挙げた三万からたった二百にまで削減したことは、明らかに大きな進歩だ。とはいうものの、ベントリーの言っていることはただのハッタリだと考える人もいた。『刊行提案』に反論する論文が匿名で書かれ（当時は論客とパンフレット作家の時代だったのだ）、そこではベントリーのパンフレットのあらゆる段落が俎上に載せられた上、「すでに着手した仕事のために必要な才能もなければ、資料もない」と酷評された。(11)

だいたい想像はつくだろうが、ベントリーはこれを彼の（自ら認める）才能に対する不当な中傷と見なし、売られた喧嘩をまともに買った。この匿名論文の著者の正体はケンブリッヂの学者であるコニヤーズ・ミドルトンという人物だったのだが、不幸にもベントリーはそれをジョン・コルバッチという人だと思い込み、コルバッチを名指しで、辛辣きわまりない反論を書いた。それも当時の様式に則って、あり得ないような酷い悪口を書きまくったのだった。このような論争パンフレットは、今の時代の遠慮がちな議論を見慣れた眼には仰天ものだ。当時は、人の心を傷つけるとかそういうことに関する遠慮など微塵もなかったのだ。ベントリー曰く、「まさにこの一文こそは、いやしくも紙に字を書くことで糊口を凌ぐ無知蒙昧な三文売文屋の書き殴った駄文の中でも、文字通り古今未曾有の悪意と厚顔無恥の見本としてこれ以上のものは望むべくもないであろう」[12]。そしてこの反論の全文を通じて彼は、ひじょうに活き活きとした悪口の語彙をほんの少しだけ披露して、コルバッチ（実際には問題のパンフレットとは何の関係もなかった）のことを次のように呼んでいる――キャベツ頭、虫ケラ野郎、ゲジゲジ男、蛆虫人間、社会のダニ、ドブネズミ、負け犬、マヌケ泥棒、チンケな大道香具師[13]。ああ、実に何とも羨ましい時代であることよ。

その後、敵の正体に気づいたベントリーは、当然ながら、関係のない人間の悪口を言いたい放題に言ってしまったことに少々気まずい思いはしたが、依然として自己弁護を続け、双方一度ならず応酬を続けた。当然ながら、このような論争は照合作業自体の足を引っ張った。ただでさえ彼にはケンブリッヂのカレッジの管理という煩わしい業務や他の執筆活動もあれば、それ以外にも頭痛の種（例えば、出版に使うための紙の輸入税の免除が認められなかったとか）があり、作業はさらに滞った。結局のところ、後代の改悪されたギリシア語写本（公認本文の基になったようなもの）の代わりに、入手しうる最古のテキストに基づくギリシア語新約聖書を刊行しようという彼の提案は無に帰することとなった。彼の死後、その甥は予約金の返済を迫られ、計画は完全にポシャってしまったのであった。

ヨハン・アルブレヒト・ベンゲルのブレイクスルー

フランス（シモン）に始まってイギリス（ミル、ベントリー）へ、そしてドイツへ。新約聖書のテキストの問題は、ヨーロッパ・キリスト教国の主要地域の優れた聖書学者たちの頭を悩ませていた。ヨハン・アルブレヒト・ベンゲル（一六八七―一七五二）は敬虔なルター派の牧師兼教授で、幼い頃から新約聖書の写本にある大量の異文に深く頭を悩ませており、とくに二十歳の頃に出版されたミル版と、そこに収録された三万カ所の異文には酷く狼狽させられることとなった。これらは、まさに聖書の言葉に深く根ざしていたベンゲルの信仰に対する大きな難問だった。もしもこれらの言葉が不確かなものであるなら、それに基づく信仰はどうなるのだろう?

ベンゲルは学者としてのキャリアのほとんどを、この問題の究明に捧げた。そして後に述べるが、その解決に向けて重要な前進を成し遂げたのである。とはいうものの、まずその前に、聖書に対するベンゲルのアプローチを簡単に見ておこう(14)。

キリスト教に対する傾倒は、ベンゲルの人生と思想全体に浸透している。デンケンドルフの新しい神学校の副講師に指名された際の就任講義のタイトルを見れば、信仰に対する彼の真剣さのほどが判るだろう。曰く、「勤勉なる篤信の追究こそ、健全な研究を達成する最も確かな方法である」(De certissima ad veram eruditonem perveniendi ratione per studium pietatis)。

古典語に精通したベンゲルは、聖書テキストの解釈の入念さにおいては右に出る者はなかった。彼の名を最も高らしめているのは、聖書の註釈だろう——新約聖書のすべての書に詳細な註釈を施し、文法、歴史、解釈上の問題を事細かに記しているが、その記述は明瞭かつ説得力のあるもので、今日の学問水準に照らしても十分読むに値する。彼の釈義の中心にあったのは、聖書の言葉に対する信頼だ。この信頼はあまりにも強固で、今の人から見れば少々異常とも思えるほどだった。聖書に書かれたすべての言葉は——預言者の言葉や黙示録を含めて——神から吹き込まれた霊感に基づいていると信じるベンゲルは、人間の歴史に対する神の介入が今やクライマックスに近づきつつあると確信し、聖書の予言はまさに彼の時代こそが世の終わりであることを示していると考えていた。実際、彼は終末の到来の時期を特定したとまで思い込んでいたのだ。それは当時から約一世紀後の、一八三六年だという。

『マタイ』二四章三六には、「その日、その時は、誰も知らない。天使たちも子も知らない。ただ、父だけがご存じである」と書いてあるが、ベンゲルはそれに動じることもない。ひじょうに注意深い解釈者であるベンゲルは、ここでイエスが現在形で語っていることを指摘する。つまりイエスは、彼の時代においては「誰も知らない」と言うことができたが、だからといって後の世に誰も知らないとは限らないのである。事実、聖書の予言を研究することによって、後のキリスト教徒はこれを知ることができるようになったのである。教皇は反キリストであり、フリーメイソンリーは『黙示録』にある「偽りの預言者」であり、終わりの日は一世紀後に来る（彼の執筆は一七三〇年代）。


原始教会が未来の反キリストによってもたらされるとした大艱難は、まだ到来していないが、もう間もなくやって来る。『黙示録』一〇―一四章の予言が、この何世紀もの間、すでに実現しているからである。そして重要な点がますます明確になる一方である。すなわち、この百年の間に、期待された大いなる変化が実現するだろう。……では、残り期間を示そう。とくに大いなる終末は一八三六年に到来すると私は考えている。[15]

明らかに、今の時代の終末予言者たち――ハル・リンゼイ（『今は亡き大いなる地球』の著者）とティモシー・ラヘイ（『レフト・ビハインド』シリーズの共著者）――には、先駆者がいたわけだ。たとえ世の終わりが来ようとも、彼らの後継者の種は尽きないだろう。

本書の目的にとって、ベンゲルの奇怪な預言解釈が重要なのは、その基本が聖書の正確な言葉を知ることに根差しているからだ。もしも反キリストの数字が666ではなく、例えば616なら、預言解釈は大きく違ってくる。その言葉が重要であるがゆえに、我々はその言葉を知らねばならない。そこでベンゲルは研究人生の多くを費やして、現存する写本にある何千もの異文を研究した。そして書記たちによる改竄を飛び越えて原著者のテキストに迫ろうとする努力の過程で、彼はその方法論におけるいくつかのブレイクスルーを成し遂げたのだ。

　まず第一に、彼が編み出した規範だ。これは記述に疑義がある際に原文を再現するための彼なりのアプローチ方法をまとめたものである。彼以前の学者、つまりシモンやベントリーなども、さまざまな異文を査定するための規範を工夫していた。また、本書では採り上げなかった人の中にも、有益と思われる規範の長いリストを作った人もいる。これらを熱心に研究した後（ベンゲルという人は、あらゆる事柄を熱心に研究するのだ）、ベンゲルはこれまでに提唱された規範の圧倒的大部分が、たった四語の簡単なフレーズに要約できるということを発見した――Proclivi scriptioni praestat ardua（より理解困難な文の方が、平易な文より有望である）。その理論はこうだ――書記がテキストを改竄するとき、彼らはそのテキストをより良くしようとする傾向がある。誤りと思われる箇所を発見すればこれを訂正するし、同じ物語に二通りの話があるのを見つければ、辻褄を合わせようとする。自分たちの神学的見解に相反するテキストに遭遇すれば、これを改変する。つまり、あらゆる場合において、最も古い（つまり「オリジナルな」）テキストが述べていることを知るためには、その逆をやれば良い。誤りが正されたり、話の辻褄が合わされたり、神学的に好ましいものに改変されている文は捨てて、その逆を取るべきだ。すなわち、「理解困難」な文の方を採用するのである。あらゆる場面で、より理解困難な文の方が、平易な文より有望である、というわけだ。[16]

ベンゲルによるもうひとつのブレイクスルーは、私たちの手許にある大量の異文よりもむしろ、それを含んでいる大量の文書自体に関するものだ。彼は、複製された文書というものは当然ながらその元になった底本に最もよく似ているし、同じ底本から作られた他の複製ともよく似ているということに気づいた。つまり、数多い写本の中には、お互い同士で似通っているものとそうでないものとがあるということだ。ということは、すべての現存する写本は、一種の家系図のような関係に並べることができる。それによって、似通っている写本のグループとそうでないグループを一覧することができるというわけだ。これは実に有益な情報だ。というのも、理論的にはその系統樹を遡って行けば、共通の祖先である源に辿り着くことができるからだ。あなたと同じ姓を持つ他州人との共通の祖先を捜す作業に似ている。

本文批評家はこの後、オリジナル・テキスト再現のためのより正式な方法原理として資料のグループ分けの手法を発展させていくことになるが、これについては後でもっと詳しくご紹介する。今のところは、このアイデアを最初に考えついたのがベンゲルであるということだけを述べておけば十分だろう。一七三四年、彼は自ら校訂した立派なギリシア語新約聖書を発表する。それは大部分が公認本文そのままだが、より良い異文を彼が見出したと考える箇所に註釈が記されている。

ヨハン・J・ヴェットシュタインの危険な主張

一八世紀の聖書学者の中で最も物議を醸したと言える人物が、J・J・ヴェットシュタイン（一六九三－一七五四）だ。若い頃から新約聖書のテキストとその異文の問題に取り憑かれ、その研究に打ち込んだ彼は、二十歳の誕生日の翌日、すなわち一七一三年三月一七日、バーゼル大学に学位論文『新約聖書異文の相違点』を提出する。プロテスタントであるヴェットシュタインが論じたのはとくに、多様な異文は「聖書の信頼性や完全性を弱めるものではない」という点だった。その理由は――神は「この書物を、人間の人格の完成に資するためにただ一度だけこの世界にお与えになったものである。そこには信仰と振る舞いの双方に関して、救済に与るために必要なすべての内容が書かれている」。ゆえに、さまざまな異文は聖書においては多少の影響は及ぼすかもしれないが、どんな異文が存在しようと、基本的なメッセージには些かの瑕疵もないのである。[17]

一七一五年、ヴェットシュタインはイギリスに行き（研究旅行の一環だった）、『アレクサンドリア写本』の実物に触れる機会を与えられた。先に、ベントリーの話の中で出てきた写本だ。この写本の中に、とくにヴェットシュタインの注意を惹きつけた箇所があった。きわめて些細な点だが、ひじょうに大きな意味を持つものだ。それは『テモテへの手紙一』の鍵となる部分のテキストだった。

問題の箇所は、『テモテへの手紙一』三章一六。正統神学はこの一節を、新約聖書それ自体がイエスを神と呼んでいる根拠としてきた。というのも、ほとんどの写本がこの箇所でキリストについて、「神が肉において現れ、聖霊によって義とされた」と書いているからだ。第三章で指摘したように、ほとんどの写本は聖なる御名《ノミナ・サクラ》を短縮形で記しており、それはこの写本でも同様だった。ここではギリシア語で神を意味する単語ΘΕΟΣは、短縮されてΘΣと表わされ、その上に短縮形を示す線が引かれていた。ヴェットシュタインがこれを観察して気づいたのは、この短縮形を示す線に用いられているインクが、周囲の単語のものと違うということだ。すなわち、それは後から（後代の書記によって）付け加えられたものだったのである。さらに、最初の文字Θの中央にある横線は、実際には文字の一部ではなく、古い羊皮紙の裏側のイングが染み出してきたものなのだった。言い換えるなら、この単語は神の短縮形ΘΣではなく、実際にはΟΣ、すなわち「who」を意味する全く別の単語だったというわけだ。つまりこの写本のオリジナルな読み方では、キリストのことを「神が肉において現れ、聖霊によって義とされた」と言っているのではなく、たんに「肉において現れ、聖霊によって義とされたところのキリスト」と言っているに過ぎなかったのである。『アレクサンドリア写本』の古の証言によれば、キリストはもはやこの部分でとくに明示的に神と呼ばれているわけではなかったのだ。

ヴェットシュタインはさらに研究を続けた。すると、キリストの神性の教義の証拠として典型的に用いられているさまざまな箇所が、実際にはテキスト上の問題を含んでいることが次々と判明したのである。これらの問題を本文批評の方法論によって解決していくと、ほとんどの場合において、キリストの神性に関する言及は消滅してしまったのだ。例えば、テキストから除かれることとなった有名な「ヨハネ断章」(『ヨハネの手紙一』五章七－八)も同様だ。また『使徒言行録』二〇章二八節では、多くの写本が「神が御自らの血によって御自分のものとなさった神の教会」と書いており、これもまたイエスが神として語られている実例のように見える。だが『アレクサンドリア写本』を初めとするいくつかの写本では、ここが「主が御自らの血によって御自分のものとなさった主の教会」となっている。つまりイエスは主と呼ばれてはいるが、明示的に神と同一視されているわけではないのだ。

このような難問を認識したヴェットシュタインは、自らの神学的信念を真剣に考え始めた。そしてついに、新約聖書が実際にイエスを神と呼んでいる箇所はほとんど無いという事実を受け入れるに至ったのだった。そうなると今度は、生まれ故郷バーゼルの同僚である牧師や教師たちに対して苛立ちを覚えるようになる。というのも、彼らはときおり、神に関する用語とキリストに関する用語を混同して使っていたからだ——例えば、神の子について語っている時にそれが父なる神であるかのように語ったり、父なる神に対して祈りながら、「御身の聖なる傷」について語ったり、といった具合である。ヴェットシュタインは、父なる神と子なる神について語る時は用語をもっと厳密にせねばならないと考えた。というのも、その両者は同一ではないのだから。

ヴェットシュタインがこういうことを言い立てるので、同僚たちの間に疑念が広まり始めた。そしてその疑念が確信に変わるのが一七三〇年。ヴェットシュタインは準備中であった新版ギリシア語聖書の発表を見越して、ギリシア語新約聖書の問題点に関する論文を出版したのだ。その論文に収録された実例の中には、先に述べたような、キリストの神性の教義の根拠として神学者たちが用いてきた条も含まれていた。ヴェットシュタインに言わせれば、これらのテキストは実際には、その教義に合わせるために巧妙に改竄されたものに他ならない。オリジナルのテキストではその教義の根拠としては使えなかったのだ。

同僚たちは色めき立ち、その多くが敵に回った。バーゼル市議会に直訴し、ヴェットシュタインのギリシア語新約聖書を出版させてはならない、と主張したのだ。それは「無益かつ無用、さらに危険ですらある著作」であり、「ヴェットシュタイン教会執事の説教は非正統的であり、講義の中で改革派教会の教えに反することを述べている。さらには、危険な改竄を加えたギリシア語新約聖書を発表する計画まである。それはソッツィーニ主義［キリストの神性を否定する教義］の疑いが濃厚である」という。(18)大学の評議会の前で申し開きをするよう要請された彼は、聖書の全霊感説や悪魔、悪霊の存在を否定し、聖書の曖昧な部分に注目する「唯理主義的」見解の持ち主であると見なされた。

かくして教会執事の任を解かれ、バーゼルを追放された彼は、アムステルダムに移り住んで研究を続けた。後の主張によれば、これらの論争のために彼のギリシア語新約聖書（一七五一―五二）の出版は二十年遅れた、という。

だがたとえそうであっても、彼のギリシア語版はひじょうに立派な版で、二百五十年以上を経た今日においても、学者にとっては価値のあるものだ。ここでヴェットシュタインは公認本文を用いているが、そこに新約聖書と並行する内容の、意味の理解を助けるようなギリシア、ローマ、ユダヤのテキストを呆気にとられるほど大量に集めている。のみならず、また大量の異文を収録し、二十五の大文字写本と二百五十の小文字写本（ミルが集めたものの三倍近い数だ）を引用し、さらには参照の便宜を図るために、各大文字写本にはそれぞれアルファベット文字、そして小文字写本にはアラビア数字を当てはめて示した――これはそれ以後、今日に至るまで何世紀もの間、標準的な参照システムとなったもので、基本的には今もなお広く使われている。

ヴェットシュタイン版の価値ははかりしれないものだが、それが依拠する理論は全くの時代遅れと見なされている。というのも、彼はベントリー（ヴェットシュタインはかつて彼のために写本の校訂を行なったことがあった）やベンゲル（ヴェットシュタインは彼を敵と見なしていた）が成し遂げた方法論の進歩を全く無視していたのだ。さらに、彼はなぜか、古いギリシア語の新約聖書写本はすべてラテン語資料に一致させるために改変されており、全く信頼に足りぬものであると考えていた。だが実際にはそういうことが行なわれた証拠は全くない。この理論を主要な規範とするなら、テキストの異文を判断する際、最古の資料（この理論によれば、オリジナルから最も懸け離れていることになる！）ではなく、より最近のもの（中世のギリシア語写本）に依拠するべきであるということになってしまう。当然ながら、この奇怪な理論を支持する本文批評家は、一流どころの中には存在しない。

カール・ラハマンの革命的新約聖書

ヴェットシュタインの後にも多くの本文批評家が現れ、増えていく一方の（というのも、次々に発見されるからだが）写本を前に、聖書テキストの最古の形を決定する方法論に対して大なり小なりの貢献を果たした。例えばJ・ゼムラーやJ・J・グリースバハなどの学者だ。とはいうものの、ある意味では、この分野に次の大規模なブレイクスルーが到来するまでには八十年が必要だった。それをもたらしたのはドイツの文献学者カール・ラハマン（一七九三－一八五一）による、比較的薄いギリシア語新約聖書の出版だ。[19] これは見てくれこそたいしたことはないが、まさに革命的な版だった。

研究の最初の段階ですでに、ラハマンは現存するテキスト資料ではオリジナルを再現するのには十分ではないという結論を下してしまった。彼が調べることのできた最古の写本ですら、四世紀から五世紀のものであり——オリジナルが書かれてから何百年も後のものだったのだ。最初の自筆原稿の執筆から、現存最古の資料が作られるまでの数世紀間に、どんな変化が生じたか、誰に判る？　そこでラハマンは、もう少し容易な課題に取り組むことにした。公認本文が一二世紀の時点の写本伝承に基づくものであることは彼もよく知っていた。そして彼は、これをさらに——八百年分ほど——質的に向上させることは可能だと考えた。つまり、四世紀の終わり頃の時点における新約聖書の再現だ。現存するギリシア語写本、ヒエロニムスのウルガタ写本、そしてエイレナイオスやオリゲネス、キュプリアヌスらによるテキストの引用があれば、少なくともそれは可能なはず。そしてまさに彼はそれを実行したのだ。少数の初期大文字写本に最古のラテン語写本、そして教父らによるテキストの引用に基づいて彼が行なったのは、たんに公認本文の必要な箇所を校訂するのではなく（それはこれまでにも、公認本文に満足できなかった先人たちが行なってきたことだ）、公認本文自体を完全に廃棄し、彼自身の原理に基づいて全く新しいテキストを確立することだった。

こうして一八三一年、彼は公認本文に依拠しない、全く新しいテキストを作り上げた。これこそ、彼以前の誰もが望んでいながら、今ようやく形になったものだった。それが世に出るまでに実に三百年以上の時間がかかったことになる。だがついに、世界は古のテキストのみに基づくギリシア語新約聖書を手にすることができたのだ。

四世紀末の時点におけるテキストを再現しようとするラハマンの目的は、必ずしも理解されたわけではない。しかもたとえ理解されたとしても、必ずしも評価されたわけでもなかった。多くの読者は、ラハマンが「オリジナル」のテキストを再現したと主張していると解釈した。しかもその際、個人の主義主張にとらわれて、ほとんどすべての資料（つまり、膨大な写本を含む後代のテキスト伝承）を一顧だにしていない、と苦言を呈したのだ。あるいはまた、彼の手法がベントリーのそれに酷似していることを指摘した者もいる。ベントリーもまた、四世紀のテキストを再現するために最古のギリシア語・ラテン語写本を比較するというアイデアを持っていた（とはいえ、ベントリーはそれを、三世紀初頭のオリゲネスが知っていたテキストと同じものであると信じていたわけだが）。その結果、ラハマンは時に「ベントリーの猿」などと呼ばれている。だが実際には彼は、公認本文に特権的な地位を与えるという悪しき慣習を打ち破ったのだ。公認本文は、印刷業者と学者の双方の間に確立されていたその地位にふさわしい代物では全くなかった。それが何度も何度も印刷され続けたのは、それこそが盤石なテキストであると誰もが感じていたからではなく、たんにそのテキストが慣習的で人口に膾炙しているということに過ぎなかったのだ。

ロベゴット・F・C・v・ティッシェンドルフの大発見

ベントリー、ベンゲル、ラハマンなどの学者が、新約聖書写本のさまざまな異文を校訂する方法論を進化させている間に、東方でも西方でも、古い書庫や修道院で新しい発見が続いていた。一九世紀の学者の中で、聖書写本の発見とそのテキストの公表に最も熱心に取り組んだのは、ロベゴット・フリードリヒ・コンスタンティン・フォン・ティッシェンドルフ（一八一五―七四）という珍しい名前の人物だ。ロベゴット（ドイツ語で「神を讃えよ」）という名前は、彼を妊娠中だった母親が盲人を目撃したことから、生まれてくる子供も目が見えなくなるという迷信に取り憑かれたことに由来している。だがその彼が五体満足で生まれると、母は彼を神に捧げ、この珍しいファーストネームをつけたのだった。

ティッシェンドルフは法外なまでに熱心な学者で、新約聖書に関する自らの研究を、神から与えられた聖なる責務と信じて疑わなかった。二十代初めの頃、彼はフィアンセにこう書き送っている。「僕は聖なる責務を目の前にしています。それは新約聖書の元の形を再現するための苦闘なのです[20]」。この責務を果たすため、彼はありとあらゆる書庫と修道院にしまい込まれたありとあらゆる写本を探し回った。数度にわたってヨーロッパを旅し、また「東方」（今で言う中東）にも足を伸ばし、どこへ行っても写本を探し、転写し、公表した。彼の最も早い、かつ有名な成功は、当時すでに知られてはいたが、誰にも読むことのできなかった写本に関するものだ。その写本とは、パリの国立図書館に所蔵されていた『エフラエム再利用写本《コーデクス・エフラエミ・レスクリプトゥス》』。元来は五世紀に書かれたギリシア語新約聖書写本だったが、一二世紀にすべての文字が消去されてしまった。羊皮紙を再利用して、シリアの教父エフラエムの説教を書き留めるためだ。だがこの消去が完全ではなかったために、下に書かれた文字の一部はその痕跡が確認できる状態だった。とはいうものの、あまりに不明瞭なためにほとんどの単語は判別不可能であり——一流の学者たちがベストを尽くしても、全く解読できていなかった。だがティッシェンドルフの時代になると、下の文字の確認の助けとなる化学薬品が発見されていた。これらの薬品を慎重に用い、テキストを丹念に一字ずつ復元していったティッシェンドルフは、そこに書かれた言葉の解読に成功し、この古いテキストを世界で初めて転写することに成功したのだ。これによって彼自身の名も、この分野に関心を持つ人々の間に知れ渡ることとなった。

そういう人の中には、ヨーロッパや中東への写本探しの旅に金を出してくれる人もいた。いずれにせよ、彼の名を最も高らしめている発見は、現存する聖書写本の中でも最も素晴らしいもののひとつ、『シナイ写本』だ。この写本の発見の物語は伝説的な偉業だが、他ならぬティッシェンドルフ自身の手記によって直接知ることができる。

ティッシェンドルフは一八四四年にエジプトを訪れた。まだ三十にもならない時だ。ラクダの背に乗って辿り着いたのは、荒野の聖カタリナ修道院。一八四四年五月二四日の出来事は、やはり彼自身の言葉で語ってもらうのが最高だろう。

シナイ山の麓、聖カタリナに奉献された修道院に、私は自らのあらゆる研究の真珠を見出した。一八四四年の五月にその修道院を訪ねた際、私は大広間の中ほどに、古い羊皮紙で満たされた大きく幅広の籠を見つけた。案内係でもある司書によれば、長い年月を経て朽ち果てた、これと同じような羊皮紙の山がすでにふたつ、火にくべられたということであった。驚いたことに、この羊皮紙の山の中には、ギリシア語で書かれた旧約聖書のページが大量にあり、それは私がこれまでに見た中でも最も古いもののひとつと思えた。修道院は私がこれらの羊皮紙の三分の一、すなわち四十三枚ほどの、いよいよ火にくべられようとしていたものを所有することを許可してくれた。だが残りのものについては、彼らは手放そうとしなかった。私があまりにも喜色満面としていたので、彼らはそれが大変な価値を持つものと疑ったのである。私は『イザヤ書』と『エレミヤ書』のテキストのページを転写し、散逸するかもしれぬこのような遺物に関しては、敬虔な気持ちで接するよう修道僧らに命じたのである。(21)

ティッシェンドルフはこの貴重な写本の残りを手に入れようとしたが、修道僧たちはそれを手放すことを承知しなかった。彼は九年ほど後に再び同じ場所を訪ねたが、それはすでに跡形もなくなっていた。その後、一八五九年に彼は三度《みたび》、今回はロシア皇帝アレクサンドル二世の後援を受けて出発した。この皇帝はキリスト教に関するあらゆるもの、とくにキリスト教の古い遺物に興味を持っていた。今回もまたティッシェンドルフは写本の痕跡を何ひとつ発見できなかったが、旅程の最後の日、修道院の財産管理人の部屋に招かれた。そこで管理人にセプトゥアギンタ（ギリシア語版旧約聖書）の話をしたところ、彼は答えた、「私もセプトゥアギンタを読んだことがあります」。そして部屋の隅から赤い布に包んだ本を持ち出した。ティッシェンドルフ曰く――

包みを解くと、何と驚いたことに、十五年前に私が籠の中に見た当の断片だけではなく、旧約聖書の他の部分や、完全な新約聖書、さらにはバルナバ書簡や『ヘルマスの牧者』の一部までがそこにあったのだ。私は歓喜したが、今回はその喜びを管理人や一同の前ではうまく隠し、さりげない様子で、暇な時に見たいのでこの写本を寝室に持っていってもいいですかと訊ねた。(22)

ティッシェンドルフはただちに、その写本が何であるかを見抜いた——現存する最古の新約聖書のテキストだ。「今の世にある最も貴重なる聖書の至宝——その年代においても価値においても、私がこれまで研究したあらゆる写本を凌ぐもの」である。ティッシェンドルフはこれを手に入れるために、彼の後援者であるロシア皇帝の名を出した。かくも貴重なる写本を献上すれば、陛下はことのほかお喜びになり、必ずやこの修道院にそれなりの見返りをしてくださるに違いありませんぞ。交渉は長く、二転三転したが、結局ティッシェンドルフはこの写本をライプツィヒに持ち帰ることを許された。そこで彼は皇帝の援助により、これを全四巻の豪華な版にまとめる計画を立てた。この版は一八六二年、ロシア帝国建国千周年記念として世に出た。(23)

ロシア革命の後、新政府にはカネがなく、また聖書の写本などに興味もなかったので、『シナイ写本』は十万ポンドで大英博物館に売却された。現在では大英図書館の常設展示品として、大英図書館の写本室に麗々しく飾られている。

言うまでもなく、本文批評の分野に対するティッシェンドルフの貢献はこれ以外にも多岐にわたっている。(24)彼は総計二十二におよぶ初期キリスト教テキストの他、ギリシア語新約聖書だけでも全部で八つの版を出版している。そのうちの八番目のものは今もなお、ギリシア語の慣用実証やさまざまな異文の版の確認などに関する情報の宝庫となっているものだ。学者としての彼の多産ぶりを知るには、カスバール・ルネ・グレゴリという学者が書いた彼の著作目録的エッセイを見ればよい。そこでは、ティッシェンドルフの出版リストはぎっしり十一ページに及んでいる。[25]

B・F・ウェストコットとF・J・A・ホートの功績

新約聖書写本の伝承の問題に取り組む現代の本文批評家にとって、有益な分析方法を進歩させてくれた一八―一九世紀の恩人といえば、まず何といってもケンブリッジの二人の学者、ブルック・フォス・ウェストコット（一八二五―一九〇一）とフェントン・ジョン・アンソニー・ホート（一八二八―九二）を挙げなくてはならない。一八八一年の有名な著作『ギリシア原語による新約聖書』以来、彼らの名はすべての学者が挑まねばならないハードルとなった――その基本的な洞察を確認するにせよ、その主張の細部を補うにせよ、あるいはその明瞭かつ説得力ある分析システムに対抗する理論を打ち立てるにせよ。この分析システムの威力は、とくにホートの天才に少なからず依拠している。

ウェストコットとホートの版は全二巻本。一巻は、両者の二十八年におよぶ共同研究に基づいて、伝承に異文が存在する際にどれがオリジナルであるかを決定した実際の新約聖書であり、もう一巻はこの版を生み出すに当たって彼らが依拠した批評原理の説明に当てられている。後者はホートが書いたもので、極端なまでに綿密、かつ圧倒的に説得力ある資料調査と、本文批評の仕事に携わりたいと望むすべての学者たちのための方法論が開陳されている。記述は濃密無比、一語たりとも無駄はない。論理は精確無比、一分たりとも隙はない。まさに名著中の名著であり、さまざまな点において、斯界の最高傑作だ。私の大学院の講座では、これを自家薬籠中のものとしない限り、単位は与えないことにしている。

どうしたわけか、新約聖書のテキストの問題は、ウェストコットとホートの著述生活の大部分を捕えて放さなかった。ホートは若くして古典学者としての修練を積んでいたが、当初は新約聖書のテキストの状況については全く無知だった。二十三歳の時、彼は友人ジョン・エラートンに次のように書き送っている。

ほんの数週間前まで、私はテキストの重要さを知りませんでした。ギリシア語聖書なんてほとんど読んだこともなく、あの悪名高い公認本文をずっと引きずっていたわけです。……良質の写本には実に多くの異文があります。それを学者たちは、低俗で抽象的な形ではなく、より深い、完全な意味をもたらすような形で明らかにしています。……あの酷い公認本文が、後代の写本に全面的に依拠していることを考慮してください。もっと古いものが現存していることは幸いです。(26)

そのわずか二年後、ウェストコットとホートは新約聖書の新版の編纂を決意した。一八五三年四月一九日のエラートンへの手紙では、ホートはこう述べている。

まだ知り合いと言えばウェストコットしか見ていません。……何時間か彼のところにいたのです。そこで話し合った結果のひとつをお話ししましょう。彼と私は、できればこれから二年か三年ほどの間に、新約聖書のギリシア語テキストを編纂するつもりです。ラハマンとティッシェンドルフは豊富な資料を提供してくれるでしょうが、まだまだ不十分です。……私たちの目的は、一般聖職者や神学校などに、ビザンティン的［すなわち、中世の］改竄によって損なわれていない、携帯可能

なギリシア語聖書を提供することです。(27)

ホートがこの仕事の見積期間についていかに甘く考えていたかは、同じ年の十一月の段階ですら、ウェストコットと彼がこれを「一年ちょっと」(28)で仕上げられると言っていることに如実に表われている。だが計画に着手するや否や、短期間で仕上がるという見積もりは雲散霧消した。それから九年ほど後、ウェストコットは依然として山積する作業の前途遼遠ぶりにすっかり意気消沈していた。そんな彼を励ます手紙の中で、ホートは言う——

仕事はしなければならない、しかもそれを満足に仕上げるためには……膨大な作業が必要である。その実態を知る者は、ヨーロッパ広しといえども私たちだけのようです。あの膨大な異文、あの中から正しいものを選び出すと考えただけで、その遠大な作業は正に労多くして功少なしと言いたくもなります。しかし、重要な異文と重要でない異文の間に線を引くことは完全に不可能であると信じるゆえに、私はその労力のすべてが、全テキストを現在可能な最高の水準にまで校訂することの価値に比べて、あまりに労多くして功少なしであると言うことをためらうのです。私は、今ここで私たちの責務を放棄することはきわめてけしからぬことだと思うのです。(29)

彼らはこの責務を放棄することはなかった。だが時が経つほどに、作業はますます複雑かつ錯綜したものとなっていった。最終的に、完成した全テキストにホートの筆になる序文を付して刊行に漕ぎ着けるまでには、このふたりのケンブリッジの学者の二十八年にわたる絶え間ない作業が必要だったのだ。

だが完成した作品は、十分その労力に値するものだった。ウェストコットとホートが生み出したギリシア語テキストは、一世紀以上を経た今日の学者たちに広く使われているものとほとんど変わらない出来栄えだ。ふたりの時代から今日までの間に、新しい写本が発見されなかったわけでも、理論の進歩がなかったわけでも、意見の相違が生まれなかったわけでもないというのに、である。むしろ、今日までに科学技術も方法論も驚くべき進歩を遂げ、比較にならないほど大量の写本を資料として用いることができるようになったにもかかわらず、現在のギリシア語テキストはウェストコットとホートのそれに圧倒的なまでに酷似しているのだ。

ここでは、ギリシア語新約聖書のテキストの校訂のためにウェストコットとホートが成し遂げた方法論的進歩の詳細に立ち入るつもりはない[30]。だがおそらく、彼らの作業の中で最も重要な領域は、写本の類別だろう。写本は一種の「家系」にまとめることができる（家系図を描くのと似ている）ということに初めて気づいたベンゲル以来、学者たちはさまざまな資料のグループを家系にまとめる試みをしてきた。ウェストコットとホートもまた、この試みに没頭した。彼らの考えは、同じ家系に属する写本は、お互いにその語法が一致するという原理だ。つまり、もしもふたつの写本が、ある一節で同じ語法を使用しているなら、その理由は、両者が究極的に同じ源に遡ることができるからに違いない――同じ写本か、あるいはその複製かだ。この原理はしばしば、次のように言われる。「異文のアイデンティティは、その源のアイデンティティを意味する」。

そこで、現存するさまざまな写本の間にあるテキストの一致に基づいて家系図を作ることができる。ウェストコットとホートによれば、現存する資料には四つの主要な系統が存在する。（一）シリア・テキスト（ビザンティン・テキストと呼ぶ学者もいる）。中世後期の写本がほとんど。数は多いが、その語法はオリジナル・テキストに格別近いというわけではない。(二) 西方テキスト。ひじょうに古い写本から成る——その原型は、遅くとも二世紀周辺のものだろう。だがこれらの写本は、転写の作業がプロの仕事になる以前の、きわめて雑な複製作業によって作られている。(三) アレクサンドリア・テキスト。アレクサンドリアで作られたもの。書記たちには専門技術もあり、入念だが、文法的・文体的によりよいものにするためにテキストを改竄する傾向あり、これによってもともとの語法が改変されている。(四) 中立テキスト。伝承の過程で重要な改変や改訂を受けていない写本。オリジナルのテキストを最も精確に伝えている。

ウェストコットとホートによれば、中立テキストの代表例が『シナイ写本』(ティッシェンドルフが発見したもの) であり、さらに優れたものがヴァティカン図書館で発見された『ヴァティカン写本』だ。これらは彼らに調査可能だった写本の中の最古のもので、そしてふたりの判断によれば、他のいかなる写本よりも遥かに優れている。ゆえにこれは、いわゆる「中立テキスト」を体現するものとされる。

ウェストコットとホートの時代以来、専門用語も変化した。学者たちはもはや、「中立テキスト」などという言い方はしないし、「西方テキスト」というのは誤称だと考えている。というのも、ぞんざいな複製は何も西方の特産ではなく、東方でも作られていたからだ。さらに、ウェストコットとホートのシステムは後の学者たちによって完全にオーバーホールされた。例えば、現代の学者たちのほとんどは、中立テキストとアレクサンドリア・テキストを同じものだと考えている。さまざまなテキストの中に出来不出来があるだけだ。また、彼らの時代以後、重要なテキスト、とくにパピルス・テキストが多く発見された。[31] だがたとえそうであっても、ウェストコットとホートの基本的な方法論は、現存する写本の中のどの部分が後代の改竄であり、どの部分が最も古い段階であるかを突き止めようとする学者たちにとって、重要な役割を果たしているのである。

次章で見るように、この基本的な方法論は、一度きちんと説明すれば、理解するのは比較的たやすい。これを実際にテキストの問題に当てはめてみるのは興味深いし、楽しいとすら言える。何しろ、これを適用することによって、現存する写本にあるさまざまな異文のうち、どれがオリジナルな言葉であり、どれが後代の書記による捏造であるかが判明するのだ。

5

覆される解釈

磔刑図。11 世紀。四隅に四福音書記の象徴を配す。天使（マタイ）、鷲（ヨハネ）、ライオン（マルコ）、雄牛（ルカ）

この章では、テキストの「オリジナルな」形（というか、少なくとも「到達可能な最古の」形）と、後代の書記が改竄したテキストの形を見分けるために、学者たちが編み出した方法論について述べる。まず一通りその方法論を説明した後で、その具体的な使い方を、現存する写本にある三つの異文に即して解説したい。とくにこの三つを選んだ理由は、それぞれの異文が、それを含む書物全体の解釈においてきわめて重要な働きをしているからだ。しかも、それらは三つとも、現在の英語版新約聖書のほとんどに反映されていない。つまり、私に言わせれば、ほとんどの英語版の読者に入手可能な聖書は間違ったテキストに依拠しているのであり、そしてそのテキストの間違いは、これらの書物の解釈を大きく変えているのだ。

だがその前に、まずはオリジナルと後代の改竄を見分けるために学者たちが編み出した方法論について述べよう。後に見るように、テキストの最古の形を確定することは必ずしも容易ではない――ひじょうに労力を要求される作業にもなりうるのだ。

現代の方法

現代の本文批評家の大半は、テキストの最古の形を確定する際には、「合理的取捨選択主義者」を以て任ずるだろう。これはつまり、テキストに関する（合理的な）議論を経て、さまざまな異文の中からその最古の形を最もよく表しているものを「取捨選択」するということを意味する。そしてこの議論の依拠する証拠は、通常は外的・内的に分類される(1)。

外的証拠──写本自体から推測する

外的証拠に基づく論議は、何らかの異文を含む写本自体を扱うものだ。ある文の正当性を確定する写本はどれか？　これらの写本は信頼しうるのか？　それはなぜ信頼できるのか、あるいはできないのか？

あるひとつの異文を含む写本を考慮する際、ひと思いに多数決で決めてしまいたい誘惑に駆られる。つまり、現存する写本の中でどの異文が最も多いか、というわけだ。だが今日の学者のほとんどは、過半数の写本が採用している読み方こそが最高などとは全く考えていない。その理由は、実例を挙げれば一目瞭然だろう。

仮に、あるテキストのオリジナルが作られた後、それを基にふたつの複製が作られたとして、これをそれぞれA、Bと呼ぶことにする。言うまでもなく、このふたつの複製はそれぞれどこかが異なっている──大きな相違がある可能性は高くはないが、小さな相違はほぼ必ずある。さて、ここで仮に、Aがさらに別の一人の書記によって複製され、Bは他の五十人の書記に複製されたとしよう。その後、オリジナルも、また複製AもBも失われてしまった。そこでテキスト伝承の過程で残されたものは五十一冊の第二世代の複製だけだ。うち一冊はAから、五十冊はBから作られた。で、もしも五十冊の写本（Bの複製）にある一文が、一冊（Aの複製）のものと違っていたとしよう。この場合、前者は間違いなく後者よりもオリジナルに近いと言えるだろうか？　そんなことは全くない。たとえ前者の頭数が後者の五十倍であったとしても、だ。実際、それぞれの異文の数は五十対一ではない。一対一（A対B）に過ぎないのだ。つまり、ある異文を載せている写本の数は、現存する写本の中のどちらの異文がオリジナル（あるいは最古）かという問題とは直接関係はない[2]。

だから学者たちは一般に、どの異文が最古の形かを考える際には、たんなる頭数以外の観点の方が遥かに重要であると確信している。そうした観点のひとつが、ある異文を載せている写本の年代だ。数を云々するよりも、テキストの最古の形は現存する最古の写本にある、という考え方の方が遥かに妥当だろう――テキストは年代を経るごとに改竄の度合いが大きくなる、と仮定するならば。だがもちろん、だからといって何でもかんでも盲目的に古いものを優先すれば良いと言っているのではないのは当然だ。これにはふたつの理由がある。論理的な理由と、歴史的な理由だ。まず論理について。例えば五世紀の写本にあるひとつの異文があり、八世紀の写本に別の異文があったとしよう。すると、五世紀の写本にあった異文の方が、より古い形だと言えるのか？　いや、必ずしもそうではない。その五世紀の写本が四世紀の写本を底本とするもので、一方、八世紀の写本の方は三世紀の写本から作られたものだとしたら？　その場合、より古い文の形を残しているのはむしろ八世紀の方かもしれない。

第二に歴史的な理由だが、他の条件をいろいろ考慮せずに単純に一番古い写本に飛びついてはいけないのは、すでに述べたように、最初期のテキスト伝承は質的には最悪だったからだ。当時はほとんどの場合、プロではない書記がテキストを複製していた――そして当然、ひじょうに多くの間違いを犯していた。

そんなわけで、確かに年代は重要だが、絶対的な基準ではないということだ。だからこそ、本文批評家は合理的な取捨選択主義者なのである。彼らは、ひとつの異文を巡って幅広い論議を見ていかねばならないということ、たんに写本の数を数えたり、年代の最も古いものだけを考察したりするだけではダメなのであるということをよく知っているのだ。とはいうものの、いろいろ考慮に考慮を重ねた末に、現存する最古の写本の過半数が、ある特定の異文を支持している場合、そのような要素の組み合わせは、テキスト判断において一定の重みを持つことは言うまでもない。

外的証拠のもうひとつの着眼点は、ある特定の異文を支持する写本の地理的な分布だ。例えば、ひとつの異文がものすごくたくさんの写本に見出されたとしても、それらの写本がいずれも、例えばローマならローマに由来しているとする。一方、それ以外の異文を載せている写本が幅広い範囲、例えばエジプト、パレスティナ、小アジア、ガリアなどに分布しているとしよう。この場合、本文批評家は先の特定の異文は「ローカルな」異文であり（ローマで作られた複製はすべて同じ間違いを含んでいる）、それ以外の読み方の方がより古く、ゆえにオリジナルのテキストを保持していると考えるだろう。

そしてたぶん、学者たちが依拠する最も重要な外的基準はこれだ――「オリジナル」と判断される文は、通常、最良の写本および最良の写本グループの中に見出されるものだ。これはかなりトリッキーな査定のしかただが、その原理はこうだ。写本の中には、いろいろな理由で、他の写本よりも優れているものがある。例えば、内的証拠（後述する）によって正しさが認められている文のほとんどを含んでいるような写本だ。一方、劣っている写本（通常は、結局のところ、後代の写本）はその限りではない。さて、その優れた写本と認定されたものに、ある文の最古の形であることが確定しているものが含まれているとしよう。その場合、そこに載っている異文は、内的証拠によって確定していない文に関しても、ある程度信頼を置くことができる、というわけだ。ある意味では、この優れた写本というのは、法廷での証人や、旧知の友人で、その言葉が信頼できるということがすでに判っている人のようなものだ。ある人が嘘つきであることが判っている場合、その人の発言が信頼できるか否かは全く判らない。でも、もしもその人が完璧に信頼できる人だということが判明しているなら、たとえその発言が他の方法では確認のしようがないことであったとしても、信頼に足るというわけだ。

同じことは、写本資料のグループにも当てはまる。第四章で見たように、ウェストコットとホートは、写本はテキストの家系に分類することができるというベンゲルのアイデアを発展させた。そして結局のところ、これらのテキスト・グループの中には、他のグループよりも信頼しうるものがあるということが判明した。つまりそのグループは現存する資料の中で最古かつ最良のものを含んでいるのであり、より良い文を伝えていることが判った のだ。とくに、いわゆるアレクサンドリア・テキスト（ここにはホートの言う「中立テキスト」も含まれる）、つまり元来エジプトはアレクサンドリアのプロの書記たちによって注意深く書かれたとされていたものは、現存するテキストの中で最も優れており、ほとんどの場合、最古もしくは「オリジナル」のテキストを提供してくれている。一方、いわゆる「ビザンティン・テキスト」と「西方テキスト」は、アレクサンドリア・テキストの写本と一致しない部分に関しては、最良の文を保存している可能性は低いのだ。

内的証拠——内容から推測する

合理的取捨選択主義者を自任する本文批評家は、多くの断片的な証拠に基づいて、幅広い異文の中からこれと思うものを選択する。写本が提供する外的証拠の他に、よく用いられるのが内的証拠で、それにはふたつの種類がある。その第一は、内在的蓋然性と呼ばれる——簡単に言えば、その著者がいかにも書きそうなことかどうか、ということだ。言うまでもなく、私たちはある著者の文体、語彙、神学などを研究することができる。現存する写本の中にふたつ以上の異文が保存されているとき、そしてそのうちのひとつに使われている単語や文体上の特徴が、その著者の他の作品には全く登場しないものであるとき、あるいはそこに表明される視点が、同じ著者が他の箇所で述べていることと矛盾するとき、その異文がその著者自身のものである蓋然性は低くなる——とくに、もう一方が、著者が他所で書いたものと一致している場合はそうだ。

内的証拠の二番目は、転写的蓋然性と呼ばれる。これは、著者が書きそうな文ではなく、書記がしでかしそうな改竄を問題にする。結局のところ、この種の証拠は、「より理解困難な文こそがよりオリジナルに近い」というベンゲルのアイデアに遡ることができる。つまり、書記というものは、自分が誤りだと判断したものを訂正し、矛盾だと判断した部分の辻褄を合わせ、テキストの中の神学を自分自身の神学に合わせようとする傾向がある、ということだ。そこで、一見すると「誤り」を含んでいるとか、辻褄が合わないとか、神学的におかしいと思われるような文は、「平易な」文よりも書記による改竄を受けやすい傾向がある。この基準はしばしば次のように表わされる。異文の中で最もオリジナルに近いのは、他の異文の存在を最もうまく説明するものである。(3)

さて、ここまで延々と、本文批評家の考察の対象となる外的・内的証拠について語ってきたわけだが、これは何も、これを読んだ皆さんがただちにこれらの原理をマスターし、いっちょう新約聖書の写本伝承にでも取り組んでみるか、と腕を鳴らしてくださるようなことを期待したからではない。オリジナル・テキストの確定には実に幅広い考察とさまざまな審判判定が必要であるということを理解していただきたかったというだけだ。時には、さまざまな証拠がお互いに矛盾したりすることもある。例えば、より理解困難な異文（転写的蓋然性）とより古い写本（外的証拠）がうまく適合しないとか、より理解困難な異文が著者の他の作品の文体（内在的蓋然性）と合わない、といった具合だ。

まあ簡単に言えば、オリジナル・テキストの確定は簡単でもなければ一筋縄でいくものでもないということだ！　あらゆる状況を考えに考え抜き、資料をひとつずつ篩に掛けていくことが必要だし、それでも学者によって下す結論はさまざまになったりもする——それも、ある部分の意味の主旨に何の影響もないようなマイナーな問題（例えばある単語のスペルとか、英訳すれば消えてしまうようなギリシア語の単語の語順とか）だけではなくて、ひじょうに重要な問題、新約聖書のひとつの書物全体の解釈にまで影響を及ぼすような問題に関してもそうなのである。

テキストの確定の重要さを例示するために、ここで私は後者に属する三つの異文を採り上げる。つまり、オリジナル・テキストの確定が、新約聖書のメッセージの理解のしかたに重大な影響を及ぼす例だ。[4]しかもそのいずれの場合も、ほとんどの英訳聖書は間違った方の文を選んでいる。つまり、オリジナル・テキストではなく、書記たちがオリジナルを改竄し、勝手に捏造した方のテキストを使っているのだ。その一番目は『マルコによる福音書』で、哀れな皮膚病の男に治癒を求められたイエスが、やおら怒り出す場面だ。

マルコと怒れるイエス

『マルコ』一章四一のテキスト上の問題は、イエスが皮膚病の男を治癒させる話に出てくる。[5]現存する写本は、この四一節の条を二通りの形で伝えている。双方を［　］で示す。

39そして、ガリラヤ中の会堂に行き、宣教し、悪霊を追い出された。40さて、重い皮膚病を患っている人が、イエスのところに来て跪いて願い、「御心ならば、私を清くすることがおできになります」と言った。41イエスが［憐れんで（SPLANGNISTHEIS）／怒って（ORGISTHEIS）］、手を差し伸べてその人に触れ、「よろしい。清くなれ」と言われると、42たちまち重い皮膚病は去り、その人は清くなった。43イエスはすぐにその人を放り出そうとし、厳しく叱責して、44言われた。「誰にも、何も話さないように気をつけなさい。ただ、行って祭司に体を見せ、モーセが定めたものを清めのために献げて、人々に証明しなさい」。45しかし、彼はそこを立ち去ると、大いにこの出来事を人々に告げ、言い広め始めた。それで、イエスはもはや公然と町に入ることができなかった。

ほとんどの英語版では、四一節の最初の部分で、この追放された哀れな病人に対するイエスの愛が強調されている。すなわち、「憐れんで」（あるいは、このギリシア語は「憐れみを掻き立てられて」と訳すこともできる）と。英語版の依拠する原文は、現存するほとんどのギリシア語写本に見られるものだ。この状況に憐れみがふさわしいということは誰の目にも明らかだろう。この男の病気の正確な症状は判らないが——多くの註釈者は、鱗状の皮膚病であると考えている。いずれにせよ、彼は「重い皮膚病の人」に通常の生活を禁ずる律法の規定に従っていたのだろう。彼らは追放され、人々から隔離され、不浄なる者の烙印を押された（『レビ記』一三—一四章）。そういう者に対する憐れみを掻き立てられたイエスはその優しい手を差し伸べ、彼の病んだ皮膚に触れ、病を癒した。

この解りやすい憐れみ、疑問の余地のない感情のゆえに、翻訳者や解釈者は、現存する写本の一部にある異文を顧みることはなかったのだろう。だが一方、現存する最古の資料のひとつである『ベザ写本《コーデクス・ベザエ》』に採用された異文は、さらに三冊のラテン語写本がこれにならっているが、一見したところわけの判らないものだ。つまりそれによれば、イエスはその男に憐れみを覚える代わりに、なぜか怒り出したというのである。ギリシア語では、SPLANGNISTHEIS と ORGISTHEIS は全く別の単語だ。これがギリシア語とラテン語の双方の資料にあったということは、この異文は少なくとも二世紀にまで遡るものと本文批評家は考えている。では、この異文こそマルコその人が書いたものなのだろうか？

すでに見たように、圧倒的大多数の写本があるひとつの文を載せていて、それとは違う文を載せているのがほんの数冊しかないとしても、多い方が正しいとは限らない。ほんの数冊の方が正しくて、それ以外のすべてが誤りであることもあるのだ。その理由のひとつは、現存する写本の圧倒的大多数は底本の作成から何百年も後に作られたものであり、そしてその底本自体も、本来の原典ではなく、その遥か後代の複製から作られたものだからだ。ひとたびテキスト伝承の中に改竄が紛れ込んでしまうと、それが定着してしまい、その改竄の方が元来の文よりも一般的になってしまうこともある。さて、この実例の場合、ここに示した二通りの文はいずれもひじょうに古いものと考えられる。では、どちらがオリジナルなのか？

今日のキリスト教徒にこのふたつの文のどちらを取るかと訊ねたなら、まず間違いなくほとんどの人は「たくさんの写本が採用している方」と答えるだろう——つまり、イエスはこの男に憐れみを覚え、だから彼を癒したのだと。もうひとつの文はわけが判らない——イエスが怒ったというのは、どういう意味なのか？　この文が全く意味が通らないという事実そのものが、つまり憐れみこそがオリジナルだという証拠ではないのか？

だが事実は全く逆だ。いくつかの異文のうちのひとつがきわめて解りやすく、すんなり意味が通るという事実こそ、まさに学者たちがそれを疑う根拠なのだ。なぜなら、すでに見たように書記たちもまた、テキストは解りやすくて問題のないものがいいと願うからだ。ここで問うべき問題は、こうだ——このテキストを複製する書記がこれを改竄したとして、「憐れみ」を「怒り」に改変するのと、「怒り」を「憐れみ」に改変するのとでは、どちらが可能性が高いか？　どちらの文の方が、もうひとつの文の存在をよりうまく説明しているか？　このような観点から見れば、明らかに後者の方が可能性が高い。イエスが怒ったという文の方が明らかに「理解困難」な文であり、ゆえにより「オリジナル」らしいと判断されるのだ。

書記がどちらかを捏造したとしたらどちらの方がそれらしいか、という推論的な問いかけの他に、もっと優れた証拠もある。というのも、この部分を含んだ『マルコ』のギリシア語写本は、四世紀末のものが最古だ。つまり原典が書かれてから三百年近く後のものである。だが実は、原典が書かれてから二十年以内の時点で、この物語を複製した著述家がふたりいるのだ。

学者たちの定説によれば、『マルコ』は四福音書の中で最も早く書かれたもので、マタイとルカは、『マルコ』を資料として自らのイエス伝を書いた。(6) ということは、『マタイ』と『ルカ』を調べ、同じ物語で（多かれ少なかれ）内容を変えている部分を見れば、彼らがどのように『マルコ』を改変したかが解るだろう。実際に調べてみると、マタイもルカも、その共通資料である『マルコ』からこの話を採り入れていた。驚いたことに、病人の嘆願からイエスの返事まで、マタイもルカもほとんど一字一句に至るまで『マルコ』四〇－四一節をそのまま採り入れているのだ。では、両者はイエスの反応に関して、どちらの言葉を採用したのか？　彼は憐れんだのか怒ったのか？　実に奇妙なことに、マタイもルカも示し合わせたように、問題の単語を削除しているのだ。

もしも、マタイやルカが入手したマルコのテキストに、イエスが憐れみを感じたと書いてあったなら、果たして両者はその単語を削除していただろうか？　マタイもルカも、いずれも他の箇所ではイエスを憐れみ深い人物として描いている。そして『マルコ』の中ではっきりイエスの「憐れみ深さ」について触れられている箇所では、マタイかルカのいずれかは必ずその記述を自らの物語に採り入れているのだ。(7)

では、もうひとつの可能性の方はどうだろうか？ つまり、マタイもルカも、『マルコ』の中にイエスが怒ったと書いてあるのを読んだとしたら？ そんな感情は削除してしまいたいと思ったんじゃないか？ 実際、『マルコ』の中でイエスが怒るのはここだけではない。そしてそのいずれの場合も、マタイとルカはその話を改変している。『マルコ』三章五では、シナゴーグにいた人々が、イエスが手の萎えた男を癒すかどうか見守っていると、イエスは「怒って」彼らを見回す。『ルカ』にもこれとほとんど同じ話が出てくるが、彼はイエスの怒りに関する記述を削除している。マタイはマタイで、この部分を完全に書き換え、やはりイエスの怒りについては何も述べていない。同様に『マルコ』一〇章一四では、人々が自分の子供をイエスに祝福して貰おうとするが、イエスの弟子たちはこれを叱る。これを見たイエスは弟子たちに対して腹を立てる（用いられているギリシア語の単語自体は別）。マタイもルカもこの話を採用しており、一字一句をそのまま引き写している箇所もあるにもかかわらず、両者共にイエスの怒りについては削除している（『マタイ』一九章一四、『ルカ』一八章一六）。

まとめると、マタイとルカはイエスを憐れみ深く描くことにかけては何のためらいもないが、彼が怒ったことは絶対に書かない。彼らの資料のひとつ（『マルコ』）がそう書いている場合、両者はそれぞれにその語を自分の物語からは削除する。そんなわけで、もしも彼らが病人の話から「憐れんで」を削除したとしたら、その理由は理解困難だが、「怒って」を削除したなら、実によく解る話なのだ。さらに、後者の言葉がひじょうに古い写本伝承の中にあること、書記たちが解りやすい「憐れんで」をわざわざ「怒った」に改変する理由は考えられないこと、という状況証拠を考え合わせるなら、マルコが実際には病人に近寄られたイエスが怒りを顕わにしたと書いた可能性がますます強くなる。

話を続ける前に、もうひとつ別の点を強調しておこう。マタイやルカはイエスを怒らせることを躊躇うが、マルコはそれに関して全く遠慮しない。この当面の物語においてすら、四一節のテキスト的問題は抜きにしても、イエスはこの哀れな病人に優しく接しているわけではない。この男を治癒させた後、イエスは彼を「厳しく叱責して」「放り出そうと」するのだ。これらはもともとのギリシア語の直訳だが、普通は翻訳の際にもう少し和らげて表現されている。だが実際にはこれらは無慈悲な言葉で、『マルコ』の他の箇所では、つねに暴力的な衝突や攻撃（例えばイエスが悪霊を追い出す際など）の文脈で使われている。もしもイエスがこの人に憐れみを覚えたのなら、なぜこれほど無慈悲に彼を非難し、追い出そうとしたのかよく解らない。だがもしも怒っていたのなら、それなりに筋は通るだろう。

では、イエスは何を怒っていたのだろうか？　この点こそ、テキストと解釈の関係が死活的に重要なものとなる点だ。ここでイエスが「怒った」と書いてあるテキストを支持した学者たちの中には、とてもありそうもない解釈を提唱した者もいる。つまり彼らは、テキストにイエスが怒ったと書いてあるのを知っているにもかかわらず、それでもなおイエスを憐れみ深いように見せることによって、その怒りを正当化しようとしているようだ。[8] 例えばある註釈者によれば、イエスは世界がかくも病に満ち満ちていることに対して怒っているのだ、という。言い換えれば、彼は病人を愛しつつ、病を憎んでいたということだ。この解釈を裏づけるテキスト的根拠はないが、とりあえずイエスを良い人に見せることはできる。また別の註釈者によれば、イエスが怒ったのはこの病人が社会から疎外されていたからだという。とはいうものの、この男が除け者にされていたということはテキストのどこにも書いてないし、仮にそうであったとしても、悪いのはイエスの社会というより、神の律法（とくに『レビ記』）だろう。実際、い。それこそがイエスの怒りの対象だと論じる人もいる。つまり、イエスはモーセの律法がこのような疎外をもたらしているという事実に怒っているのだ、と。だがこの解釈では、この部分の最後（四四節）で、イエスがモーセの律法を支持し、それを守るように言っていることの説明が付かない。

これらの解釈はすべて、イエスの怒りを正当化したいという気持ちと、そのためにテキストを無視してしまっているという点で共通している。そろそろ別の道を考えよう。果たしてどういう結論を下せばよいのか？ 私の目には、ふたつの選択肢があると見える。ひとつは目下のこの部分の文学的コンテクストに注目する方法、もうひとつはもっと広いコンテクストを考える方法だ。

第一に、目下のコンテクストの点から見て、『マルコによる福音書』冒頭のイエスの描写はどうだろうか？ 少しの間、イエスに対する私たちの先入観は脇へ置いて、このテキストだけを読んでみよう。すると、ここに出てくるイエスという人は、ステンドグラスに描かれているような柔和でナヨナヨとした良き羊飼いなどではないということを認めざるを得ないだろう。『マルコ』の冒頭に描かれるイエスは肉体的にもカリスマ的にも強靭な、権威ある人物であり、向かうところ敵無しである。まず、イエスを読者に紹介するのは、荒野に住む野人のような預言者だ。そしてイエスは人間社会から追放され、荒野でサタンや野獣を相手に戦う。それから社会に戻って、間近に迫った神の裁きの前に、悔い改めを叫ぶ。自分に従う者を家族から引き裂く。その権威で聴衆を圧倒する。ただの人間では手も足も出ない悪霊を叱りつけ、これを圧倒する。大衆の要求に従うことを拒否し、謁見を請う人を無視する。『マルコ』一章の中で、イエスの思いやりをほのめかしているのは、病に伏せっていたシモン・ペトロの姑を癒す話だけだ。だが、これですら本当に思いやりだったのかどうかは疑問の余地がある。ひねくれた註釈者の指摘によれば、イエスに癒された彼女はすぐさま彼らをもてなしたとある。たぶん夕食を持ってきたのだろう。

つまり、『マルコによる福音書』の冒頭部分では、イエスは強い意志と自分自身の計画を持つ強靭な人物であり、揺るぎないカリスマ的権威を持つ人物として描かれているのではないだろうか？　もしそうなら、彼が癒された病人を厳しく叱責し、それからすぐに追い出してしまったことも納得できる。

だが、もうひとつ別の解釈もある。すでに述べたように、『マルコによる福音書』の中でイエスが怒るのはここだけではない。次に彼が怒るのは三章、印象的なことに、やはり治癒の物語だ。ここでイエスは、はっきりとファリサイ派に対して怒っていると書かれている。このファリサイ派は、イエスには安息日に手の萎えた男を癒す権威はないと考えていたのだ。

ある意味では、さらによく似た事例がある。そこではイエスが怒っていたとはっきり書かれているわけではないが、怒っていることは明らかだ。『マルコ』九章、イエスがペトロ、ヤコブ、ヨハネと共に「変容の山」から下りて来ると、弟子たちが大勢の群衆に取り囲まれ、その中央に絶望した男がいた。その男の息子は悪霊に取り憑かれていたのだ。男は状況を説明し、イエスに訴えた。「もしもあなたにできるなら、私どもを憐れんでお助けください」。ここでイエスは怒った、と思われる。『できれば』と言うか。信じる者には何でもできる」。男はさらに切羽詰まり、嘆願して叫ぶ。「信じます。信仰のない私をお助けください」。これを聞いて、イエスは悪霊を祓ってやった。

お気づきだろうか。これらの物語の中でイエスが怒りを爆発させるのは、誰かがイエスの意志、能力、権威を疑ったときだ。たぶん、皮膚病の人の物語にもこれが当てはまる。ちょうど『マルコ』九章の話と同様、病人の話でも、彼はイエスに近づいておそるおそる願う。「御心ならば、私を清くすることがおできになります」。イエスは怒る。無論、彼には癒す意志がある。その能力も、権威もあるのだ。彼はその男を癒すが、依然として苛立ちを隠さず、彼を手厳しく叱りつけ、追い払ってしまう。

このように解釈すると、物語の印象は全く変わってしまう。だがこの解釈は、マルコが書いたと思われるテキストに依拠したものだ。マルコは、時と場合によっては怒れるイエスを描出しているのだ。(9)

ルカと静謐なイエス

マルコとは異なり、ルカはイエスが怒ったということをはっきり書いたことは一度もない。実際、ルカのイエスは何があろうと、全く動じることがないのだ。ルカの描き出すのは怒れるイエスではなく、静謐なイエスだ。イエスが落ち着きを失うのは、この福音書全体を通じて一カ所だけ。そして興味深いことに、その一カ所というのは、本文批評家の間でその正統性が熱く議論されている箇所なのだ。(10)

その箇所は、イエスが裏切られ逮捕される直前、オリーヴ山で祈るコンテクストの中にある(『ルカ』二二章三九―四六)。弟子たちに「誘惑に陥らないように祈りなさい」と命じた後、イエスは彼らから離れて跪き、ひとり祈る。「父よ、御心なら、この杯を私から取りのけてください。しかし、私の願いではなく、御心のままに行ってください」。ひじょうに多くの写本で、この祈りの後、イエスの激しい苦悩、それに「血の汗」と呼ばれる話が続く。これは現存するどの福音書を見ても、ここ以外には見当たらないものだ。「すると、天使が天から現れて、イエスを力づけた。イエスは苦しみ悶え、いよいよ切に祈られた。汗が血の滴るように地面に落ちた」(四三―四四節)。イエスが祈り終わって立ち上がり、弟子たちのところに戻って見ると、彼らは眠っていた。そこでイエスは最初の命令を繰り返す。「誘惑に陥らぬよう、祈っていなさい」。そこへ群衆を引き連れたユダが現れ、イエスは逮捕される。

この箇所に関する論争の面白い特徴のひとつは、問題の条（四三－四四節）はルカの手になるものか、それとも後代の書記による挿入なのかという議論の優劣が二転三転することだ。最も古く、かつ最良のものである（つまり「アレクサンドリア・テキスト」と一般に認められている写本には、原則としてこの条は含まれていない。ということは、おそらく後代の書記による付加だろう。一方、この条はいくつかの古い資料にもあり、全体的に見ると幅広い写本伝承に満遍なく採り入れられている。果たしてこの条は、もともとなかったものを入れたいと思った書記によって付加されたのか、あるいはもとからあったものを除きたいと思った書記によって削除されたのか？　写本それ自体に依拠してそれを確言するのは困難だ。

この条の他の特徴を考慮すべきだとする学者たちもいる。例えばある学者によれば、この条の語彙と文体は、『ルカ』の他の箇所のそれときわめてよく似ているという（これは「内在的蓋然性」による議論だ）。例えば、天使の出現は『ルカ』ではよくあることだし、この条に使われているいくつかの単語やフレーズは『ルカ』の他の箇所にも登場するが、『ルカ』以外には新約聖書のどこにも登場しない（例えば動詞の「力づける」）。とはいうものの、この説は万人を納得させるものではない。なぜなら、これらの「ルカ的特徴」を持つ概念、構文、フレーズは、同時にまた「非ルカ的特徴」を伴っている（例えば、ここ以外の箇所で天使が登場する時は、必ず何か台詞を喋る）か、あるいは新約聖書以外のユダヤ教・キリスト教テキストに広く共通するものなのだ。さらにまた、この条には異常な単語やフレーズが極度に高い密度で登場する。例えば、三つのキーワード（苦しみ悶え、汗、滴る）は『ルカ』の他の箇所には出てこないし、（『ルカ』と同じ著者による）『使徒言行録』にも出てこない。結局のところ、その語彙や様式によってこの条の真贋を決定するのは難しいということだ。

学者たちが用いたもうひとつの議論は、問題の箇所の文学的構造と関係している。きわめて手短に言えば、この箇所は意図的に、学者たちの言う「交差対句法」で書かれている。交差対句法というのは、最初の部分が最後の部分と対応し、二番目の部分は後ろから二番目の部分と、三番目の部分は後ろから三番目の部分と、という具合に対応関係を持つ文の構成を言う。言い換えれば、これは意図的な構成だということだ。その目的は、この箇所の中心にある鍵の部分に注目を集めることだ。つまりここでは——

イエスは（a）弟子たちに、「誘惑に陥らないように祈りなさい」と言う（四〇節）。それから（b）離れたところに行き（四一節a）、それから（c）跪いて祈る（四一節b）。この条の中心は、（d）イエスの祈りそれ自体だ。この祈りは、神の意志が行なわれますようにという彼の二つの要求で挟まれている（四二節）。それからイエスは（c）祈り終わって立ち上がり（四五節a）、（b）弟子たちのところに戻る（四五節b）。すると（a）彼らは眠っているので、再び同じ指示を出す。つまり「誘惑に陥らぬよう祈っていなさい」（四五c－四六節）だ。

この明らかな文学的構造の存在は、ただそれだけならあまりたいしたことではない。重要なのは、この交差対句法が、この箇所の意味にどういう貢献をしているかだ。この物語は、誘惑に陥らないように祈れという弟子たちへの指示で始まり、終わる。祈りは、『ルカによる福音書』の重要なテーマとされてきた（他の福音書よりもそうなのである）。ここではそれがとくに突出している。なぜなら、この箇所のまさに中心にあるのがイエス自身の祈りであり、その祈りは彼の希望を述べるもので、その前後を、父の意志が行なわれるようにという、さらに重要な祈りで挟んでいる（四一c－四二節）。交差対句法の中心にあるこの祈りはこの箇所全体の焦点であり、ゆえにその解釈の鍵となる。その教えは、誘惑に直面した時の祈りの重要さだ。弟子たちは、イエスが祈りなさいと繰り返し指示しているにもかかわらず、寝てしまう。そこへすぐさま、イエスを逮捕しに群衆がやってくる。そして何が起こるか？　祈ることができなかった弟子は、まさしく「誘惑に陥る」のである。彼らはその場を逃げ去り、イエスを置き去りにしてしまう。では、イエスについてはどうだろう？　彼は裁判を前にして、実際に祈っていた。群衆が殺到すると、彼は静かに父の意志を受け入れ、彼のために用意された殉教に身を捧げた。

昔から指摘されてきたように、『ルカ』の受難物語はイエスの殉教伝だ。そして殉教伝は、信仰厚き者に対して、死を前にして心を堅固に保つにはどうしたらよいかという模範を提供するものだ。ルカの殉教伝は、死を迎える準備は祈りだけであるということを示している。

では、先に述べた問題の条（四三－四四節）がこの箇所に挿入されたらどうなるか？　文学的レベルで言えば、イエスの祈りに焦点を当てる交差対句法は完全に崩壊する。ここで中心となるのは、すなわち焦点を当てられるのは、イエスの苦悩となってしまう。その苦悩はあまりにも強烈であるために、これに耐えるためには超自然的な存在に介入してもらう以外にない。この長いヴァージョンでは、イエスの祈りは話の全体を通じて彼が発散させている静謐な確信を生み出すことはない――実際、彼が「いよいよ切に」祈って初めて、汗が血の滴りのようになって地面に落ちるのだ。私が言いたいのは、この挿入によってたんに素晴らしい文学的構造が台無しになっただけではなく、全体の注意の焦点がずれ、胸を引き裂くような深い苦悩のイエス、超自然的な介入者を必要とするイエスに移ってしまったということだ。

これは、もしかしたらさほど重大な問題には見えないかもしれない。だが実際には『ルカによる福音書』の中で、イエスがこのように描写されている箇所は他にはない。むしろ全く対照的に、ルカはひじように深い意図をもって、この条が描き出しているようなイエス像とは正反対のものを提示しているのだ。ルカのイエスは、来たるべき運命に苦悩し、恐怖にふるえながら受難に臨んだりはしない。むしろ静謐に、自制的に、最後の最後まで父の意志を信頼しながら死へと向かうのだ。注目すべきことに、ルカは資料(例えば、『マルコによる福音書』)からそういうイエス像に反する伝承を削除するだけで、自分の望むイエス像を作り上げることができた。ただひとつ、二二章四三―四四の長い方のヴァージョンだけがその例外なのだ。

試みに、この点に注目しつつ、同じ物語のマルコ版と簡単に比較してみよう(何度も言うが、『マルコ』はルカの使った資料だ――『マルコ』を改変することで、彼は自分自身の独自の強調点を作ったのだ)。ルカは、マルコの言う「イエスはひどく恐れて悶え始め」(『マルコ』一四章三三)という句を完全に削除し、またイエス自身が弟子たちに言う台詞「私は死ぬばかりに悲しい」(『マルコ』一四章三四)も削除している。マルコのイエスが苦悩で地面に平伏《ひれふ》すのに対して(『マルコ』一四章三五)、ルカのイエスは跪いて祈る(『ルカ』二二章四一)。マルコのイエスはこの苦しみの時が自分から過ぎ去るようにと祈るが(『マルコ』一四章三五)、ルカのイエスはそんなことはしない。そしてマルコのイエスは三度にわたって杯を取り除いてくれと嘆願するが(『マルコ』一四章三六、三九、四一)、ルカのイエスの嘆願は一度だけで(『ルカ』二二章四二)、しかも祈りの前に、あの重要な条件をつける、「父よ、それがあなたの御心なら」。つまり、ルカの資料である『マルコ』が、園での祈りの際に苦悩するイエスを描出しているのに対して、ルカはこの場面を完全に書き換え、死を前にして平穏なイエス像を提示しているのだ。その唯一の例外が、イエスの「血の汗」の話だ。そしてこの話は、現存する最古かつ最良の資料には存在しないのだ。もしも本当に、この物語のポイントがイエスの苦悩にあるのなら、なぜルカカはあれほどまでに執拗に、『マルコ』の苦悩するイエス像を削除したのか？

苦悩のあまりほとんど自暴自棄になっていたという『マルコ』のイエス観を、ルカが共有していなかったことは明らかだ。このことがどこよりもはっきり解るのは、イエスの磔刑に続く場面。マルコのイエスは、ゴルゴタへの途上で沈黙している。弟子たちはみな逃げ去った。ただ忠実な婦人たちが「遠くから」見守っていただけだ。そこにいるすべての人々が彼を嘲笑している――通行人、ユダヤの権力者、両脇の強盗。マルコのイエスは殴られ、嘲られ、置き去りにされ、見捨てられる。信徒によってだけではなく、神自身によってさえもだ。この場面全体を通じて、彼の台詞はただひとつ、最後の最後に張り上げる叫びだけだ。「エロイ、エロイ、レマ、サバクタニ」（わが神、わが神、何故あなたは、私をお見捨てになったのですか）。それから彼は大声を出して死ぬ。

この描写もまた、やはり『ルカ』のそれとは鋭い対照を見せている。ルカの物語では、イエスは沈黙するどころか、きわめて饒舌だ。しかもそうでありながら、依然として自制心に満ち、父なる神を信頼し、自らの運命を信じ、他者の運命を気に懸けている。ルカによれば、十字架への途上、イエスは彼の不運を嘆き悲しむ婦人たちの群れを見て、私のために泣くな、むしろ自分と自分の子供たちのために泣けと言い、迫り来る大いなる災いに言及する（二三章二七―三一）。十字架に釘で打ちつけられている際にも、沈黙するどころか、神に祈って言う、「父よ、彼らをお赦しください。自分が何をしているのか知らないのです」（二三章三四）。十字架の上で、受難の苦しみが頂点に達しているというのに、イエスは彼と共に十字架に掛けられた盗賊のひとりとしっかりした会話を交わし、あなたは今日、私と一緒に楽園にいる、と言う（二三章四三）。だが何といっても一番印象的なのは、ルカのイエスは最後の最後に見捨てられたことを嘆いて叫ぶ代わりに、自分が神の前に立っていることを心から信じ、慈愛の父に魂を託すのだ。「父よ、私の霊を御手にゆだねます」（二四章四六）。

ルカが自分の資料（『マルコ』）に加えたこれらの改変の重要さは、いくら強調してもし足りない。ルカの受難物語では、イエスは一瞬たりとも自制心を失うことはない。自らの運命に対して深く苦悩し、衰弱することもない。彼は自らの運命を引き受け、自分の為すべきこと、そしてそれを為した後に起ることを知っている。実に全く、死を前にして平安と静謐に満ちた男だ。

では、例の条についてどう考えるべきだろうか？　あの条は、『ルカによる福音書』全編を通じて、この明瞭な描写を破壊する唯一の例だ。イエスが来たるべき運命に苦悩するのはただここだけ。彼が自制心を失い、運命の重荷を背負うことができなくなるのはただここだけ。ルカがイエスの苦悩を、あれほど強い言葉で強調したかったのなら、なぜ他の部分ではその一切の痕跡を消し去ってしまったのか？　問題の条の前でも後でも、それに見合う表現を削除したのか？　つまり、現存する最古かつ最良の写本に見当たらないイエスの「血の汗」の話は、ルカのオリジナルではなく、後代の書記による追加なのだ。[11]

ヘブライ人への手紙と見捨てられたイエス

ルカによるイエスの描写は、たんにマルコだけではなく、新約聖書の他の著者たちとも著しい対照を為している。例えば、『ヘブライ人への手紙』の匿名の著者だ。この著者は、イエスが死を前にして恐れおののき、神の助力や救援も無しに死んだという受難伝承を前提としているらしい。そしてこのことは、新約聖書でも最も面白いテキスト問題を解く鍵になる。[12]

その問題というのは、すべてのものが人の子であるイエスに従わせられたという文脈に出てくる。ここでは、異文を［　］内に入れて示す。

「［神が］すべてのものを彼に従わせられた」と言われている以上、この方に従わないものは何も残っていないはずです。しかし、私たちはいまだに、すべてのものがこの方に従っている様子を見ていません。ただ、「天使たちよりも、わずかの間、低い者とされた」イエスが、死の苦しみのゆえに、「栄光と栄誉の冠を授けられた」のを見ています。［神の恩寵によって／神から離れて］、すべての人のために死んでくださったのです（『ヘブライ人への手紙』二章八－九）。

現存する写本のほぼすべてが、イエスは「神の恩寵によって」（CHARITI THEOU）万人のために死んだと書いている中で、たった二冊だが、彼は「神から離れて」（CHŌRIS THEOU）死んだと書いているものがある。だが、この後者こそが『ヘブライ人への手紙』のオリジナルの文だと見なすべき十分な理由があるのだ。

ここで「神から離れて」と書いている写本について、詳しく立ち入るつもりはない。ただ簡単に概要だけを示しておくと、そう書いているのは一〇世紀に作られた二冊の資料だけで、そのうちのひとつ（Ms.1739）は少なくとも現存する最古の写本と同じくらい古い写本を底本にしたものであることが判明している。だがひじょうに興味深いことに、三世紀初頭の学者オリゲネスによれば、彼の時代の写本の大多数はこの異文の方を採用していたというのだ。これ以外にも、古い時代にはこちらの方が一般的だったことを示す資料がある。西方ラテン世界のアンブロシウスやヒエロニムスもこの異文を知っていたし、一一世紀までの幅広い教会著述家たちがこれを引用している。そんなわけで、現存する写本では幅広い指示を集めているとは言えないが、過去においてはこの異文を支持する強力な外的証拠が存在したということだ。

外的証拠から内的証拠に目を転じると、このあまり支持されていない異文の方が間違いなく優れている。すでに見たように、書記たちは初めから解りやすい文を改竄して解りにくくするよりも、解りにくい文を改竄して解りやすくする方が圧倒的に多い。この異文は、まさにその現象の格好の例だ。西暦初頭のキリスト教徒は、一般にイエスの死を神の恩寵の究極の顕現と見なしていた。だが、イエスが「神から離れて」死んだという発言は、いろいろと物議を醸す可能性があった。書記たちは、これらのふたつの異文のうちの一方を元にして、もう一方を捏造したに違いない。であれば、どちらが捏造である可能性が高いかについてはほとんど疑問の余地はない。

だが、その改変は意図的なものだったのか？ より一般的な方のテキスト（「神の恩寵」）を支持する人々は、当然ながらこの改変は意図的なものではないと主張するはずだ（もしも意図的なら、わざわざわけの解らない異文に改変する理由が全く解らない）。だから当然彼らは、わけの解らない異文の方が偶然出来てしまったことを説明するシナリオを考え出した。最も一般的なのは、問題の単語の見た目が似ているということだ（CHARITI/CHŌRIS）。書記はついうっかりと「恩寵」という単語を前置詞の「離れて」と取り違えてしまったのだ。

だが、この主張は少々苦しい。ずぼらな、あるいは注意散漫な書記がテキストをうっかり書き間違えたのだとしたら、その際、はたして新約聖書の中であまり用いられない単語（「離れて」）をわざわざ使ってしまうものだろうか、それとも頻繁に使われる単語（「恩寵」。頻度は四倍）を使ってしまうものだろうか？ 新約聖書のどこにも使われたことのないフレーズ（「神から離れて」）をうっかり書いてしまうものだろうか、それとも二十回以上も登場するフレーズ（「神の恩寵によって」）を書いてしまうものだろうか？　たとえ偶然にせよ、奇怪で物議を醸すような文を作ってしまうものだろうか、それとも親しみのある簡単な文を作ってしまうものだろうか？　間違いなく、後者だ。読者というものは、たいていの場合、異常な単語を一般的な単語と取り違え、複雑なものを単純なものと取り違える。とくに心が明後日の方に行ってしまっている時はそうだ。だからこのウッカリ説もまた、あまり一般的でない方の異文（「神から離れて」）がオリジナルであることを支持している。

「神から離れて」はオリジナルではないと考える人の間で最も人気のある説は、この異文がもともとは傍註として書かれたものだった、というものだ。『ヘブライ人への手紙』二章八で、すべてのものがキリストに従わされたというのを読んだ書記は、ただちに『コリントの信徒への手紙一』一五章二七を思い浮かべた。

「すべてをその足の下に服従させた」からです。すべてが服従させられたと言われるとき、すべてをキリストに服従させた方自身が、それに含まれていないことは、明らかです［すなわち、神自身はキリストに服従させられたものの中には入っていない］。

この説によれば、『ヘブライ人への手紙』二章を書写していた書記は、ここにもすべてのものがキリストに従わされたと書いてあるが、その中に父なる神は入っていないということをはっきりさせておきたいと考えた。テキストの誤読を防ぐため、書記は『ヘブライ人への手紙』二章八の余白に註釈を描き込んだ（一種の引照で、『コリントの信徒への手紙一』一五章二七を参照させるものだった）。そして、キリストに従わされないものは何もない、「ただし神は除く」と指摘した。この註がその後、後代の不注意な書記によって、次の節である『ヘブライ人への手紙』二章九に書き込まれてしまったのだ、というわけだ。

この説はひじょうに人気があるが、さすがにちょっとやり過ぎの感がある。仮定に仮定を重ねなくてはならないからだ。それに、この両方の異文（つまり、本来八節に添えられるはずの訂正、もしくは余白の傍註と、九節のオリジナル・テキストの両方）を同時に載せている写本は存在しない。さらに、もしもある書記がその傍註を余白の修正と考えたのなら、なぜそれは九節の隣ではなく八節の隣にあったのか？　最後に、もしもこの註を書いた書記が『コリントの信徒への手紙一』を念頭に置いていたのなら、なぜ「神以外の」（EKTOS THEOU——実際に『コリントの信徒への手紙一』の問題の箇所に登場するフレーズ）と書かずに、「神から離れて」（CHŌRIS THEOU——『コリントの信徒への手紙一』には存在しないフレーズ）と書いたのか？

つまりそんなわけで、もしも「神の恩寵によって」が『ヘブライ人への手紙』二章九のオリジナルな文であったのなら、「神から離れて」という異文がいったいどこから湧いて出たのかを説明するのはきわめて難しいのだ。のみならず、キリストが「神から離れて」死んだなどというフレーズを後代の書記が書くなどということはほとんどあり得ないのに対して、『ヘブライ人への手紙』の著者ならいかにも書きそうなことなのである。というのも、この人気のない異文は『ヘブライ人への手紙』の神学によく合致しているのだ（内在的蓋然性）。この書簡全体を通じて、恩寵（CHARIS）という単語が、イエスの死やその結果として与えられた既得権益としての救済に関して用いられたことは一度もない。逆に、この語はつねに、神の徳によってこれから信者に与えられる救済の賜物に関して用いられているのだ

（とくに四章一六。また、一〇章二九、一二章一五、一三章二五も参照）。確かにキリスト教徒は、歴史を通じて、新約聖書の他の著者、とくにパウロの影響を受けてきたし、そのパウロは、十字架上でのイエスの犠牲を神の恩寵の究極の顕現と見なしていた。だが『ヘブライ人への手紙』はその術語をそのような形では使っていないのだ。この書簡の著者はパウロだと考えていた書記はそれに気づいていないようだが。

一方、イエスが「神から離れて」死んだという陳述――これだけを見れば謎のような陳述――は、『ヘブライ人への手紙』という書物全体を通して見れば、実にすんなりと意味が通る。この著者はイエスの死を神の「恩寵」の顕現であると書いたことは一度もないのに対して、イエスは完全に人間として恥辱の死を迎えたのであり、彼の源郷である神界から完全に疎外されていたということを繰り返し強調する。つまり彼の犠牲は、罪に対する完璧な贖《あがな》いとして受け止められているのだ。さらに、神はイエスの受難に介入しなかったし、その苦痛を和らげることもなかった。だからこそ、例えば五章七では、死を前にしたイエスが激しい叫び声と涙によって神に嘆願した、と述べられている。また一二章二では、イエスは神に支えられたからではなく、身の証を立てるために、死の「恥」を堪え忍んだと書かれている。この書簡全編を通じて、イエスは「あらゆる点において」通常の人間と同じ、苦痛と死とを体験したと述べられるのだ。その苦痛は、特別の神慮によって和らげられはしなかった。

さらに重要なことに、これは二章九を含むコンテクストの主要なテーマなのだ。ここでは、イエスが自らを天使たちよりも低いものとし、その血と肉において人間の苦しみを完全に体験し、人間としての死を迎えたことを強調している。確かに彼の死は救済をもたらしたとされてはいるが、この条はキリストの贖いの業に顕現したものとしての神の恩寵については一言も述べていない。その代わり、それはキリスト論に、すなわち束の間の苦痛と死の領域に身を落とすキリストに焦点を当てている。イエスは全き人として受難を体験するのであり、神の子なら受けて当然の助力も与えられない。人の位に身を落とした時に始まった彼の業は、その死によって完結する。つまりその死は、「神から離れ」たものでなくてはならないのだ。

どうだろうか？「神から離れて」という異文は、書記の捏造とはほとんど考えられず、『ヘブライ人への手紙』の言語的傾向、様式、そして神学に一致している。これに対して「神の恩寵によって」という文は、書記にとってはすんなり受け入れられるものであるが、『ヘブライ人への手紙』がキリストの死について述べていることとも、またその言い方とも矛盾している。『ヘブライ人への手紙』二章九は、元来はイエスが「神から離れて」、ちょうど『マルコによる福音書』の受難物語のように、見捨てられて死んだと述べていたと思われるのだ。

重大な異文

さて、以上三つの実例を挙げてきたが、これらにはいずれも、問題の条の解釈に重大な影響を及ぼす重要な異文が存在した。『マルコ』一章四一でイエスが覚えたのは憐れみか怒りか、『ルカ』二二章四三―四四でイエスは静謐かつ冷静だったのか、それとも深く苦悩していたのか、そして『ヘブライ人への手紙』二章九で彼は神の恩寵によって死んだと言われているのか、あるいは「神から離れて」死んだとされているのか。その答えを知ることは明らかに重要だ。そしてこのように、著者の真の言葉を知ることが内容解釈のためにきわめて重要であることを如実に示してくれる実例は、他にも無数にある。

だが、新約聖書のテキスト伝承を巡る問題は、たんに著者の本当の言葉を再現すればそれで済むというものではない。それらの言葉はなぜ改変されたのか、そしてそのような改変が文書全体の意味にどう影響を及ぼしたのかという問題がある。初期キリスト教会におけるテキスト改竄の問題については、次のふたつの章で論ずる。新約聖書の書物が述べている内容に完全に満足できない書記たちが、その言葉を改竄することによって、それを正統派キリスト教を裏づけ、異端者や、女性や、ユダヤ人や、異教徒を非難するものに変えていった様子を検証しよう。

6

神学的理由による改変

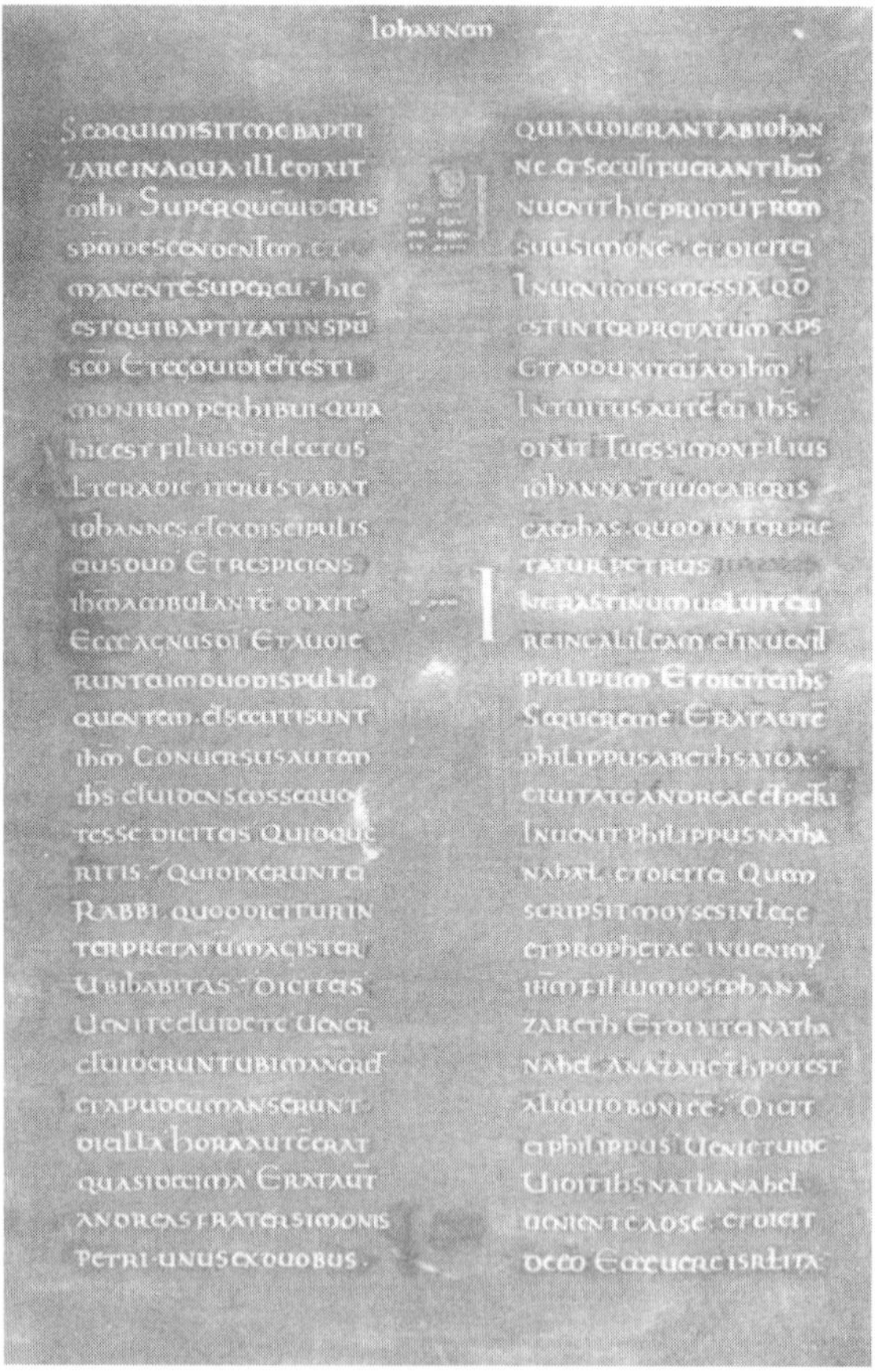

10世紀の聖書写本で最も豪華なもののひとつに書かれた『ヨハネによる福音書』。紫の羊皮紙に銀のインクで書かれている。

本文批評とは、たんにオリジナル・テキストを確定すればそれで終わりというものではない。そのテキストが時間の経過の中でどのように改変されたかを見るのもまたその仕事だ。テキストの改変には書記の偶発的な間違いと意図的な改竄とがあるが、後者、意図的な改変はひじょうに重要な意味を持つことがある。それを解明することは元来の著者の意図の解明に繋がるということの他に、その複製作業を行なった書記たちが著者のテキストをどのように解釈していたのかということの手がかりも得られるからだ。書記たちがテキストをどのように改変したのかを見ることによって、彼らがテキストの何を重視していたのかが解る。そして何世紀もの間に複製と再複製を重ねられたテキストの歴史をより良く知ることができる。

この章の論題は、新約聖書のテキストは時に神学的理由によって改竄を受けるということだ。これは、テキストを複製する書記が、テキストの内容を自分たちの希望に沿うものにしようとした際に起こる。彼らにそうさせるのは、例えばその時代に吹き荒れた神学論争だ。この種の改変を理解するためには、キリスト教の最初の数世紀における神学論争のことを少し知っておかなくてはならない——「プロ」の書記たちが広く現れる前の数世紀、聖書の改竄のほとんどがこの時期に行なわれたのだ。

背景にあった神学論争

私たちは、二世紀と三世紀のキリスト教の状況についてはかなりのことを知っている——新約聖書に含まれる各文書が完成してから、ローマ皇帝コンスタンティヌスのキリスト教改宗までの時期だ。この改宗がキリスト教を取り巻く状況のすべてを一変させた。(1) この二世紀間は、初期キリスト教徒たちの間に、実に多種多様な神学が花開いていた。というか、当時の神学の多様性はあまりにも極端過ぎるほどだった。当時、「キリスト教徒」を自称する宗派が奉じていた信仰と礼拝は、今日のほとんどのキリスト教徒の目には、どこからどう見ても全くキリスト教とは別物のように映るだろう[2]。

　二世紀と三世紀にも、当然ながら、万物の創造主である唯一神の存在を信ずるキリスト教徒がいた。だがキリスト教徒を自称する人々の中には、神はふたりいると主張した宗派もあったのだ――旧約聖書の神（憤怒の神）と新約聖書の神（愛と慈悲の神）である。これらはたんに同じ神の別々の側面ではない。実際にふたりの別の神なのだ。驚くべきことに、このような主張をした宗派は――すでに登場したマルキオンの信奉者も含んでいる――彼らの見方こそがイエスとその使徒たちの真の教えであると主張していた。他の宗派、例えばキリスト教グノーシス派の中には、神はふたりではなく十二人であると主張した宗派もあった。別の宗派は神を三十人と主張し、また別の宗派は三百六十五人と主張した。これらの宗派はいずれもキリスト教徒を名乗り、自分たちの教義こそがイエスとその使徒たちによって伝えられた本物の教えだと主張していたのだった。

　虚心坦懐に新約聖書を読めば、そういう教義が誤りであることくらい気づきそうなものなのに、いったいどういうわけで彼らはそれに気づかなかったのか？　答えは簡単、当時は新約聖書などというものはなかったのだ。確かに当時、後に新約聖書に含まれることになるすべての文書はすでに書かれていたが、それ以外にも数多のキリスト教文書があり、そしてそれらもまた、イエス自身の使徒が書いたものとされていたのである――私たちの知るものとは別の福音書、言行録、書簡、そして黙示録が多数存在し、それらは後に新約聖書に収録されることになる諸文書とは全く違う観点を提供していたのだ。実を言うと新約聖書自体、神を（あるいは神々を）巡るこのような闘争の中から現われたのである。つまり、数多の諸宗派の中で最大の信者を集めたたったひとつの宗派が、どの文書を聖書正典に含め、どれを棄てるかを決めたのだ。とはいうものの、二、三世紀にはまだ、全キリスト教徒が合意する正典などは存在しなかった――それに、全キリスト教徒が合意する神学も。その代わり、あったのは幅広い多様性だ。多様な宗派が多様な神学を主張し、その主張を支える多様なテキストが存在していた。そしてそのすべてが、イエスの使徒によって書かれたとされていたのだ。

こうした宗派の中のあるものは、この世を創造したのは神であると主張した。別のものは、真の神はこの世など創造していない（なぜならこの世は悪に満ちた場所だからだ）、この世は宇宙的な災厄の結果として出来たのだと考えた。ある宗派によれば、ユダヤ教聖書は唯一の真なる神から与えられたものであり、他の宗派によればユダヤ教聖書はユダヤの神のもので、この神は劣位の神であって唯一の真なる神などではない。またあるものによればイエス・キリストは神の子であって、完璧に人間であると同時にまた完璧に神でもある。他のものによればキリストは完全に人間であって神などでは全くない。また別のものによれば、彼は完全に神であって全く人間ではない。また他のものによれば、イエス・キリストとはふたつのものである――神であるキリストと、人間であるイエスだ。そしてあるものによれば、キリストの死は世界に救済をもたらすために起こった。他のものによれば、キリストの死は世界の救済とは何の関係もない。また別のものによれば、キリストは実際には死んでいない。

これらの主張は――これ以外にもたくさんあるのだが――初期キリスト教会においてはつねに議論の論題となっていた。一方、さまざまな信仰を持つキリスト教徒たちは、他の者たちに自分たちの真理を教え込もうと努めていた。こうした論争の渦の中から、最終的にたったひとつの宗派が「勝ち残った」。その宗派こそ、キリスト教の信経を定めた宗派だ。その信経によれば、創造主である唯一神が存在し、その子イエスは人間であると同時に神であり、その死と復活によって救済がもたらされた。この宗派はまた、聖書の正典にどの文書を含めるかを定めた。四世紀の終わり頃には、キリスト教徒のほとんどが、正典に含まれるのは四つの福音書、使徒言行録、パウロ書簡、そして『ヨハネの手紙一』や『ペトロの手紙一』などのパウロ以外の書簡、それから『ヨハネ黙示録』であることに合意していた。そしてこれらのテキストを複製していたのは誰か？　教会の会衆であるキリスト教徒自身だ。神、ユダヤ教聖書、そしてキリストとは何か、彼の死はどのような意味を持つのかというような論争を間近で見、あるいは自ら参加していたキリスト教徒だ。

この宗派は、自ら「正統《オルトドクス》」（自らが「正しき信仰」と見なすものを持つことを意味する）を名乗り、将来のキリスト教徒が信ずるべき教義と、読むべき聖書を定めた。だが、この宗派が勝ち残り、晴れて正統派を名乗るようになる以前の状態を何と呼べば良いだろうか？　ここでは仮に「原始正統派《プロト゠オルトドクス》」と呼んでおこう。つまり、四世紀初頭に、「正統」派が論争で勝利を収める以前の段階で、後に「正統」派となる思想を持っていた宗派のことだ。

これらの論争は、聖書を複製する書記たちに影響を及ぼしただろうか？　この章では、確かに影響を及ぼしたということを論証していく。この点を強調するために、ここでは二世紀と三世紀に行なわれた神学論争のうち、ただひとつのテーマに的を絞る――キリストとは何かという問題だ。人間か？　神か？　その両方か？　その両方だというなら、神と人間というふたつの別個の存在なのか？　それとも同時に人間であり神でもあるひとつの存在なのか？　これらの問題は、最終的には正統派が定め、今日まで伝えられた信経によって解答が与えられた。曰く、「唯一の主なるイエス・キリスト」が存在し、彼は完全なる神であり、同時に完全なる人間である。だがこの定義が造られるまでは正に百家争鳴、甲

論乙駁の議論が繰り広げられており、その議論は現存する聖書のテキストに影響を及ぼしている。(3)

この点を例示するために、ここではキリストの本質に関する三つの議論を採り上げ、後に新約聖書となる書物のテキストが書記たちによって改竄される様子を見よう。それが善意によるものであることは間違いないにしても、彼らは意図的に、それが自分たちの神学に適合するように、そして論敵たちの神学に適合しなくなるように、テキストを改変したのだ。最初の議論は、イエスは完全に人間であって神ではあり得ない、という主張だ。現代の学者たちは、この主張を「養子論」と呼んでいる。私の主張は、養子論に反対する書記たちが、聖書のテキストを改変し、イエスはたんに人間であるだけではなく、また神でもあるという自分たちの主張を強調するものにしたというものだ。

「養子論」に反対する立場

「人の子」なのか「神の子」なのか

二世紀から三世紀には、「養子論」的キリスト論を持つ宗派がたくさんあった。なぜ「養子論」と呼ばれるかというと、イエスは神ではなく、血と肉を備えた人間であり、それを神が、一般には洗礼の際に、「養子」として採用したという論だからだ。(4)

養子論的キリスト論を奉じた初期キリスト教宗派の中で最も有名なのが、ユダヤ人キリスト者の宗派であるエビオン派（Ebionites）だ。なぜそういう名前で呼ばれるのかは判らないが、もしかしたらヘブライ語で「貧しい」を意味するEbyonに由来するのかもしれない。このキリスト教宗派は、イエスの弟子たちの集団にならって、信仰のためにすべてを抛《なげう》ち、自ら貧困となって財産を他者に分け与えた。

その名の語源が何であれ、この宗派の考え方は古い記録にはっきりと残されている。それらは基本的に、彼らを異端と見なす論敵たちが書いたものだ。エビオン派は、イエスと同様、ユダヤ人だった。彼らと他のキリスト教徒との違いは、イエスの信徒はユダヤ人でなければならないと主張した点だ。男にとって、それは割礼《かつれい》を受けることを意味する。そして男女を問わず、それはモーセの与えたユダヤの律法に従うということだ。その中には、清浄食の規定や安息日、そしてユダヤの祭礼の遵守も含まれている。

とくに彼らが他のキリスト教徒と異なる点は、イエスをユダヤ教のメシアと見なすイエス理解だ。彼らは厳格な一神教徒であり――神は唯一であると信じていたので、イエス自身は神ではなく、その「本質」において私たちと何ら変わりない人間だと主張した。彼は普通の人間同様、親であるヨセフとマリアの性的結合によって産まれ（だから母親は別に処女ではなかった）、それからユダヤ人の家で育てられた。イエスが他の人間と異なっていたのは、彼がユダヤ律法の遵守においてきわめて義であったということだ。そして彼が義であることを見た神は、洗礼の際に――つまり、天から声が聞こえ、「あなたは私の子」と告げたときだ――彼を自らの養子として採用した。その時以来、イエスは自分が神から与えられた使命を果たすために呼ばれたと感じていた――他者の罪への犠牲として、十字架の上で死ぬことだ。彼は自らの召命《しょうめい》に忠実に従った。神はこの犠牲を讃え、イエスを死から甦らせ、天に上げ、今もそこで、来たるべき審判の日に地上に舞い戻る時を待っている。

つまりエビオン派によれば、イエスは「先在」などしていない。処女から産まれたわけでもないし、神でもない。ただ彼は特別な義人であり、神に選ばれ、神と特別の関係を結んだのだ。

このような養子論に対して、原始正統派のキリスト教徒たちは、イエスは人間である「だけ」ではなく、実際に神なのであり、ある意味では父なる神自身なのであると主張した。彼は処女から産まれた。誰よりも義であったのは確かだが、それはその本質からして人間とは違うからだ。そして洗礼の際には、神は彼を（養子縁組みによって）自分の子としたのではなく、たんに彼が自分の子であることを確認しただけだ。実際には遥かな過去からずっと彼は神の子だったのであり、天地創造以前から神として存在していたのだ（キリスト先在説）。

このような論争は、二世紀から三世紀に出回っていた聖書のテキストにどんな影響を与えたのか？そのテキストを複製したのは素人の書記で、彼ら自身が大なり小なりその論争に加わっていた。だが、養子論を支持する書記が捏造した異文は、たとえあるとしてもきわめて少ない。その理由は、よく考えれば当然のことだ。もしも養子論を支持するキリスト教徒が聖書のテキストを自分の見解に沿って改竄したとしたら、まず確実に、もっと正統的な考えを持つ後代の書記によって修正されていただろう。逆に、私たちの目に留まるのは養子論的キリスト論に反論するような形の改竄だ。これらの改竄は、イエスが処女から産まれ、洗礼の際に養子にされたのではなく、彼自身が神であるということを強調している。

改変の実例

実を言うと、このキリスト論論争に関するテキストの異文の実例は本書の中では既出だ。第四章の、Ｊ・Ｊ・ヴェットシュタインによるテキスト研究の項を御覧いただきたい。彼は、現在は大英図書館にある『アレクサンドリア写本』を研究した人物だった。さて、後代の写本のほとんどは、『テモテへの手紙一』三章一六で、キリストを「神が肉において現れ、聖霊によって義とされた」と記しているが、問題の『アレクサンドリア写本』では、これが「肉において現れた」キリスト、となっていた。この改変は、ギリシア語ではきわめて微妙なものだ――ひじょうによく似たΘΣとΟΣの違いに過ぎないのだから。だが後代の書記によるこの改変のおかげで、関係代名詞のwhoが「神（が肉において現れた）」となった。言い換えれば、この後代の書記は、キリストの神性を強調するようにテキストを改変したということになる。驚くべきことに、これと同じ改変は他の四つの写本にも見られる。いずれも書記がテキストを同じように改変し、イエスをはっきりと「神」と呼んでいるのだ。そして後期ビザンティン（すなわち中世）の写本の圧倒的大多数が、このテキストを採用することとなった――だから初期の英語版聖書も、ほとんどがこれにならっているわけだ。

　だが現存する最古かつ最良の写本は、たんに肉において現れた「ところの」キリストと書いているだけで、イエスを明示的に神とは呼んでいない。とすれば、中世の写本を席巻するこの改竄は、曖昧だった（というか実は全く書いていなかった）イエスの神性を強調するために行なわれたものだということになる。つまりこれは、イエスは完全な人間であって神ではないという主張に反論するための改変の実例というわけだ。

　もうひとつ実例を挙げよう。それは『ルカによる福音書』のイエスの若い頃の生活を記録した写本にある。話によれば、ヨセフとマリアがイエスを連れてイェルサレムの神殿に行くと、シメオンという聖人が彼を祝福する。そこでイエスの「父と母は、幼子についてこのように言われたことに驚いていた」（二章三三）。イエスの父？　もしもイエスが処女から生まれたのなら、ヨセフをイエスの父と呼ぶとはどういうことか？　当然ながら、ひじょうに多くの書記が、将来の禍根を断つためにこのテキストを改変した。「ヨセフと母は、幼子について……」と。こうすれば、このテキストはもはや、ヨセフが子供の父親である証拠として養子論者に利用されることはない。

同じような現象が、数節後の、十二歳のイエスが神殿で説教する話でも起こる。この話はよく知られている――ヨセフ、マリア、そしてイエスは、イェルサレムの祭に参加した。その後、家族はキャラヴァンを組んで家路に就くが、イエスは人知れずイェルサレムに残っていた。テキストに曰く、「彼の両親はそれに気づかなかった」。だが、ヨセフは彼の実の父ではないのに、なぜ両親などと書いてあるのか？　数多くの資料がこの問題を「訂正」し、「ヨセフと母はそれに気づかなかった」としている。さらにその数節後で、彼らはイェルサレムに戻ってイエスを隈無く探し、三日後にマリアが彼を神殿で発見する。彼女は彼を叱って言う、「お父さんも私も心配して捜していたのです！」。ここでもまた、一部の書記はこの問題を解決した――今度は、テキストを簡単にこう変えたのだ。「私たちは心配して捜していたのです！」。

現存する写本にある最も興味深い例は、まさに予想通りの箇所に登場する――洗礼者ヨハネによるイエスの洗礼の場面だ。多くの養子論者は、まさにこの時、イエスは神に選ばれ、その養子となったと主張している。『ルカ』では、『マルコ』と同様、イエスが洗礼を受けると、天が開け、鳩の形をした聖霊がイエスの上に降って来て、天から声が聞こえる。だが『ルカ』の写本は、この声が何と言ったかという点について意見が割れている。現存する写本のほとんどによれば、その内容は『マルコ』と同じだ。「あなたは私の愛する子、私の心に適う者」（『マルコ』一章一一、『ルカ』三章二二）。だが、初期ギリシア語写本で一冊、ラテン語写本では数冊、この声の台詞の内容が全く違うものがある。「あなたは私の子、今日、あなたは私の子となった」。今日、あなたは私の子となった！　これはつまり、彼の洗礼の日こそ、イエスが神の子となった日だということではないのか？　養子論者のキリスト教徒は、このテキストを使って、イエスはこの時に神の子となったと主張したんじゃないのか？　これはあまりにも面白い異文なので、もう少し詳しく考察してみることにしよう。本文批評が直面する問題の複雑さを示す格好の題材となるだろう。

解決すべき第一の問題はこうだ――このふたつのテキストのうち、どちらがオリジナルであり、どちらが捏造なのか？　ギリシア語写本の圧倒的大多数は、第一の文（「あなたは私の愛する子、私の心に適う者」）を採用している。だからもう一方は捏造だと見なしたい誘惑に駆られる。だがそうは問屋が卸さない。問題は、現存する写本が作られる時代以前に生きていた教会教父たちが、この一節を何度も引用しているということだ。しかも二世紀から三世紀にかけて、ローマからアレクサンドリア、北アフリカ、パレスティナ、ガリア、スペインに至るあらゆる地域でだ。そしてそのほとんどすべてにおいて、引用されているのはテキストの異文の方（「今日、あなたは私の子となった」）なのだ。

さらにまた、この異文は『マルコ』の並行記事の中にあるテキストと似ていない。すでに見たように、書記というものは一般に、テキストの改竄をする時、その辻褄を合わなくしようとするよりは、合わせようとするものだ。だから『マルコ』とは異なるテキストの方が、『ルカ』のオリジナルらしいと言える。つまり、あまり人気のない異文――「今日、あなたは私の子となった」――の方が実際にはオリジナルであり、そこに養子論の匂いをかぎ取った書記がこれを改変してしまったのだ。

だが、これと正反対の見解を述べる学者もいる。曰く、ルカが洗礼の時点で天からの声に「今日、あなたは私の子となった」と言わせることはあり得ない、なぜならルカの物語では、それ以前の時点でイエスが神の子であることが明らかになっているからだ。つまり『ルカ』一章三五、イエスの誕生以前の時点で、天使ガブリエルがイエスの母に告げる、「聖霊があなたに降り、いと高き方の力があなたを包む。だから、生まれる子は聖なる者、神の子と呼ばれる」。言い換えれば、ルカ自身にとって、イエスはすでに誕生の時点で神の子だったのだ。この論によれば、イエスが洗礼の際に神の子になるなどということはあり得ない――だから、広く受け入れられている「あなたは私の愛する子、私の心に適う者」がたぶんオリジナルだ。

この説――一見したところ説得力があるように見える――の問題点は、ルカの著作（福音書のみならず、彼の二冊めの著作である『使徒言行録』も含めて）全体における、イエスの称号の扱いを見落としている点だ。例えば、ルカはイエスの称号である「メシア」（ギリシア語の「キリスト」に当たるヘブライ語の単語）をどう扱っているだろうか。『ルカ』二章一一によれば、イエスはキリストとして生まれた。だが『使徒言行録』にある説教では、イエスは洗礼を受けてキリストになったとされている（『使徒言行録』一〇章三七―三八）。また別の箇所では、ルカはイエスが復活の際にキリストになったと述べている（『使徒言行録』二章三六）。これがすべて事実だとしたらいったいどういうことになるだろうか？　どうやらルカの眼目は、イエスの生涯の重要な時点を強調することにあったらしい。つまり彼は、これらのイベントをイエスの本質（すなわちキリスト）にとって死活的に重要な出来事として強調したのだ。同じことは、イエスの「主」という称号に関するルカの理解のしかたにも言える。『ルカ』二章一一では彼は主として生まれ、同一〇章一によれば存命中に主と呼ばれているが、『使徒言行録』二章三六によれば、復活の際に主となったという。

ルカにとって、主、キリスト、神の子というイエスの本質はきわめて重要なものだった。だが、それがいつの時点かというようなことはたいして重要ではなかった。イエスは、その人生における重要な時点――例えば誕生、洗礼、復活など――において、そのすべてであるのだ。

となれば、元来ルカの語るイエスの洗礼の場面では、天から聞こえてきた声が「今日、あなたは私の子となった」だったとしても、全く矛盾はない。ルカ自身はたぶん、これが養子論的に解釈されることを意図していたわけではない。なぜなら、結局のところ、彼はすでにイエスの処女降誕を語っているからだ（一―二章）。だが後代のキリスト教徒は『ルカ』三章二二を読んで、それが養子論的に解釈しうる可能性があることに戸惑ったのだろう。テキストがそのように読まれることを防ぐため、原始正統派の書記たちはそれを改変し、『マルコ』一章一一と適合するものにした。こうして、イエスは神の子となったと言われる代わりに、「あなたは私の愛する子、私の心に適う者」と言われるようになったというわけだ。

この項の締めとして、もうひとつこのような改変の実例を見ておくことにしよう。『テモテへの手紙一』三章一六と同様、これもまた、ひじょうに強い表現でイエスが完全に神であると確言する改変がなされている。問題のテキストは『ヨハネによる福音書』。この福音書はそれ自体、新約聖書の他の福音書よりもずっと、イエス自身を神であると同定するのに貢献している（例えば、八章五八、一〇章三〇、二〇章二八を参照）。この同定がとくに興味深い方法で行なわれているのは、折しもそのテキストの真贋が学界で熱い議論の俎上に載せられている箇所だ。

『ヨハネ』の最初の十八節は、しばしばその序言と呼ばれる。ここでヨハネは、「神の言《ことば》」を語る。それは「初めに神と共にあり」、それ自体が「神であった」（一―三節）。この神の言が、存在する万物を創った。さらに、それは神がこの世とコミュニケートする様式だった。言は神が他者に自らを示す方法だった。そして読み進めていくと、「言は肉となって、私たちの間に宿られた」という一節がある。言い換えれば、神自身の言が人間になったということだ（一四節）。その人間とは、「イエス・キリスト」だ（一七節）。このような理解のしかたによれば、イエス・キリストとは神自身の言の「受肉《じゅにく》」であり、初めに神と共にあり、彼自身が神であり、彼を通じて神は万物を創った、ということになる。

それからこの序言は、ひじょうに印象的な言葉で終わっている。それには、二種類の異文がある。「いまだかつて、神を見た者はいない。父のふところにいる唯一なる子／唯一なる神、この方が神を示されたのである」（一八節）。

このテキストの問題点は、この「唯一なる」者の正体に関わっている。それは「父のふところにいる唯一なる神」なのか、あるいは「父のふところにいる唯一なる子」なのか？　実際、最古かつ最良の写本――つまり、アレクサンドリア・テキスト系の写本にあるのは前者の方だ。だが注目すべきことに、それはアレクサンドリアとは関係のない写本にはほとんど登場しない。ということは、これはアレクサンドリアの書記によって捏造され、その地で一般化した異文なのだろうか？　もしそうなら、それ以外の場所に由来する写本の圧倒的大多数がもうひとつの異文、つまりイエスを唯一なる神とは呼ばず、唯一なる子と呼んでいる方を載せている理由も解る。

後者の方が正しいと判断する理由はそれだけではない。『ヨハネ』は、この「唯一なる子」（時に「独り子」と誤訳される）というフレーズを他の箇所にも用いている（三章一六、一八参照）が、キリストを「唯一なる神」と呼んでいる箇所は他にはない。さらに言うなら、キリストをそのように呼ぶ意味とは何か？　ギリシア語で「唯一なる」とは、「独自の」という意味だ。独自のものは文字通り唯一つしかあり得ない。だから「唯一なる神」という言葉は、父なる神自身のことに違いない――さもなければ、彼は唯一ではない。だが、この語が父なる神のことなら、それが子にも使われているとはどういうことか？『ヨハネによる福音書』全体で頻繁に使われているフレーズが「唯一なる子」であるという事実からしても、こちらの方が『ヨハネ』一章一八にもともと書かれていたテキストであるようだ。これ自体、キリストをひじょうな高みに置く見方だ――何しろ、「父のふところにいる唯一なる子」なのだ。さらに彼は、万人に「神を示されたのである」。

だが一部の書記――おそらくアレクサンドリアの――は、このようなキリストを高みに置く見方にすら満足できず、さらに高みに押し上げようとして、テキストを改変したのだろう。今やキリストは神の唯一なる子であるのみならず、唯一なる神自身となったのだ！

「仮現論」に反対する立場

「神」なのか「人」なのか

ユダヤ人キリスト教徒であるエビオン派とその養子論の対極に位置するのが、仮現論《ドケティズム》と呼ばれるキリスト論だ。[5] この名はギリシア語で「～のように見える」を意味する単語DOKEŌに由来する。仮現論によれば、イエスは完全な血肉を備えた人間ではない。彼は完全に神である（そして神以外の何ものでもない）。ただ人間「のように見えた」だけ。つまり、餓え、渇き、苦悩し、血を流し、死んだ「かのように見えた」だけなのだ。イエスは神なのだから、実際に人間であるはずはない。彼はたんに「仮」の、肉体のように見えるものをもって地上に「現」われただけだ。

初期キリスト教徒の中で最もよく知られた仮現論者は、たぶん哲学者で教師のマルキオンだ。このマルキオンについてはかなりのことが知られている。というのも、エイレナイオスやテルトゥリアヌスといった原始正統派の教会教父たちが、彼の考えを危険と見なし、それについて徹底的に書き残しているからだ。とくに、現存するテルトゥリアヌスによる五巻本『マルキオン論駁』では、マルキオンの信仰理解が詳細に説かれ、攻撃されている。この論駁から、マルキオンの思想の主要な特徴が解るというわけだ。

すでに見たように、[6] マルキオンは使徒パウロから刺激を受け、パウロこそが唯一真正なるイエスの弟子だと考えた。パウロはその書簡の中で、ユダヤの律法とキリストの福音を区別し、人が神によって義とされるのはキリストに対する信仰（福音）によるのであって、ユダヤの律法を守ることによるのではない、と主張している。マルキオンにとって、キリストの福音とモーセの律法のこのような対照は絶対的なものであって、ゆえにその律法を授けた神と、キリストの救済をもたらした神とが同一のものであるはずはない。言い換えれば、その両者はふたりの別の神なのだ。旧約聖書の神はこの世界を創造し、イスラエルの民を自らの民として選び、彼らに過酷な律法を与えた。そして彼らがこの律法を破ると（いつものことなのだが）、神は彼らを死をもって罰する。だが、ユダヤの神よりもさらに偉大な神が、人々をユダヤの暴虐な神から救うためにイエスを遣わした。つまり、イエスはこの物質世界を創った神に由来するものではないので、当然ながらこの物質世界には属していない。だから彼が現実にこの世に誕生したということはあり得ないのであり、彼は物質的な肉体を持ってはいなかったのであり、実際に血を流したのではないのであり、実際に死んだのでもない。これらすべては、ただたんにそう見えたというだけの話に過ぎない。すべてはたんなる見かけなのだ。だがイエスは本当に死んだように見えたので——それは完璧なる犠牲に見えた——ユダヤの神はこの死を、罪に対する贖いとして受け入れた。これを知るものは、この神から救われる。

テルトゥリアヌスのような原始正統派は、この神学に激烈に反対した。もしもキリストが本当の人間ではなかったのなら、彼は他の人間を救うことはできないだろう。もしも本当に血を流したのではなかったのなら、彼の血は救済をもたらすことはないだろう。もしも彼が本当に死んだのではないのなら、彼の「見かけの」死は誰に何をもたらすこともないだろう。つまりテルトゥリアヌスらは、イエスが——一方では（エビオン派などの養子論者の説とは違って）神でありながら——それでもなお完全に人間なのである、と強硬に主張したのだった。彼は血と肉を備えていた。苦痛を感じることができた。実際に血を流した。実際に死んだ。そして実際に、肉体を持ったまま、死から甦った。そして実際に、肉体を持ったまま、天に昇り、今もなおそこで待ち続けている。肉体を持ったまま、栄光に包まれて再臨する時を。

問題の節

仮現論的キリスト論を巡る論争は、後に新約聖書となる文書を複製している書記たちに影響を与えた。この実例として、ここでは『ルカによる福音書』の最後の方の章から四つの異文を採り上げよう。すでに述べたように、『ルカ』はマルキオンが正典として採用した唯一の福音書だ。[7]

その第一は、第五章でも採り上げた条——イエスの「血の汗」の話だ。そこで見たように、問題の節は『ルカによる福音書』のオリジナルではない。思い起こしていただきたいが、この条はイエスの逮捕の直前、彼が弟子たちを残して独りで祈りに行き、受難の杯を取りのけてくださいと嘆願し、ただし神の「御心のままに行なって下さい」と祈る場面だ。その次に、一部の写本では、問題の節が登場する。「すると、天使が天から現れて、イエスを力づけた。イエスは苦しみ悶え、いよいよ切に祈られた。汗が血の滴るように地面に落ちた」（四三—四四節）。

第五章では、四三－四四節が『ルカ』のこの条の構造を破壊していることを指摘した。この一節がなければ、ここに交差対句法が成立し、神の意志が行なわれるように、という祈りに焦点が当たるのだ。さらにまた、問題の節には『ルカ』の受難物語全般と全くそぐわない神学が含まれていた。ここを除くすべての箇所で、イエスは静謐であり、自制心をもって状況を受け入れている。事実ルカは、わざわざ彼の福音書からイエスの苦悩を示すものをすべて取り除いているのだ。つまり問題の節は、最古かつ最重要な資料の中にはないというだけでなく、『ルカによる福音書』の他の箇所で死と向き合うイエスの描写とも真っ向から対立している。

なのになぜ、書記たちはそんな節を付け加えたのか？　今こそ、その問題に答えるべき時だ。注目すべきことに、この節は二世紀中庸の原始正統派によって、三度にわたって言及されている（殉教者ユスティノス、ガリアのエイレナイオス、ローマのヒッポリュトス）。そしてさらに興味深いことに、それが言及されるのはいずれも、イエスは本当の人間ではないという説に反論する時なのだ。つまり、この節に書かれている、イエスが体験した深い苦悩こそが、彼が現実の人間である証拠、彼が普通の人間と同様に苦悩したことの証拠として示されたわけだ。だから、例えば初期キリスト教護教家であるユスティノスは、「彼が祈っている時、その汗は血の滴のように流れた」と述べた後、これはつまり「父はその子が、我らのために実際にこのような苦悩を体験することを望まれたのである」、ゆえに「我らは、彼は神の子なのであるから、自分の身に起こっていることやその苦痛を何も感じなかったのだなどと言ってはならないのである」と主張している。[8]

言い換えれば、ユスティノスを初めとする原始正統派は、この節はイエスがたんに人間のように「見えた」だけではなく、彼があらゆる点で実際に人間であったことを示す証拠であると考えたわけだ。だがこの節は『ルカによる福音書』のオリジナルではないのだから、反仮現論的目的のために付け加えられたと思われる。それはイエスが真の人間であることを生々しく描き出しているからだ。

原始正統派にとって、キリストは血肉を備えた実際の人間だったということを強調するのはことのほか重要なことだった。なぜなら、救済をもたらすのはまさに彼が自らの肉を犠牲に捧げ、血を流したからに他ならないのだから——たんにそう見えたのではなく、現実に。『ルカ』にある、キリストの最後の時を描く部分に関するもうひとつの異文もまた、この現実性を強調している。イエスが弟子たちと最後の晩餐をとる場面だ。現存する最古のギリシア語写本と、いくつかのラテン語資料では、次のようになっている。

そして、イエスは杯を取り上げ、感謝の祈りを唱えてから言われた。「これを取り、互いに回して飲みなさい。言っておくが、神の国が来るまで、私は今後ぶどうの実から作ったものを飲むことは決してあるまい」。それから、イエスはパンを取り、感謝の祈りを唱えて、それを裂き、使徒たちに与えて言われた。「これは私の体である。しかし、見よ、私を裏切る者が、私と一緒に手を食卓に置いている」（二二章一七－一九）

だが現存する写本のほとんどでは、このテキストに文が追加されている。その追加は、英語版聖書の読者にとっては馴染み深いものだ。というのも、それはほとんどの現代英訳版にも採り入れられているからだ。この追加版によれば、イエスは「これは私の体である」の代わりに、「これは、あなたがたのために与えられる私の体である。私の記念としてこのように行ないなさい」と言う。さらに、食事の後に杯をとって、「この杯は、あなたがたのために流される、私の血による新しい契約である」と言う。

これは、聖餐式の「制定」の言葉として親しまれている。パウロの最初の手紙である『コリントの信徒への手紙一』（一一章二三―二五）に出てくるものもこれとひじょうによく似ている。だがいくら親しまれていたとしても、これらの節は『ルカによる福音書』のオリジナルではない。「あなたがたのために」救済をもたらすのはイエスの引き裂かれた肉体であり、流された血であることを強調するために後代に付加されたものなのだ。まず第一に、もしもこれがオリジナルであるのなら、なぜ一部の写本で書記がこれを削除したのかが解らない（不作為の削除を誘発しそうな同音節反復などはどこにもない）。とくに、それが付加された状態でひじょうに明瞭に意味が通るのに、なぜあえて削除する必要がある？事実、これらの節を取り払うと、ほとんどの人にはこのテキストに何かが足りないように感じられるだろう。この短縮版（付加部分のないもの）がしっくり来なかったので、書記たちは数節を付加したのかもしれない。

さらに、これらの節は広く親しまれてはいるものの、イエスの死に対するルカ自身の理解とは矛盾しているということに注意しなければならない。というのも、ルカによるイエスの死の記述の顕著な特徴は――奇妙に聞こえるかもしれないが――彼の死そのものが罪からの救済をもたらしたとは一言も言っていないということなのだ。ルカの二作品（福音書と使徒言行録）のどこにも、イエスの死が「あなたがたのため」のものだとは書かれていない。実際、ルカが資料とした文書（『マルコによる福音書』）では、イエスの死によって救済がもたらされたと書いてある箇所が二カ所ある（『マルコ』一〇章四五、一五章三九）。だがルカはわざわざその部分を改変（もしくは削除）しているのだ。つまりルカは、イエスの死と救済との関係について、マルコとは（およびパウロや、初期キリスト教著述家たちとは）異なる考えを持っていたのだ。

ルカ自身の独特な考えを知るのは簡単だ。彼の書いた『使徒言行録』の中で、人々を改宗させるために使徒たちが行なった説教の内容を考察すればよい。これらの説教の中に、イエスの死が贖罪をもたらしたと述べている部分はひとつもない（例えば、三章、四章、一三章）。といっても、別にイエスの死が重要でないというわけではない。ルカにとってそれはこの上なく重要なものだった――だが、その重要さは贖罪としての重要さではないのだ。彼によればイエスの死は、人々に自分の罪を神の前で自覚させるものだったのである（なぜなら、彼は罪無くして死んだのだから）。ひとたび自らの罪を自覚すれば、人々は悔い改めて神に向かう。これによって神はその罪を許す。

言い換えれば、ルカにとってイエスの死は、人々を悔い改めさせるものだ。そしてこの悔い改めこそが救済をもたらすのだ。だが、最古の資料には存在しない問題の節にはそんなことは書いていない。ここでは、イエスの死は「あなたがたのため」の贖罪だと述べられている。

つまり、この節はもともとは『ルカによる福音書』には無かったのだ。なら、なぜ後代に付加されたのだろうか？　後にマルキオンとの議論において、テルトゥリアヌスは次のように強調している。

> イエスはそのパンの意味を明瞭に述べられている、つまりそのパンは私の体である、と。同様に杯について述べ、彼の血によって新たな契約を結ばれる時、その御体が現実のものであることを確証されている。なぜなら、肉の体に属さぬ血など存在しないからである。かくして、肉という証拠から体が実在したという証明を得ることができ、血という証拠から肉が実在したという証明を得るこ

とができるのである（『マルキオン論駁』四章四〇）

つまり問題の節は、イエスが他者のために実際に犠牲にした、現実の肉体と血を強調するために追加されたものらしい。これはルカ自身の考えではなかったが、そのテキストを改竄した原始正統派の書記たちがそう考えていたことは間違いない。彼らはマルキオンのような仮現論的キリスト論に反論するために、テキストを改竄したのだ。(9)

原始正統派が『ルカによる福音書』に追加したもうひとつの節は、二四章一二、イエスが死から甦った直後の話だ。イエスの信奉者の女たちが彼の墓に行くが、墓は空になっていて、彼は甦ったのだと聞かされる。女たちは墓から戻って使徒たちにこれを告げる。だが使徒たちはこれを「たわ言」だと思って相手にしない。ここで、多くの写本には次のような一節がある。「しかし、ペトロは立ち上がって墓へ走り、身をかがめて中を覗くと、亜麻布しかなかったので、この出来事に驚きながら家に帰った」（二四章一二）。

この一節が『ルカ』のオリジナルではないと考えるきわめてまっとうな理由がある。この節には、『ルカ』の他の部分には見られない文体上の特徴が数多くあり、しかもテキストのキーワードのほとんどがそれに当たっている。例えば「身をかがめて中を覗く」とか、「亜麻布」などだ（以前に登場したイエスの屍衣については、別の単語が使われている）。さらに、もしこの節が実際に最初からこの福音書にあったのなら、あえてこれを削除したくなる理由も見当たらない（ここでもやはり、偶発的な削除の理由となるような同音節反復は見当たらない）。多くの読者が気づくように、この節は『ヨハネによる福音書』(二〇章三―一〇)の要約のように見える。そこではペトロと「愛された弟子」が墓まで競争し、それが空であることを見出す。つまり、誰かが似たような話を要約して『ルカによる福音書』に追加したのではないだろうか?

もしそうなら、これは注目すべき付加だと言える。というのも、それはイエスが幻影の類ではなく、実際の物理的な身体を持っていたという原始正統派の立場を支持するものだからだ。しかも、ここではそれを確認したのが使徒の筆頭であるペトロその人だ。こうして、空の墓の話をあてにならない女たちの「たわ言」として片づけるのではなく、テキストは今やそれが信じられる話、というよりもはっきり事実であると示している。他ならぬペトロその人(信頼しうる男)が証人だ。さらに重要なことに、この節は復活が肉体によるものだったことを強調している。なぜなら墓に残っていたのは復活の物理的証拠だけだからだ――つまり、イエスの身体を覆っていた亜麻布である。これは現実の人間の肉体的復活だ。このことの重要性は、またもやテルトゥリアヌスが語ってくれている。

さて、[キリストの]肉体を否定することによってその死を否定するならば、彼の復活にも確証は無くなるだろう。なぜなら、彼が死ななかったのとまさに同じ理由で復活もしなかった。なぜなら彼が現実の肉体を持たなかったというなら、そもそも死が生ずるはずもなく、復活も起こるはずはないからである。同様に、もしもキリストの復活が否定されるなら、我らの復活もまた無くなるのである(『マルキオン論駁』三章八)。

キリストは現実の肉体を持っていなければならない。そしてそれは現実に、肉体として、死から復活したのでなくてはならないのだ。

イエスが肉体によって苦悩し、死に、肉体によって甦っただけではまだ足りない。原始正統派にとって、彼はまた肉体のまま天に上げられた。最後に考察する異文は、『ルカによる福音書』の最後、復活が起こった後（しかし同じ日）のことだ。イエスは弟子たちに最後の講話をし、それから彼らと別れた。

そして、祝福しながら彼らを離れた。彼らは大喜びでエルサレムに帰った（二四章五一―五二）。

だが興味深いことに、現存する最古の資料の一部――アレクサンドリア・テキストである『シナイ写本』も含まれる――では、このテキストに付加がある。(10)「彼らを離れた」の後に、「天に上げられた」という一文が追加されているのだ。これは重要な追加だ。なぜならそれは、彼が肉体のまま天に上げられたことを示しているからだ（たんに「離れた」では全然面白くない）。ある意味ではこれはひじょうに興味深い異文だ。というのも、同じルカが、二冊目の本である『使徒言行録』で再びイエスの昇天を語っているのだが、こちらではそれが復活の「四十日後」のことだとはっきり書いてあるのだ（『使徒言行録』一章一―一一）。

このことからして、ルカ自身が『ルカによる福音書』二四章五一のフレーズを書いたとは考えがたい――二冊目の本の冒頭でイエスの昇天が四十日後だと言っているからには、それが復活の日と同じ日だったと思っているはずはないことは確実だ。もうひとつ、問題のキーワード（「上げられた」）が、ここ以外には『ルカによる福音書』『使徒言行録』のどこにも登場しないということも重要だ。

では、なぜこの一節が追加されたのだろうか？　原始正統派が、イエスの昇天が現実の、肉体によるものであったことを強調したがっていたということを私たちは知っている。イエスは肉体のまま去り、肉体のまま再臨し、肉体のままの救済を授けてくれるのだ。すべてが見かけに過ぎないと主張する仮現論者に対して、彼らはそう主張した。この論争に関係していた書記は、この点を強調するためにテキストを改竄したのだろう。

「分割論」に反対する立場

人間イエスと神キリスト

二、三世紀の原始正統派の第三の敵は、養子論者のようにキリストをたんなる人間と見なす者でも、また仮現論者のように完全なる神と見なす者でもなかった。彼らはイエス・キリストを二つの存在であるとし、一方は人間、もう一方は神であると考えていたのだ[11]。これを「分割論」と呼ぼう。なぜなら彼らはイエス・キリストを二つに分割するからだ――人間イエス（完全に人間）と、神キリスト（完全に神）だ。この説の支持者によれば、人間イエスが一時的に神的存在であるキリストに乗り移られ、それによって彼は奇蹟を行ない、教えを説くことができるようになった。だがイエスの死の前にキリストは彼を見捨て、彼は独りで磔刑に臨まなくてはならなくなったのだ。

この分割論的キリスト論を好んで唱えたのは、学者たちが「グノーシス派」と呼んでいるキリスト教宗派だ[12]。グノーシスという言葉は、ギリシア語で知識を意味する gnosis から来ている。救済のための秘密の知識の重要さを強調した、初期キリスト教の幅広い宗派がこの名で呼ばれる。彼らによれば、私たちの住む物質世界は唯一なる真の神の創造したものではない。それは神界の災いの結果として生じたもので、その時、神的存在のひとりが何らかの神秘的な理由によって天界を追われた。彼女が神性を失った結果、劣位の神によって物質世界が創られた。この劣位の神が彼女を捕え、地上の人間の肉体の中に閉じ込めた。だから人間の一部は、自らの中にこの神の火花を持っている。彼らは自分が何者なのか、どこから来たのか、どうやって来たのか、そしてどうやったら故郷に帰れるのか、等々の真実を学ばねばならない。この真実を学ぶことこそが救済への道である。

この真実というのは、秘密の教え、神秘的な「知識《グノーシス》」であって、天界の神的存在のみがそれを伝えることができる。グノーシス派キリスト教徒にとって、キリストとは救済の真実を啓示する神的存在だ。多くのグノーシス派の教義では、キリストは人間イエスの洗礼の際に彼の許にやって来た。そして彼に使命を果たす力を与え、最終的には彼を見捨てて十字架で死なせた。だからこそイエスは、「わが神、わが神、何故あなたは、私をお見捨てになったのですか?」と叫んだのだ。グノーシス派にとっては、キリストは文字通りイエスを見捨てたのだ(「彼を残して立ち去った」とも言う)。だがイエスの死後、キリストはイエスの信仰への報いとして彼を死から甦らせ、彼を通じて救済へと導く秘密の真実を弟子たちに説き続けた。

原始正統派は、この教えをあらゆる面で許し難い敵であると見なした。彼らにとっては、物質世界は宇宙的な災厄の結果として生じた悪の場などではなく、唯一なる真の神の善き創造物なのだった。彼らにとっては、救済はキリストの死と復活を信じることの結果として来るのであって、人間の真実を啓明する秘密のグノーシスを学ぶことによるのではない。そして私たちの論旨にとって一番重要なことだが、彼らにとってイエス・キリストは二つの存在ではなく、ただ一つの存在であり、同時に神でありかつ人である存在なのだ。

テキスト改竄の意味

分割論者のキリスト論を巡る論争は、後に新約聖書となるテキストの伝承にかなりの役割を果たした。その実例のひとつは、第五章で見た『ヘブライ人への手紙』二章九の異文だ。そのオリジナル版では、イエスは「神から離れて」死んだとされていた。すでに見たように、ほとんどの書記はキリストが「神の恩寵によって」死んだとする捏造の方を採用していた。だがあの場では、なぜ書記たちがオリジナル版を危険と判断し、原文の改竄も辞さなかったのかということまでは深く突っ込まなかった。だが、グノーシス的なキリスト理解についてごく簡単に説明した今なら、あの改竄の意味がよくお解りいただけるだろう。分割論者のキリスト論によれば、キリストは実際に「神から離れて」死んだのだ。というのも、あの十字架の上で、彼に取り憑いていた神的存在が彼から離れ、イエスは独りで死んだのだから。あのテキストがこのような見解の裏づけとなりうることに気づいたキリスト教の書記たちは、とても簡単な、だが深遠な改竄を加えた。これによって、彼の死が神から離れたものであったと書いてあったテキストが、今やキリストの死は「神の恩寵」によるものであったと断言するようになったわけだ。

このような改変の興味深い実例のふたつめは、まさしく予想通りの箇所にある。つまり福音書のイエスの磔刑の場面だ。『マルコによる福音書』では、イエスは磔刑に際して初めから終わりまで沈黙している。兵士たちは彼を磔にし、通行人やユダヤ権力者たちは彼を嘲り、彼と共に磔刑となったふたりの強盗までも彼を罵るのに、イエスは一言も喋らない——ただ最後の最後に、死が間近に迫った時、初めて彼は『詩篇』二二章の言葉を叫ぶのだ。「エロイ、エロイ、レマ、サバクタニ」。それは「わが神、わが神、何故あなたは、私をお見捨てになったのですか？」という意味だ（『マルコ』一五章三四）。

興味深いことに、原始正統派のエイレナイオスによれば、『マルコ』は「イエスとキリストを分割する輩」――すなわち、分割論的キリスト論を唱えるグノーシス派――の好んだ福音書だったという[13]。確かな証拠によれば、グノーシス派の一部は、このイエスの最後の言葉を文字通りに受け取り、まさにこの瞬間に神であるキリストはイエスから離れたと考えた（神は死を体験することができないからだ）。グノーシス派の文書には、イエスの人生におけるこの瞬間の意味を深く考察しているものがある。例えば外典の『ペトロによる福音書』は、一説によれば分割論的キリスト論を含んでいるものだが、この言葉を少し違う形で引用している。「わが力よ、おお力よ、あなたは私を見捨てた！」。さらに興味深いのは、『フィリポによる福音書』と呼ばれるグノーシス派のテキストだ。そこではこの節が引用され、そこに分割論的解釈が施されている。

「わが神、わが神、おお主よ、何故私をお見捨てになったのですか」。彼がこれらの言葉を言ったのは十字架の上であった。何故ならこの時、彼は分割されたからである。

原始正統派は、この両方の福音書を知っていたし、またそれがイエスの磔刑の最後の瞬間をどのように解釈しているかも知っていた。であれば、一部の書記がこのようなグノーシス派的解釈の余地を無くす形で『マルコによる福音書』のテキストを改変したとしても不思議はない。あるギリシア語の写本と、いくつかのラテン語資料では、イエスが口にしたのは『詩篇』二二章の「遺棄の叫び」ではなく、次のような叫びだったという。「わが神、わが神、何故あなたは私を嘲ったのですか？」。

この改変のおかげで、面白い異文が出来た——たんに面白いだけでなく、この部分の文学的コンテクストに合っている。すでに述べたように、話の中ではほとんど全員がイエスを嘲っている——ユダヤ権力も、通行人も、ふたりの強盗も。そしてこの異文では、神自身までがイエスを嘲ったと語られる。絶望したイエスは叫び声を上げて死ぬ。これは哀切に満ちた、訴求力ある場面だ。

とはいうものの、この異文はオリジナルではない。現存する最古かつ最良の写本（アレクサンドリア・テキストも含む）のほぼすべてがそれを採用していないし、それにイエスが口にしたアラム語の言葉（レマ・サバクタニ——これは「何故あなたは私を見捨てたのですか」であって、「何故私を嘲ったのですか」ではない）とも合致しない。

ならば、なぜ書記たちはテキストを改変したのか？　原文が分割論的キリスト論を唱える者に有利だということが判れば、疑問の余地はほとんど無い。原始正統派の書記たちは、グノーシス派の論敵たちにテキストが利用されないよう気を配っていた。重要な、そして文脈上も違和感のない改変をすることで、神はイエスを見捨てたのではなく、嘲ったということになったのだ。

この種の異文、つまり分割論的キリスト論に対抗するために造られた異文の最後の例として、『ヨハネの手紙一』を見よう。その四章二—三の最古の形は、こうだ——

このことによって、あなたがたは神の霊が分かります。イエス・キリストが肉となって来られたということを公に言い表す霊は、すべて神から出たものです。イエスのことを公に言い表さない霊はすべて、神から出ていません。これは、反キリストの霊です。

これは明瞭、かつ素直な条だ。神に属している者とは、イエスが実際に肉となって来たと認める者（つまり、例えば仮現論などと正反対の立場）であり、これを認めない者はキリストに反している（反キリスト）。だが、この条の後半部分で、興味深い異文がある。「イエスのことを公に言い表さない霊」の代わりに、いくつかの資料では「イエスを解放する霊」となっているのだ。イエスを解放するとはどういう意味なのか、そしてなぜこのような異文がいくつかの写本に現れたのか？

まず初めに念を押しておくが、この異文はそれほど多くの写本に載っているわけではない。実際、ギリシア語の資料の中では、一〇世紀の資料のひとつ（Ms.1739）の余白に現われるに過ぎない。だがすでに述べたように、これは四世紀の写本を底本としているという点で注目すべき資料で、しかもその余白の註には、テキストの特定の箇所について異文を記録した教会教父の名前が書き込まれている。この例の箇所では、「イエスを解放する霊」という異文は二世紀後半と三世紀前半の教会教父、エイレナイオス、クレメンス、オリゲネスらに知られていたという。さらに、これはラテン語版ウルガタにも登場する。このようなことから、この異文は原始正統派がキリスト論についてグノーシス派と論争していた当時に人気があったものだということが判る。

とはいうものの、この異文もまた「オリジナル」とは認められない——例えば、それは現存する最古かつ最良の写本のどこにも見当たらない（というか、例の余白註の写本以外に、これを載せているギリシア語写本は存在しない）。では、なぜキリスト教徒である書記はこれを捏造したのか？　どうやら、それは分割論的キリスト論を「聖書に基づいて」批判するためらしい。分割論では、イエスとキリストをそれぞれ別個の存在に分割する。というか、この異文に即して言えば、イエスをキリストから「解放」するのだ。この異文は言う、このような主張を支持する者は誰であれ、神から出た者ではなく、反キリストであると。つまりこれもまた二、三世紀におけるキリスト論に関する論争のコンテクストから造られた異文の実例なのだ。

信仰に合わせた改竄

書記たちにテキストの改竄を行なわせる要素のひとつは、彼ら自身の歴史的コンテクストだ。二、三世紀のキリスト教書記は、当時の議論や論争に巻き込まれていた。そこで時にはこれらの論争が、その論争の的となっているテキストの複製に影響を及ぼすこともあった。つまり、書記たちは時に、自分たちの信仰に合わせてテキストを改竄することがあったということだ。

これは必ずしも悪気があったわけではない。むしろ、書記たちによるテキストの改竄は、しばしば無意識的なものであり、あるいは善意によるものであったと考えられる。だが実際のところ、ひとたび改竄が行なわれれば、その単語もしくはテキストは文字通り全く別のものになってしまい、そしてこのように改竄された言葉は、後代の読者による言葉の解釈に影響せずにはおかない。このような改竄の理由のひとつが、二、三世紀の神学論争だ。というのも書記たちは時に、当時覇を競っていた養子論、仮現論、分割論などに対抗するためにテキストを改竄することがあったからだ。

もちろん、これ以外の歴史的要素もあった。神学論争よりも、当時の社会的葛藤に関係したものだ。その葛藤というのは、例えば初期キリスト教会における女性の役割、キリスト教とユダヤ教の対立、異教徒に対する弁明などだ。次章では、テキストの複製作業がプロの書記たちの職分になる以前の時代に、聖書のテキストを複製する書記たちに影響を及ぼしたこれらの社会的葛藤にスポットを当てる。

7

社会的理由による改変

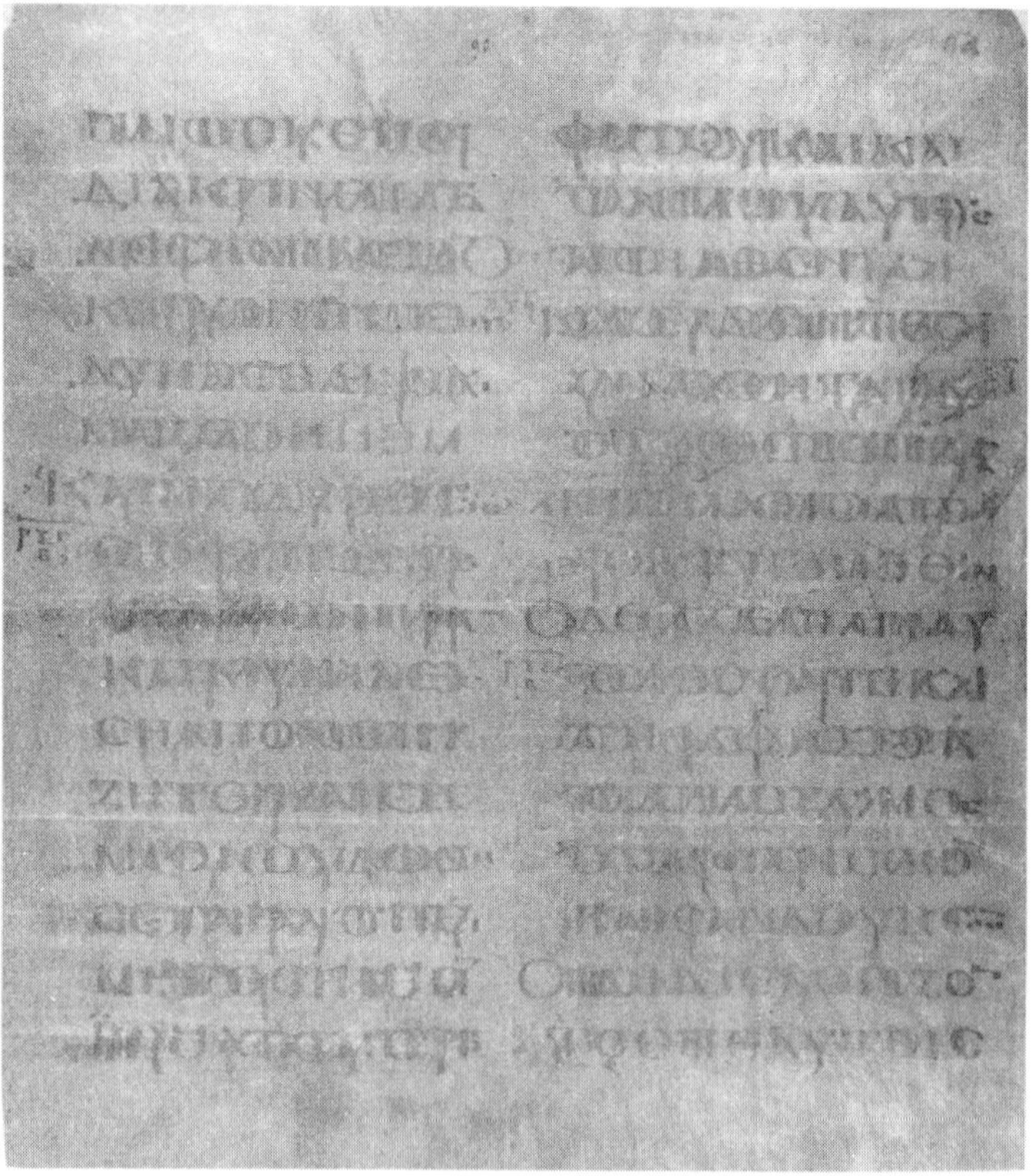

最古の『マタイによる福音書』のひとつ。6世紀。パピルスにギリシア文字。

たぶん、初期キリスト教テキストの複製作業は、一般的には「保守的」なものだったと言って良いだろう。書記たちは基本的に——最初の頃の素人書記にせよ、あるいは中世のプロの書記たちにせよ——伝えられたテキスト伝承を「守る」ということに主眼を置いていた。彼らの第一の関心は、伝統を改変したりすることなしに、自分たちと信徒たちのために受け継いで行くということにあった。ほとんどの書記は間違いなく、自分の複製したテキストを底本と同一に保つように、信頼される仕事をしようと頑張っていた。

にもかかわらず、初期キリスト教テキストにはしばしば改変が加えられた。書記たちは時々——というかしょっちゅう——意図せざるミスをする。単語の綴りを間違えたり、行を飛ばしたり、転写している文を写し損なったり。そして時には、意図的にテキストを改変することもある。つまりテキストを「修正」しようとするのだ。その結果、原著者が書いた内容が改変されてしまう。前章では、そういう意図的な改変のひとつの例を考察した——現存するテキストの改竄のほとんどが行なわれた二、三世紀にさかんだった神学論争に関係した改竄だ。誤解なきようにお願いしたいが、このような神学的改変は、書記が複製作業のために席に就くたびに行なわれていたわけではない。むしろ実際には時折にしか起こらない。ただ、ひとたび起これば、テキストに対して深刻な影響を及ぼすというだけだ。

この章では、テキストに改変をもたらす他の要素について見ていこう。とくに、初期キリスト教共同体で顕著だった三つの論争について考察することにする。ひとつは内部論争で、教会内での女性の役割について、残りふたつは外部との論争で、ひとつは非キリスト教徒であるユダヤ人との論争、もうひとつは対立する異教徒との論争だ。さまざまな場面で、これらの論争もまた、書記たち（彼ら自身がその論争に巻き込まれていた）が共同体のために複製しているテキストの伝承において一定の役割を果たしていたのだ。

女性の役割についての論争

教会内部での女性の役割に関する論争は、新約聖書のテキスト伝承に重大な役割を果たしたというわけではないが、いくつかの興味深い、重要な条において、少なくともある一定の役割を果たした。このような改変を理解するためには、この論争の背景について少々知っておく必要がある。[1]

高かった女性の地位

現代の学者たちの認めるところによれば、初期キリスト教会で女性の役割に関する議論が起こったのは、まさしく女性が何らかの役割を担っていたからに他ならない――しばしば重要で、注目を浴びる役割だ。その上、それはそもそもの初めから、つまりイエス自身の宣教の時点からそうだった。確かに、イエスに最も近い信奉者――十二使徒――は全員男性で、それは一世紀パレスティナのユダヤ教の教師としては当然のことだ。だが、現存する最古の写本によれば、イエスの旅には女性たちが随行していた。彼女たちの一部は彼と弟子たちを経済的に支え、遊行のパトロンとなっていた（『マルコ』七章二四－三〇、『ヨハネ』四章一－四二参照）。とくに、最後の旅となるイェルサレム行では、男の弟子たちが逃げ去った後も、女たちだけがイエスの磔刑に立ち会い、最後まで彼に忠実だった（『マタイ』二七章五五、『マルコ』一五章四〇－四一）。だが何といっても一番重要なのは、現在の福音書のどれを見ても、イエスの墓が空であることを発見し、つまりイエスの復活を最初に知り、これを証言したのは女性――

マグダラのマリアのみ、あるいは彼女と何人かの女性――だったとなっていることだ（『マタイ』二八章一―一〇、『マルコ』一六章一―八、『ルカ』二三章五五―二四章一〇、『ヨハネ』二〇章一―一二）。

イエスのメッセージの中で、とくに女性を惹きつけたものは何かという問いは興味深い。ほとんどの学者の信ずるところによれば、イエスは神の国の到来を説いたが、そこではもはや不正、苦難、悪は存在せず、富める者も貧しき者も、奴隷も自由人も、男も女も、万人が平等だ。これは、当時において恵まれない地位にあった人々に対する希望のメッセージとしてとくに魅力的なものであったに違いない――貧しき者、病人、落伍者にとって。そして女性にとって。[2]

いずれにせよ、イエスの死後ですら、彼のメッセージが女性にとって魅力的であり続けたのは明らかだ。初期キリスト教を攻撃した異教徒たち、例えば前にも出てきた二世紀後半の批評家ケルソスは、キリスト教の信者はだいたいが子供、奴隷、女ばかり（つまり、一般に社会の中で地位のないものばかり）だと言って非難している。注目すべきことに、キリスト教徒の立場からケルソスに反論したオリゲネスは、この非難をとくに否定はせず、むしろ神は弱い者にこそ力を与えるのだ、と述べている。

だが、女性が初期キリスト教会の中で重要な役割を果たしていたことを見るのに、別に二世紀後半まで待つ必要はない。その著作が今も残されている最古のキリスト教著述家の作品を見れば、そのことはすでに明らかなのだ――つまり、使徒パウロである。新約聖書のパウロ書簡は、揺籃期のキリスト教共同体のそもそもの初めから、女性が傑出した地位を持っていたことの十分な証拠だ。例えば『ローマの信徒への手紙』の最後の部分で、パウロはローマ教会のさまざまなメンバーに挨拶している（一六章）。パウロの挙げている名前は女性よりも男性が多いけれども、教会の中で、いかなる点においても女性が男性よりも劣るなどとは考えられていなかったということは明白だ。例えばパウロは、ケンクレアイの教会の奉仕者で彼自身のパトロンでもあるフェベの名を挙げている。彼は彼女を信頼し、ローマの信徒への手紙を彼女に託している（一－二節）。また、プリスカという女性は夫アキラと共に異邦人伝道の使命を負い、キリスト教徒の会衆を自分たちの家で世話している（三－四節。彼女の名前が夫よりも先に出てくる点に注意）。それから、パウロの仲間でローマ人たちの間で働いていたマリアがいる（六節）。また、トリファイナ、トリフォサ、ペルシスがいる。パウロはこの書簡の中で、彼女たちを「協力者」と呼んでいる（六、一二節）。さらに、ユリア、ルフォスの母、ネレウスの姉妹がいる。彼女たちはいずれも、共同体の中で高い地位にあったようだ（一三、一五節）。なかでも最も印象的なのはユニアで、パウロはこの女性のことを「使徒たちの中で目立って」いる、と述べている（七節）。この使徒集団は、ほとんどの人が親しんでいる十二人の男性よりも明らかに大きい。

簡単に言えば、女性はパウロの時代の教会で重要な役割を果たしていたらしい。この高い地位は、ギリシア・ローマ世界では異常なことだ。そしてこれは、すでに述べたように、来たるべき神の国においては男女は平等となると説いたイエスの教えに根ざしている。そしてこれはまたパウロ自身のメッセージでもあったようだ。例えば、『ガラテヤの信徒への手紙』にある有名な宣言に曰く——

> 洗礼を受けてキリストに結ばれたあなたがたは皆、キリストを着ているからです。そこではもはや、ユダヤ人もギリシア人もなく、奴隷も自由な身分の者もなく、男も女もありません。あなたがたは皆、キリスト・イエスにおいて一つだからです。（三章二七－二八）

キリストにおける平等は、パウロ共同体の実際の礼拝においても現われていたかもしれない。女性たちはただ黙って「話を聞く」だけではなく、毎週の信者集会で活動し、男性と同様に、例えば祈りや預言などに参加していた（『コリントの信徒への手紙一』一一章）。

同時に、現代の解釈者の目から見れば、キリストにおける男と女の関係についてのパウロの見解は、その論理的帰結にまでは至っていなかったように見えるかもしれない。例えばパウロは、女性が教会で祈禱や預言を行なう時、女が「力の印」として頭に被り物をすべきであると述べている（『コリントの信徒への手紙一』一一章三−一六、とくに一〇節）。言い換えれば、パウロは男と女の関係において、社会変革を促していたわけではない――キリストの名において、「奴隷も自由な身分の者もない」と宣言していながら、奴隷解放を促しはしなかったように。その代わり彼は、（神の国の到来までの）「時は短い」のだから、誰もが産まれ持った自分の役割に満足すべきであり、地位の変化を求めてはならない――奴隷であろうと自由人であろうと、既婚者であろうと独身であろうと、男であろうと女であろうと、と言うのだ（『コリントの信徒への手紙一』七章一七−二四）。

つまりこれは、どう贔屓目に見ても、女性の役割に関してはアンビヴァレントな態度だと言うしかない。彼女たちはキリストにおいて平等であり、共同体の生活への参加も認められていた。だがそれはあくまでも女性としての参加であり、男性と同じ存在として参加できるわけではなかった（例えば、彼女たちは男と同様にヴェールをとることは許されなかった。頭に「力の印」がないからだ）。このようなパウロのアンビヴァレンスは、彼の時代以後のさまざまな教会における女性の役割に、興味深い影響を及ぼした。例えば、キリストにおける平等を強調する教会もあれば、女性は男性に従うべきであることを強調した教会もあった。同様に、女性がきわめて重要な、指導的な役割を果たした教会もあれば、また女性の役割が奪われ、沈黙を強いられた教会もあった。パウロの死後のパウロ教会の文書を読むと、女性の果たすべき役割に関する議論が行なわれていたことがわかる。そして結局のところ、教会では女性の役割が抑圧されることとなったのだった。

これはパウロの名によって書かれた書簡に明らかだ。今日の学者たちは一般に、『テモテへの手紙一』はパウロが書いたものではなく、後代の、第二世代に当たる彼の信者が書いたものと考えている。(3) そしてこの書簡にある、新約聖書の中で女性に関して書かれた最も（悪）名高い条によれば、女性は男性に説教してはならない、なぜなら律法の中で神自身が示している通り、女は男よりも劣ったものとして創られたからである、という。神はエヴァを男より後に、男のために創ったのである。だから女（エヴァ）は男（アダム）よりも尊大に振る舞ってはならない、ゆえに男に説教してはならない。さらにこの著者によれば、女が教師の役割を引き受けたらどんなことになるか、誰もがよく知っている。彼女は簡単に（悪魔に）騙され、男を惑わすのである。だから女は家にいて、女の美徳を守るべきである。つまり夫のために子供を身ごもり、慎み深くすることだ。曰く――

婦人は、静かに、全く従順に学ぶべきです。婦人が教えたり、男の上に立ったりするのを、私は許しません。むしろ、静かにしているべきです。なぜならば、アダムが最初に造られ、それからエバが造られたからです。しかも、アダムはだまされませんでしたが、女はだまされて、罪を犯してしまいました。しかし婦人は、信仰と愛と清さを保ち続け、貞淑であるならば、子を産むことによって救われます。（『テモテへの手紙一』二章一一―一五）

これは、「キリストにおいては……男も女もありません」というパウロの見解とは大きく隔たっているように見える。二世紀に入ると、明らかに戦線が引かれたのだ。女性の役割を強調し、教会内で重要な役割を与える共同体もあれば、女性は黙って男に従うべきだと信ずる共同体もあったわけだ。後の新約聖書を複製している書記たちも、このような論争に巻き込まれたらしい。そして場合によっては、その論争が複製中のテキストに影響を及ぼした。それを複製している書記たちの見解に従ってテキストが改変されたのだ。ほとんどの場合、テキストの改竄は女性の役割を限定し、キリスト教運動におけるその重要さを最小化する方向へと働いた。ここでその実例をいくつか考察しよう。

女性に関するテキストの改変

教会内での女性の役割に関する最も重要な条は、『コリントの信徒への手紙一』の一四章にある。ほとんどの現代英語版では、次のようになっている。

33神は無秩序の神ではなく、平和の神だからです。聖なる者たちのすべての教会でそうであるように、34婦人たちは、教会では黙っていなさい。婦人たちには語ることが許されていません。律法も言っているように、婦人たちは従う者でありなさい。35何か知りたいことがあったら、家で自分の夫に聞きなさい。婦人にとって教会の中で発言するのは、恥ずべきことです。36それとも、その言葉はあなたがたから出て来たのでしょうか。あるいは、あなたがたにだけ来たのでしょうか。

この条はどう見ても、女性に対して教会では喋るな（教えるなどころではない！）と命じている。『テモテへの手紙一』二章と同様だ。だがすでに述べたように、ほとんどの学者は『テモテへの手紙一』

の問題の条を書いたのはパウロではないと考えている。なぜなら、その手紙自体が、パウロの第二世代の信者が彼の名を使って書いたものだからだ。これに対して、『コリントの信徒への手紙一』を書いたのがパウロであることに疑いの余地はない。とはいうものの、この条に関してだけは、その余地があるのだ。というのも、問題の節（三四－三五節）は、現存する重要な写本の中で一所に落ち着かず、あちこちウロウロしているからだ。三つのギリシア語写本と、二つのラテン語資料では、それはこの場所すなわち三三節の後ろではなく、もっと後の四〇節の後ろにある。このことから、一部の学者はこれを書いたのはパウロではなく、たぶん『テモテへの手紙一』の影響を受けた書記が、一種の傍註として付加したのだろうと推測した。その後、その傍註はさまざまな書記たちによってさまざまな箇所に挿入された――三三節の後ろに入れた者もいれば、四〇節の後ろに入れた者もいたというわけだ。

パウロはもともとこの節を書いていないという推定には十分な根拠がある。まず第一に、この節は目下のコンテクストに合わない。『コリントの信徒への手紙一』一四章のこの部分で、パウロは教会における預言の問題を論じている。そしてキリスト教の礼拝の際に、預言する者はどう振る舞うべきかを指導しているのだ。これは二六－三三節のテーマであり、三六－四〇節のテーマでもある。つまり三四－三五節を削除すれば、この部分は全体でキリスト教における預言者の役割を論じた文として切れ目なく繋がるわけだ。つまり、女性に関する議論はこの部分のコンテクストから見れば邪魔であり、パウロが別の論題について論じている指導をぶった切っている。

この節は一四章のコンテクストから見て邪魔であるだけではなく、パウロが『コリントの信徒への手紙一』の他の部分で明瞭に述べていることとも矛盾している。すでに見たように、この書簡の最初の方では、パウロは教会で発言するように女性たちに指導している。一一章によれば、祈ったり預言したりする時――キリスト教の礼拝においては、つねに声に出して行なわれていた行為だ――には、頭に被り物をするよう指導している（一一章二―一六）。パウロが書いたということを疑う者のないこの条では、パウロは女性が教会内で話すことに理解を示している。にもかかわらず、一四章の問題の条では、明らかにこの「パウロ」は女性が話すことを完全に禁じているのだ。このふたつの見解を共存させることは難しい――一方ではパウロは女性が話すことを許し（ただし頭には被り物をして、一一章）、一方では許さない（一四章）。パウロがたった三章という短い期間に考え方を百八十度変えてしまうというのは考えにくいので、どうも問題の節はパウロが書いたものではないという疑いが濃厚だ。

いくつかの証拠を組合わせて勘案すると――いくつかの写本でこの節の位置が変わっていること、前後のコンテクストと合わないこと、そして『コリントの信徒への手紙一』全体のコンテクストとも合わないこと――『コリントの信徒への手紙一』一四章三四―三五はパウロが書いたものではないようだ。となれば、この節は書記による改竄であり、元来はおそらく傍註として書かれ、それが最終的に、『コリントの信徒への手紙一』の複製の早い段階で、テキストの中に挿入されてしまったのだろう。この改竄を行なった書記は、間違いなく、女性は教会で公の役割を果たすべきではなく、黙って夫に従うべきだという考えを強調することに関心を持っていた。その見解が、テキストの改変によってテキスト自体の中に取り込まれたのだ(4)。

これと同様のテキストの改変を、他にもいくつか簡単に見ておこう。ひとつは、すでに述べた一節、つまり『ローマの信徒への手紙』一六章で、パウロがユニアという女性とおそらくその夫であるアンドロニコの名を挙げ、両者を共に「使徒たちの中で目立って」いると書いた部分だ（七節）。これは重要な一節だ。なぜなら新約聖書全体の中で、女性が「使徒」として言及されるのはここしかないからだ。

解釈者たちはこの一節によほど驚いたと見えて、多くの者がこれは何かの間違いだと主張し、アンドロニコと共に使徒として挙げられているのはユニアという女性ではなく、ユニアスという男性だと解釈した。この解釈の問題点は、ユニアという名が女性名としてありふれたものであるのに対し、古代世界に「ユニアス」という男性名の実例がないということだ。つまりパウロが挙げているのはどう考えてもユニアという女性なのだが、現代の英語版聖書のいくつかは、いまだにこの女性使徒がユニアスという男性であるかのように訳し続けている（お手持ちの聖書をチェックしてみて欲しい！）。(5)

他の書記もまた、この無名の女性に使徒の称号を与えることに苦慮したと見えて、問題を回避するためにテキストに微妙な改変を加えた。現存する写本の一部では、「私の同胞で、一緒に捕らわれの身となったことのある、アンドロニコとユニアによろしく。この二人は使徒たちの中で目立っており、私より前にキリストを信じる者になりました」の代わりに、次のような当たり障りのない文になっている。「私の同胞であるアンドロニコとユニアによろしく。それから、私と一緒に捕らわれの身となったことのある人たちにもよろしく。彼らは使徒たちの中で目立っており、私より前にキリストを信じる者になりました」。このように変えてしまえば、もはや使徒のひとりに数えられていた女性はいつの間にかいなくなってしまって一安心というわけだ！

『使徒言行録』を複製していた書記たちも、同じような改変を加えている。その一七章で、パウロは仲間のシラスと共にテサロニケに辿り着き、そこのシナゴーグでユダヤ人に対してキリストの福音を説く。その四節では、ふたりが幾人かの重要な改宗者を得たことが語られる。「それで、彼らのうちのある者は信じて、パウロとシラスに従った。神をあがめる多くのギリシア人や、かなりの数の傑出した婦人たちも同じように二人に従った」。

傑出した改宗者はともかく、傑出した女性などという観念は、一部の書記には荷が重すぎた。そこで一部の写本ではテキストが改竄され、次のようになった。「それで、彼らのうちのある者は信じて、パウロとシラスに従った。神をあがめる多くのギリシア人や、かなりの数の傑出した人々の妻たちも同じように二人に従った」。こうして、傑出しているのはあくまでも男性であって、改宗した妻たちではないということになった。

『使徒言行録』に出てくるパウロの仲間の中に、アキラとプリスキラという夫婦がいる。この夫婦が出てくるとき、著者は時々妻の名を先に書く。まるで、彼女の方がパウロとの関係もしくはキリスト教の宣教の上で特別に傑出していたかのようだ（『ローマの信徒への手紙』一六章三でも同様だった。あそこでは彼女はプリスカと呼ばれていたが）。当然ながら、書記たちは時にこの順序に不快感を覚え、これを逆にした。男の名が先に書かれることで、当然の敬意が表明されたわけだ。プリスキラとアキラではなく、アキラとプリスキラ、と(6)。

まとめると、最初の数世紀には女性の役割を巡る論争があり、時にはこの論争が新約聖書そのもののテキスト伝承にまで影響を及ぼした。というのも、書記たちは時折、教会における女性の（限定的な）役割に対する自分自身の考えに沿う形にするように、テキストを改変したからだ。

ユダヤ人と聖書のテキスト

これまでのところは、初期キリスト教の内部で行なわれていたいろいろな論争を見てきた――キリスト論に関する問題や、教会内部での女性の役割に関する論争だ――そして、それが聖なるテキストを複製する書記たちにどう影響してきたかを考察した。だが、キリスト教徒が巻き込まれた論争はそれだけではない。これと同様に当事者にとっては切実で、私たちの考察にとって重要な論争がある。それはキリスト教の外側にいる人々との論争だ。つまり、キリスト教徒に敵対したユダヤ人や異教徒との論争である。このような論争もまた、聖書のテキスト伝承に一定の役割を果たした。まず初めに、最初の数世紀のキリスト教徒が非キリスト教徒であるユダヤ人との間に繰り広げた論争を考察しよう。

論争するユダヤ人とキリスト教徒

初期キリスト教徒にとっての皮肉のひとつは、イエスその人がユダヤ人であり、ユダヤ教の神を崇拝し、ユダヤの慣習を守り、ユダヤの律法を解釈し、ユダヤ人の弟子を取っていたという事実だ。その弟子たちもまたイエスをユダヤ教のメシアだと考えていた。だが、イエスの死後わずか数十年のうちに、彼の信徒たちはユダヤ教と対立する宗教を造り上げてしまった。いったい、キリスト教はどうやってこれほど短期間のうちに、ユダヤ教の一宗派から反ユダヤ教の宗教になったのだろうか？

これは生半可な問題ではない。満足な解答を提供するには、一冊の本が必要だろう。[7] ここでは、とりあえずキリスト教の書記たちが、時にテキストを反ユダヤ的に改変した事実の背景にあるコンテクストをご理解いただくために、初期キリスト教内部の反ユダヤ主義の台頭について、必要最小限の歴史をスケッチしておこう。

この二十年ほどの間、歴史上のイエスに関する研究が爆発的に広まった。その結果、今ではイエスをどう理解するのが最善かという問題について、多種多様な見解が存在している——ラビ、社会革命家、政治的叛乱分子、犬儒派《キニコス》の哲学者、黙示録的預言者、等々、このリストはどこまでも続いていく。だが、ほとんどすべての学者たちが一致して認める事実もある。イエスの宣教の主要目的をどのように理解するにせよ、彼は一世紀パレスティナのユダヤ人であったという点だ。彼をどう解釈するにせよ、彼はあらゆる点において、完璧なユダヤ人だった——その弟子たちも同様だ。ある時点から——もしかしたら生前からそうだったかもしれないが、死後は確実に——信徒たちは彼をユダヤ教のメシアだと考えるようになった。メシアという言葉を、一世紀のユダヤ人は人によってさまざまに理解していたけれども、メシアのことを考えるときにすべてのユダヤ人が共通して心に思い浮かべたのは、それが偉容と権力を持つ人物であり、何らかの点で——例えば、ユダヤの軍を興したり、あるいは天使の軍勢を率いたりして——イスラエルの敵を討ち、神自身が（たぶん人間の代理人を通じて）統治する主権国家イスラエルを建国するということだ。イエスをメシアと呼んだキリスト教徒は、その主張を他人に納得させるのに難儀しただろう。というのも、イエスは力強い戦士でもなければ天の士師でもなく、実は一介の遊行説教者であり、律法の悪い面を糾弾し、最終的に軽蔑すべき罪人として磔になったということは広く知られていたからだ。

イエスをメシアと呼ぶことは、ほとんどのユダヤ人にとって、これ以上もないほど滑稽なことだっただろう。イエスはユダヤ人の力強い指導者ではない。弱く無力な、取るに足りない人間に過ぎない——そして現実の権力者であるローマ人が考え出した、最も屈辱的かつ苦痛の大きい方法で処刑された。なのにキリスト教徒は、イエスがメシアであったと言う。彼の死は誤審ではなく、また予期し得なかった出来事でもなく、神の摂理なのであり、それによって彼は世界に救済をもたらしたのだと。

イエスに関する自分たちの見解をユダヤ人に説こうとしても、全く相手にされないという現実を前に、キリスト教徒はどうしたか？　言うまでもなく、間違っているのは自分たちの方だなどと認めることはできない。では、自分たちは間違っていないとしたら、誰が間違っているのか？　ユダヤ人だ。ひじょうに早い段階から、キリスト教徒たちは次のような主張をし始めた――キリスト教徒のメッセージを拒絶したユダヤ人は頑迷固陋なかつ無知蒙昧な民族であり、イエスに関するメッセージを拒絶することによって、ユダヤ教の神自身が彼らに与えた救済をも拒絶したのだ、と。このような主張は、最古のキリスト教著述家である使徒パウロその人も行なっていることだ。現存する彼の最古の書簡、『テサロニケの信徒への手紙一』の中で、パウロは言う――

兄弟たち、あなたがたは、ユダヤの、キリスト・イエスに結ばれている神の諸教会に倣う者となりました。彼らがユダヤ人たちから苦しめられたように、あなたがたもまた同胞から苦しめられたからです。ユダヤ人たちは、主イエスと預言者たちを殺したばかりでなく、私たちをも激しく迫害し、神に喜ばれることをせず、あらゆる人々に敵対しています。（二章一四－一五）

パウロの理解によれば、ユダヤ人がイエスを拒絶したのは、その頑なな考えによる。つまり自分たちが神の前で特別の地位を与えられている理由は、神授の律法の保有と遵守にあると考えているからだ（『ローマの信徒への手紙』一〇章三－四）。だがパウロにとっては、救済はユダヤ人のみならず、異邦人にも来る。それは律法を通じて来るのではなく、イエスの死と復活に関する信仰を通じて来るのだ（『ローマの信徒への手紙』三章二一－二二）。だから、律法をいくら遵守しても、救済には何の役にも立たない。だから、イエスの信徒となった異邦人は、律法の遵守によって神の前での地位が向上するなどと考えてはならない。あるがままに留まること――ユダヤ人にはならないことだ（『ガラテヤの信徒への手紙』二章一五―一六)。

もちろん、他の初期キリスト教徒たちは、また別の、さまざまな考えを持っている――当時のあらゆる問題について、そうであるように！　例えばマタイは、たとえイエスの死と復活こそが救済をもたらすとしても、自分に従う者は当然律法を守らねばならない、イエス自身がそうだったんだから、と考えていたようだ(『マタイ』五章一七―二〇参照)。だが結局のところ、キリスト教徒はユダヤ人とは違うという考えの方が一般化していく。ユダヤの律法を守ることは救済にとっては何の意味もないし、ユダヤ人と交わることは彼らと同じになることだ、彼らは自分たちのメシアを拒絶し、それによって自分たち自身の神を拒絶したのだ、という考えが大勢を占めるようになった。

二世紀になると、キリスト教とユダヤ教は、お互いに言いたいことはいろいろあるにしても、とりあえずは全く別の宗教になっていた。実際、キリスト教徒は少々苦境に陥っていた。というのも、イエスはユダヤ教の聖書によって予言されていたメシアだと主張したからだ。しかも当時の世界は、何であれ古いものを大切にし、「最近のもの」は胡散臭いと見なす世の中だった。そんな世の中で人々の信頼を勝ち取るために、キリスト教徒は聖書――つまりユダヤ人の古いテキストを、自分たち自身の信仰の基盤とせざるを得なかった。つまり、キリスト教徒はユダヤ教の聖書を自分たちのものだと主張したわけだ。とはいうものの、ユダヤ教の聖書はユダヤ人のものではないのか？　そこでキリスト教徒は、ユダヤ人は自分たちのメシアをはねつけ、それによって自分たちの神を拒絶しただけでなく、自分たち自身の聖書の解釈まで間違えたのだ、と主張し始めた。キリスト教の文書に『バルナバの手紙』というのがあって、初期キリスト教徒の中にはこれを正典新約聖書の中に入れるべきだと考えた人もいるのだが、この文書によれば、ユダヤ教はかつても今も誤った宗教であって、ユダヤ人は悪の天使に騙され、モーセの律法を文字通りに解釈して、これを生き方の指針にしている。だが実際にはそれは寓意的に読むべきものなのだという(8)。

最終的にキリスト教徒は、ユダヤ人がメシアを拒絶したことを口を極めて罵ることになる。二世紀の殉教者ユスティノスなどは、神がユダヤ人に割礼を命じた理由は、彼らにそれと判る印を与え、迫害を容易にするためだ、とまで述べている。またテルトゥリアヌスやオリゲネスらは、七〇年にイェルサレムがローマ軍によって破壊されたのはユダヤ人がメシアを殺したことへの天罰であると述べたし、サルディスのメリトは、キリストを殺したユダヤ人は神殺しの罪人だと論じた。

諸国民の中のあらゆる同志よ、注視せよ、刮目せよ！　筆舌に尽くしがたい殺人が、神の律法に奉献された都、ヘブル人どもの都、預言者たちの都、義の都、すなわちイェルサレムの中心で起こったのだ。では、殺されたのは誰であるか？　殺したのは誰であるか？　余はそれに答えるに慚愧の念に堪えぬ。だが答えねばならぬ……大地を空中に架けた御方、ご自身が吊られたのだ。天をあるべき場所に架けた御方、ご自身が架けられたのだ。万物を固定した御方、ご自身が木に固定されたのだ。侮辱を受けたのは主、殺されたのは神、イスラエルの王が、イスラエルの右手によって討ち滅ぼされたのだ(9)（『過越祭の説教』九四―九六）。

キリスト教は、ユダヤの慣習を遵守したパレスティナのユダヤ人であるイエス、ユダヤの同胞に説教したイエス、ユダヤ人の弟子たちにユダヤの律法の真の意味を説いたイエスに始まる。だが二世紀、つまりキリスト教の書記たちが後に新約聖書となる文書をせっせと複製していた時代には、ほとんどのキリスト教徒は元異教徒、つまりキリスト教に改宗した非ユダヤ人になっていた。そして彼らは、キリスト教という宗教がユダヤ教聖書に記されたユダヤの神に対する信仰に基づいているにもかかわらず、その教えを完全に反ユダヤ的方向で理解するようになっていたのだ。

ユダヤの民は救われるのか

二、三世紀のキリスト教書記の反ユダヤ主義は、聖書のテキスト伝承に影響を及ぼしている。その明瞭な実例を挙げるなら、『ルカによる福音書』の磔刑の描写だ。ここでイエスは、自分を殺そうとしている者たちのために祈ったとされる。

「されこうべ」と呼ばれている所に来ると、そこで人々はイエスを十字架につけた。犯罪人も、一人は右に一人は左に、十字架につけた。そのとき、イエスは言われた。「父よ、彼らをお赦しください。自分が何をしているのか知らないのです」（二三章三三―三四）

とはいうものの、このイエスの祈りは現存するすべての写本に書かれているわけではない。最古のギリシア語資料（P^{75}と呼ばれるパピルス、二〇〇年頃）にはないし、またそれ以外の四世紀およびそれ以降の、品質の良い資料のいくつかにもない。『シナイ写本』にもないし、中世に造られた写本のほとんどにもない。だから問題は、こういうことだ――ある書記（たち）が、もともと存在した祈りを削除したのか？　あるいは書記（たち）が、もともとなかったところにそれを付け加えたのか？

学者たちの意見は昔から分かれている。この祈りが古くて良質な資料のいくつかにないことから、もともとこれはこのテキストにはなかったのだという学者たちは引きも切らない。なかには、内的証拠に基づく議論に持ち込む学者もいる。すでに述べたように、『ルカによる福音書』の著者は、『使徒言行録』も書いている。そしてこの条に似た箇所が、『使徒言行録』の最初の殉教者ステファノのところに出てくるのだ。『使徒言行録』の中で処刑の場面が描写されているのはステファノただひとりだが、彼は神聖冒瀆の罪に問われ、怒れるユダヤ群衆に石を投げつけられて死ぬ。そして息を引き取る前に、「主よ、この罪を彼らに負わせないでください」と祈る（七章六〇）。

一部の学者によれば、イエスが最初の殉教者ステファノに比べて慈悲の心が少ないと思われるのに耐えられなかった書記が、『ルカ』にイエスの祈りを追加し、イエスもまた迫害者のために祈ることとなったのだという。面白い説だが、いくつかの理由で、説得力があるとは言えない。最大の理由はこれだ——書記がふたつのテキストの辻褄を合わせようとする時は、双方で同じ言葉を繰り返す傾向がある。だがここでは、同じ語法はなく、たんに似た祈りというだけだ。これは書記がよくやる「辻褄合わせ」ではない。

これに関してもうひとつ興味深いのは、著者であるルカ自身が何度も何度も、わざわざ苦労して、福音書のイエスに起きたことと使徒言行録の信徒たちに起きたことを似させようとしていることだ。イエスもその信徒たちも、いずれも洗礼を受け、いずれもその時点で聖霊が降り、いずれも福音を説き、いずれもそれゆえに拒絶され、いずれもユダヤ権力の手で受難する、等々。福音書でイエスの身に起こったことは、使徒言行録で信徒たちの身に起こる。だから、イエスの信徒のひとりがイエスと同様に怒れる権力に処刑され、同じように迫害者のために祈ったとしても、全然意外ではない——というかむしろ想定の範囲内なのだ。

イエスの赦しの祈りは『ルカ』二三章のオリジナルであると推測する理由は他にもある。例えば、『ルカ』と『使徒言行録』全体を通じて、イエスは無実だが（その信徒たちもそうだが）、彼に敵対する者たちは悪意ではなく、無知ゆえにそうするのだということが強調されている。『使徒言行録』三章でペトロは「あなたがたがあんなことをしてしまったのは、指導者たちと同様に無知のためであったと、私には分かっています」と言う（一七節）。また同一七章でパウロは、「神はこのような無知な時代を、大目に見てくださいました」（三〇節）と言う。そしてそれはまさに、イエスのあの祈りの中にもある。「自分が何をしているのか知らないのです」。

そんなわけで、『ルカ』二三章三四は、ルカのオリジナル・テキストであると思われるのだ。ではなぜ、書記（あるいは多くの書記たち）はこれを削除したいと願ったのか？　ここで、その書記がどういう歴史的コンテクストの下にいたのかを理解することが重要になってくる。今の読者は、ここでイエスは誰のために祈っているのかよく解らないかもしれない。何も知らずに彼を処刑しようとしているローマ人のためか？　あるいはそもそも最初にローマ人に彼を引き渡したユダヤ人のためか？　今の私たちがこの問いにどう答え、この条をどう解釈するかは人それぞれだが、初期の教会でこれがどう解釈されていたかは明らかだ。教会教父たちの文書で、この祈りが論じられる時、ほとんど間違いなく、彼らはその祈りがローマ人に向けられたものではなく、ユダヤ人に向けられたものだと解釈している。[10]　イエスは、彼に死をもたらしたユダヤ人（もしくはユダヤ権力）を許すように神に求めているのだ。

となれば、一部の書記がこれを省略したくなった理由は明らかだろう。イエスがユダヤ人を赦《ゆる》してくださいと祈っただって？　どういうこと？　初期キリスト教徒にとって、この一節をこのように解釈することには、実際問題としてふたつの問題点があった。第一に、なぜイエスが、片意地に神を拒絶した頑迷固陋な民族のために祈ってやらねばならないのか？　多くのキリスト教徒にとって、それはほとんど考えられないことだった。さらに重要なことに、二世紀には多くのキリスト教徒が、実際に神はユダヤ人を赦さなかったと信じるようになっていた。なぜなら、すでに述べたように、神はユダヤ人がイエスを殺した罰として、イェルサレムを破壊したからだ。教会教父オリゲネスは言う。「イエスが斯様な艱難を受けた都が完膚無きまでに破壊され、ユダヤ人の国が滅びることは全く正しい」（『ケルソス駁論』四章二二）[11]。

　ユダヤ人は自分たちのしていることをよく知っていたし、神は明らかに彼らを赦さなかった。こういう観点から見れば、イエスが彼らに対する赦しを祈ったというのはわけが判らない。だって実際には赦されなかったのだから。では、「父よ、彼らをお赦しください。自分が何をしているのか知らないのです」とイエスが祈ったというテキストに対して、書記としてはどうすればいいのか？　この問題に対して、彼らは単純にテキストを削除した。イエスはもはや、彼らが赦されるようになんて祈ってない。

　他にも同様の例がある。後の反ユダヤ主義の台頭に最大の影響を与えた条は、『マタイによる福音書』のイエスの裁判の場面だ。話によれば、ピラトはイエスが無実であると宣言した上で、自ら手を洗い、「この人の血について、私には責任がない！　お前たちの問題だ！」と言う。これに対してユダヤの群衆が上げた叫びは、中世を通じてユダヤ人に対して向けられた迫害において、恐ろしい役割を果たすことになる。彼らはイエスの死の責任を負ったとされたのだ。「その血の責任は、我々と子孫にある」（二七章二四－二五）。

　私たちが関心を持つ異文は、次の節に出てくる。ピラトはイエスを鞭打ってから、「十字架につけるために引き渡した」。これを読んだ人は、当然彼はイエスを十字架につけるために、手下の（ローマの）

兵士に引き渡したと考えるだろう。それ故にいっそう驚いてしまうのだが、初期の資料の一部――『シナイ写本』にある書記の改変のひとつも含む――では、このテキストが改変され、イエスの死に関するユダヤ人の責任をさらに強めているのだ。これらの写本によれば、ピラトは「彼らが［すなわち、ユダヤ人が］彼を十字架につけるために、彼らに引き渡した」となっているのだ。これで、イエスの処刑に対するユダヤ人の責任は絶対となったわけで、まさしく初期キリスト教徒の反ユダヤ的傾向による改竄だと言える。

時には、反ユダヤ主義的異文がかなり微妙で、よく考えないと解らないものだったりすることもある。例えば、『マタイによる福音書』のイエス誕生の話で、ヨセフはマリアの産む子をイエス（「救済」）と名付けるよう告げられる。「この子は自分の民を罪から救うからである」（『マタイによる福音書』一章二一）。驚くべきことに、シリア語に翻訳されたある写本では、この部分が「この子は世を罪から救うからである」と書かれている。ここでもまた、ユダヤの民が救われるということに対して、書記が抵抗を覚えたらしい。

これと同様の改変が、『ヨハネによる福音書』四章にある。ここでイエスはサマリアの女と話し、「あなたがたは知らないものを礼拝しているが、私たちは知っているものを礼拝している。救いはユダヤ人から来るからだ」と言う（二二節）。だがいくつかのシリア語とラテン語の写本では、このテキストが改変され、イエスは「救いはユダヤから来るからだ」となっている。つまり、世に救済をもたらすのはユダヤの民ではない。ユダヤという場所で起こったイエスの死である、というわけだ。ここでもまた、書記に改変を促したのは反ユダヤ主義的傾向である疑いが濃厚だ。

この短い論評に採り上げる最後の実例は、五世紀の『ベザ写本』だ。この写本には、興味深く面白い異文が満載されている。『ルカによる福音書』六章では、ファリサイ派がイエスとその弟子たちを非難し、安息日の規定を破ったという（六章一－四）。だがこの『ベザ写本』では、この節の後に別の節が付け加えられているのだ。「同じ日、イエスは安息日に仕事をしている男をご覧になって、言われた、『男よ、あなたが自分のしていることを知っているなら、あなたは幸いだ。だが自分のしていることを知らないのなら、わざわいだ。あなたは律法を犯したからである』」。この、全く馴染みのない一節を完全に解釈するには、かなりの研究が必要だろう。[12]だがここでは、イエスは福音書の他の部分には決して見られないほどあけすけなものの言い方をしているということに注意すれば十分だ。他の箇所では、安息日の規定を犯していることを非難されると、イエスは自分の行為の弁解はするが、安息日の規定を破れと示唆することはない。一方この節では、安息日の規定を破ることがなぜ合法的かを知った上でそうする者は幸いだというのだ。なぜそれが合法であるかを知らずに行なう者だけが、悪事を為しているというわけだ。これもまた、初期教会に反ユダヤ主義の台頭が起こっていたことを示す異文だろう。

異教徒と聖書

さて、ここまでのところ、正統教義や教会運営（女性の役割）が初期キリスト教の書記たちに及ぼした影響を見てきた。また、教会とシナゴーグの間の軋轢が、教会の反ユダヤ主義的傾向として、後に新約聖書となるテキストの伝承に影響を及ぼす様子も見た。だが最初の数世紀のキリスト教徒は、内なる異端者や外なるユダヤ人との戦いだけで満足していたわけではない。彼らはさらに、世界全体、つまりほとんどが異教徒から成る世界との戦いに参加していると考えていた。ここで言う「異教徒」は、歴史用語としては、否定的な意味合いは何もない。古代社会において、当時の多種多様な多神教のどれかを信じていた者はみなこれに当たる。つまり、ユダヤ人でもキリスト教徒でもない者という意味だ。だからローマ帝国の人口の九〇－九三パーセントが異教徒ということになる。キリスト教徒は、ときおり異教徒からの迫害を受けた。その礼拝の形が異様だったことと、イエスが神の子であって、その十字架での死によって救済がもたらされたという教義のためだ。そして時に、この迫害が、聖書のテキストを複製するキリスト教の書記に影響を及ぼすことがあった。

異教徒による迫害

古い記録によれば、キリスト教徒はときおり、異教徒の群衆／権力から暴力的な迫害を受けることがあった。[13] 例えば使徒パウロは、キリストのために受けたさまざまな艱難を列挙し、「鞭で打たれたこと」が三度あると言っている（『コリントの信徒への手紙二』一一章二五）。これは、ローマの自治都市の権力者が、社会的に危険と判断した罪人に対して用いた刑罰だ。パウロは現存する最古の書簡である『テサロニケの信徒への手紙一』の中で、「彼ら［ユダヤ教会］がユダヤ人たちから苦しめられたように、あなたがたもまた同胞から苦しめられたからです」と述べている（二章一四）。後者の場合、この迫害は「公式」のものではなく、群衆による集団暴行のようなものだったらしい。

実際、最初の二世紀の間、キリスト教徒に対する異教徒の迫害は、ローマによる組織的な公式の迫害というより、草の根レベルで起こるものだった。多くの人は意外に思われるかもしれないが、キリスト教自体には、当時においても何ら違法性はなかったのだ。キリスト教は別に非合法な宗教というわけではなかったし、キリスト教徒も地下に潜伏したりする必要はなかった。迫害を避けるためにローマのカタコウムに潜んだりとか、魚のシンボルなどの秘密のサインを使ってお互いを見分けたなどという話は、たんなる伝説に過ぎない。イエスに従うことは違法ではなく、ユダヤの神を崇めることも違法ではなく、仲間内で集まって礼拝するのも（ほとんどの場所では）違法ではなく、キリストを神の子と信ずるように布教するのも違法ではなかった。

なのに、キリスト教徒はときおり迫害を受けた。それはなぜ？

キリスト教徒に対する迫害を理解するためには、ローマ帝国の異教について、少し知識が必要だ。これらの異教は――何百もあったわけだが――すべてが多神教で、たくさんの神々を崇拝していた。そしてその崇拝とは、祈りと生け贄によって行なうものだった。ほとんどの場合、神々の崇拝は、死後の幸福を祈るものではなかった。一般に、人々が関心を抱いていたのは、もっぱら現世だった。ほとんどの人にとって現世は過酷で、あてにならないものだった。だが神々は、人々が自力ではどうにもならないものをもたらすことができた――作物を実らせ、家畜を肥やし、雨を降らし、健康と富と豊饒をもたらし、戦争を勝利に導き、国を栄えさせる。神々は国を守り、富ませる。神々は人生に長寿と幸福をもたらす。そのためには、たんに神々を崇拝すればよい――国家レベルでの崇拝では、市民の祭によって神々を讃え、また地方レベルの崇拝では、共同体や家族で祭が行なわれる。

ものごとがうまくいかなくなったり、戦争、旱魃、飢饉、疫病などに脅かされると、これは崇拝が足りないために、神々が不満を抱いている徴《しるし》と解された。そんなとき、誰に責任を押しつければいいだろうか？　当然ながら、神々への崇拝を拒否した連中だ。そこでキリスト教徒の登場だ。

もちろん、ユダヤ人もまた異教の神々を崇拝しない。だが彼らは一般に、神々を崇拝するすべての人々にとって、例外的な存在と見なされていた。というのも、ユダヤ人は祖先の伝統にだけ忠実に従う特別の民だったからだ。(14) だがキリスト教徒は、特別の民とは見なされなかった――彼らはユダヤ教やその他諸々の異教から改宗した者たちであり、お互いに血の繋がりもなく、たんに奇妙な信仰と礼拝だけで繋がっている連中だったからだ。さらにまた、彼らは反社会的な集団であり、家族もそれまでの人間関係も捨てて自分たちの共同体に引きこもり、地域の祭にも参加しないカルトな連中だった。

つまりキリスト教徒が迫害されたのは、彼らが健全な社会にとって有害だと見なされたからだ。なぜなら彼らは社会を防衛している神々を崇拝せず、反社会的な共同生活をしてるのだから。天災が起きた時、あるいは天災の予兆に人々がおののいたとき、キリスト教徒以上にその犯人にふさわしい人々がいるだろうか？

皇帝はもちろん、さまざまな属州の総督も、このような地域的な出来事に関わることはほとんどなかった。だが仮に関わったとしても、ただキリスト教徒を危険な集団として撲滅しようとしただけだ。キリスト教徒には通常、異教の神々をそれぞれのやり方で礼拝すれば罪が許される機会が与えられていた（例えば、神々に焼香するとか）。だがこれを拒否するなら、彼らは不服従によって国家に災いをもたらす者と見なされ、それにふさわしい扱いを受けたわけだ。

二世紀半ば頃までに、異教の知識人はキリスト教徒に目を向け、彼らを非難する論文を書くようになった。これらの作品は、キリスト教徒をネガティヴにしか描いていない。またその信仰を滑稽なものとして攻撃し（例えば、彼らはユダヤの神を崇拝すると主張していながら、ユダヤの律法に従うことを拒否している！）、その行為を破廉恥なものと非難している。後者に関して言えば、しばしば言われるのは、キリスト教徒が夜闇に紛れて集まり、お互いに「兄弟」「姉妹」と呼び合い、接吻の挨拶を交わすというものだ。また、その礼拝では神の子の肉を喰い、血を飲むという。これを聞いて、人はどう思うだろうか？　まあ、最悪の状況を想像してしていただければ、当たらずといえども遠からずだろう。異教徒たちの主張によれば、キリスト教徒は近親相姦（兄弟姉妹による性交）と幼児殺害（子殺し）、そして人肉食（その肉を喰い、血を飲む）の儀式を行なう。こういう告発は今では信じられないかもしれないが、品位と開放性が重視された当時の社会では、広く信じられていた。キリスト教は極悪にして破廉恥なカルト宗教と見なされたわけだ。

　キリスト教徒に対する知的攻撃においては、この新奇かつ反社会的な信仰の開祖、つまりイエス自身に関心が集まった[15]。異教の著述家たちは、イエスの貧しい出自や身分の低さを指して、そんな男を神として崇拝しているキリスト教徒を嘲った。キリスト教徒は磔刑にされた罪人を拝んでいる、愚かにもそんな男を何やら有り難いものだと信じている、と。

　二世紀の終わり近くになると、著述家の中にも、実際にキリスト教文書を読んで論理を構築する者も出てきた。異教徒の批評家ケルソスは、キリスト教の信仰を批判する根拠として曰く――

> これらの批判はおまえたちの文書に基づくもので、他の資料は必要がない。お前たち自身が自分で自分に対する反駁を提供しているのだ。（『ケルソス駁論』二章七四）

これらの著述は、しばしば冷笑の様相を呈する。例えば異教徒であるポルフュリオス曰く――

> 福音書は、虚構である――イエスの生涯の観察でもなければ証言でもない。四つの書それぞれが、彼の受難と磔刑の出来事に関して、互いに矛盾することを書いている。（『キリスト教徒駁論』二章

一二―一五)[16]

異教徒ケルソスによれば、このような批判に対して、キリスト教徒の書記はテキストを改変し、見る目のある人にとってはあからさま過ぎる問題点を削除している、という。

信者の中には、酒でも呑んでいるかのように、言うことが支離滅裂となり、福音書の原文を三度、四度、あるいはそれ以上にわたって改変し、批判の矢面に立たされた難問を否定できるようにしている。(『ケルソス駁論』二章二七)

実を言うと、異教徒からの批判に対抗するために書記たちがときおりテキストを改変していた証拠については、このような異教徒の証言に頼る必要はないのだ。新約聖書の現存する写本の中に、このような書記による改竄が行なわれていたことを示す箇所があるのだから。[17]

そうした条を考察する前に、このような異教徒によるキリスト教批判、イエス批判に対して、キリスト教側からの反論がなかったわけではないということを指摘しておこう。それどころか、知識人がキリスト教に改宗し始めると、つまり二世紀半ば以後、数多くの合理的な弁論、つまり護教論が、キリスト教徒の筆から生み出されるようになったのだ。これらのキリスト教著述家の名は、初期キリスト教の研究者にはよく知られている。例えば殉教者ユスティノス、テルトゥリアヌス、オリゲネスなどだ。他にもあまり知られていない著述家もいるが、彼らの護教論も同様に注目する価値がある。例えばアテナゴラス、アリスティデス、それに『ディオグネートスへの手紙』の匿名の著者などだ。[18] 全体として、キリスト教徒の学者たちは異教徒の批判者たちの議論が謬見であることを示そうと努めた。キリスト教徒は社会的に危険であるどころか、社会をまとめる接着剤なのであり、キリスト教の信仰は合理的であるのみならず、世界で初めての真実なる信仰なのであり、イエスは実際に神の子なのであり、その死は救済をもたらしたのであり、初期キリスト教文書は実際に神の霊感によって書かれた真実なのである、と。

では、この初期キリスト教の「護教」運動は、信仰の書を複製する二、三世紀の書記たちにどのように影響を及ぼしたのだろうか？

異教徒との論争

あえて触れなかったが、実はすでに、護教論的動機によって改変されたと思われるテキストの一例はお目にかけている。第五章で見た『マルコによる福音書』一章四一がそれだ。元来、癒して貰おうと思って近づいてきた皮膚病の人を見てイエスは激怒しつつ、手を伸ばしてその男に触れ、「清くなれ」と言う。書記たちは、なぜこのコンテクストでイエスが怒るのか理解できなくて、実はイエスがその男に感じていたのは「憐れみ」だと改変してしまう。

とはいうものの、このテキストを改変した書記たちの動機は、たんにわけの判らないテキストを辻褄の合うようにしようというだけではなかったのかもしれない。異教徒の批評家たちとキリスト教徒の護教家たちとの間でつねに問題となるのは、イエスの振る舞いについてだった。つまり、彼の行動は神の子を名乗るにふさわしいものであったのか、ということだ。ここで強調しておくけれど、これは人間が同時に神でもあるというようなことが可能かどうかというような議論ではない。というのも、この点についてはキリスト教徒も異教徒も完全に合意していたのだ。なぜなら、神的存在が人間となって地上で人間と交流するという話は異教徒にもお馴染みだったのだから。問題は、イエスがそういう存在と考えるにふさわしいような振る舞いをしていたのか、あるいは彼の態度や振る舞いは、彼が実際に神の子である可能性を抹殺するようなものだったのか、ということだ[19]。

この時代の異教徒に広く信じられていたところによると、神々ともあろう者は、たんなる人間風情のつまらない感情や気まぐれにとらわれたりすることはない。なぜなら彼らはそういうことはすべて超越しているからだ[20]。では、ある人物が神であるかどうか、どうやって決めればよいのか？ 当然ながら、人間を超越する（知的もしくは肉体的な）力を示さねばならない。だがそれと同時に、自分が神界から来たと自称するなら、それにふさわしい振る舞いが求められるのだ。

この時代の多くの著述家は、神ともあろう者が「怒る」などということはあり得ないと主張していた。というのも、それはあくまで人間の感情であって、他人の何かが気に障ったとか、傷つけられたとか、ともかくつまらない原因に由来するものだと考えられていたからだ。当然ながらキリスト教徒は、神が自分の民の堕落に「怒る」ことがあると主張していたが、同時にまたキリスト教の神は、あらゆる偏狭さとは無縁の存在でもあった。だがこの話では、イエスが皮膚病の人に対して怒る明白な理由は何もない。このテキストが改竄された時代が、イエスの振る舞いが神たる者にふさわしいものであったかどうかという議論が異教徒との間に為されていたのと同じ時代だということからして、書記がこの論争の観点から、テキストを改竄した可能性は高い。言い換えれば、護教的動機による改竄というわけだ。

このような改竄のもうひとつの例は、同じ『マルコ』の何章か後に出てくる。イエスの故郷の村人たちが、なぜ彼にこんなすごい説教ができるのか、こんなすごい奇蹟ができるのかと訝る有名な話だ。彼らは驚いて言う、「この人は、大工ではないか。マリアの息子で、ヤコブ、ヨセ、ユダ、シモンの兄弟ではないか。姉妹たちは、ここで我々と一緒に住んでいるではないか」（六章三）。なぜ、自分たちと一緒に育った者、その家族もすべて知っている者が、こんな奇蹟を起こせるのか、と彼らは訝ったわけだ。

新約聖書全体の中で、イエスが大工と呼ばれるのはここだけだ。ここで用いられる単語TEKTŌNは、他のギリシア語テキストでは、手でものを造る人を表わす言葉だ。例えば後代のキリスト教文書では、イエスは「軛《くびき》と門」を造ったとされている。[21] だが、彼を優美な家具を造る職人のように考えてはならない。たぶん、この言葉の持つ「感覚」を感じ取るには、私たち自身の経験に準《なぞら》えるのが一番だろう。それはちょうど、イエスを建設現場の労務者と呼ぶようなものなのだ。そんな人物を、どうやって神の子と呼べるだろうか？

この疑問を、異教徒の論客はひじょうに重視した。実際、彼らはこの疑問を反語として理解したのだ。もしもイエスがたんなるTEKTŌNに過ぎないのなら、彼は明らかに神の子ではあり得ない。異教徒の批評家ケルソスは、とくにこの点でキリスト教徒を嘲笑した。イエスを「大工」とする話と、彼が（木で出来た十字架の上で）磔刑に処せられたという事実、それにキリスト教の信仰にある「生命の木」を結びつけて曰く——

> 彼らの文書においては、至る所で生命の木が語られるが……それは彼らの師が十字架に釘で打たれ、そして大工を生業としていたからではないのだろうか。だから、例えば彼がたまたま崖から落とされて死んだとか、穴に埋められて死んだとか、吊し首にされたとか、あるいはまた彼の生業が靴屋だったとか、石工、あるいは鍛冶屋だったりした場合、天にある生命の崖とか、復活の穴とか、不死の綱とか、幸いの石、愛の鉄、聖なる革などが崇拝されていただろう。子供を寝かしつけるため

に物語を歌って聞かせる老婆ですら、恥じ入るような話ではなかろうか？（『ケルソス駁論』六章三四）

ケルソスに反論したキリスト教徒のオリゲネスは、イエスがたんなる「大工」に過ぎないという非難を深刻に受け止めたに違いない。だが奇妙なことに、彼はそのことを何とか合理的に説明するのではなく（いつもの彼ならそうしていたのだが）、その事実を完全に否定したのだ。「［ケルソスの目は］この点に関しても節穴であって、現在の教会の福音書の中に、イエス御自身を大工であるなどと書いたものはひとつもないのである」（『ケルソス駁論』六章三六）。

この否定を、どう解釈すべきだろうか？　オリゲネスは『マルコ』六章三のことを忘れていたのか、それとも彼の持っていたテキストでは、イエスが大工だとは書いていなかったのか？　実を言うと、まさにそうなっている写本が現存しているのだ。現存する最古の『マルコ』写本であるP[45]、これは三世紀初頭（オリゲネスの時代）のものだが、これとさらにいくつかの後代の資料では、問題の一節が異なっているのである。ここではイエスの故郷の村人たちは、こう言うのだ。「この人は、大工の息子ではないか」。つまり、イエス自身は大工ではなく、大工の息子に過ぎないということになったわけだ。[22]

オリゲネスが護教的な動機に基づいて、イエスが大工と呼ばれたことは一度もないと言ったのと同様、この書記がテキストを改竄し――『マタイ』一三章五五の並行句とより厳密に対応させたのも、イエスは神の子などではあり得ない、なぜなら彼はたんなる下層階級のTEKTŌNに過ぎないのだから、という異教徒の非難に対処するためだったのだろう。

護教目的の改竄のもうひとつの例は、イエスの磔刑を語る『ルカによる福音書』二三章三二だ。新改訂標準訳聖書では、こうなっている。「他にも、二人の犯罪人が、イエスと一緒に死刑にされるために、引かれて行った」。だが原文のギリシア語の書き方では、この節は次のようにも訳せる。「他にも二人、やはり犯罪人である者が、イエスと一緒に死刑にされるために、引かれて行った」。ギリシア語原文の曖昧さを考えると、一部の書記が、護教的な理由から、原文の語順を変えたのも意外ではない。そうすることによって、「犯罪人」と呼ばれるのは「他の二人」であり、イエスは含まれないということをはっきりさせたわけだ。

さらにまた、これらとは別種の改変もある。つまり、真の神の子であるイエスが、とくに未来の予言において、「間違ったこと」を言っていないということを示すための改変だ（なぜなら神の子ともあろう者が、未来のことを知らないということはあり得ないから）。すでに論じた『マタイ』二四章三六で、イエスが終末の到来について、「その日、その時は、誰も知らない。天使たちも子も知らない。ただ、父だけがご存じである」とはっきり言っているのを改竄したのも、同じ動機かもしれない。現存する写本のかなりの数が、「子も」を削除しているのだ。その理由を推察するのは難しくはない。もしもイエスが未来を知らないのなら、彼が神だというキリスト教徒の主張は少なからず危うくなる。

これほど一目瞭然ではないが、同じ『マタイ』の三章後、磔刑の場面にも怪しい一節がある。同二七章三四では、十字架上のイエスが「苦いものを混ぜたぶどう酒」を与えられたとされている。だがかなり多くの写本によれば、与えられたものはぶどう酒ではなく、酢だったという。この改変は、この出来事を説明するために引用される旧約聖書の一節、つまり『詩篇』六九章二二との整合性を強めるためだったのかもしれないが、また別の動機があったのではないかと推測することも可能だ。興味深いのは、最後の晩餐を描いた『マタイ』二六章二九で、イエスは弟子たちにぶどう酒の杯を渡した後、はっきりと「言っておくが、私の父の国であなたがたと共に新たに飲むその日まで、今後ぶどうの実から作ったものを飲むことは決してあるまい」と言うのだ。二七章三四でぶどう酒が酢に改変されたのは、この予言に対する安全装置なのか？　つまり、そう予言した以上、ぶどう酒を飲ませるわけにはいかないということなのか？

　予言といえば、『マルコ』一四章六二で、イエスはユダヤの大祭司に対しても予言している。「お前は誉むべき方の子、メシアなのか」と訊ねられたイエスは言う、「そうです。あなたたちは、人の子が全能の神の右に座り、天の雲に囲まれて来るのを見る」。現代の学者の多くはこれを、実際のイエスの言葉、もしくはそれに近いものと考えている。だが、一世紀末以来、多くのキリスト教徒はこの言葉に違和感を感じてきた。なぜなら、人の子が天の雲に乗ってやって来るなどということはついに起こらなかったからだ。なぜイエスは、大祭司その人がイエスの再来を見ると予言したのだろうか？　歴史的に言えば、たぶんイエスは実際に大祭司がそれを見ると、すなわちその出来事は大祭司の存命中に起こると考えていたのだろう。だが明らかに、二世紀の護教家からすれば、この予言はでたらめと受け取られかねないものだった。だから現存する最古の資料のひとつで、問題の単語が削除されていたとしても、不思議はない。ここではイエスの予言は、「あなたたちは、人の子が全能の神の右に座り、天の雲に囲まれているのを見る」となっている。つまりその人がもうすぐ来るという言葉が削られたわけだ。実際には来なかったんだから。

　まとめると、現存する写本の中の多くの条が、初期キリスト教徒の護教的な関心の的となったらしい。とくに、開祖であるイエスその人に関する部分はそうだった。初期教会内部の神学論争、女性の役割の問題、そしてユダヤ人との論争などと同様、キリスト教徒と、教養ある異教の論敵との論争もまたそうだったのだ。これらの論争はいずれも、現在の新約聖書に収録されることになる諸書に影響を及ぼした。なぜならこれらの書物は、二、三世紀の素人書記によって複製されたのであり、当時のコンテクストに従って改竄されることがあったからだ。

終章

聖書改竄

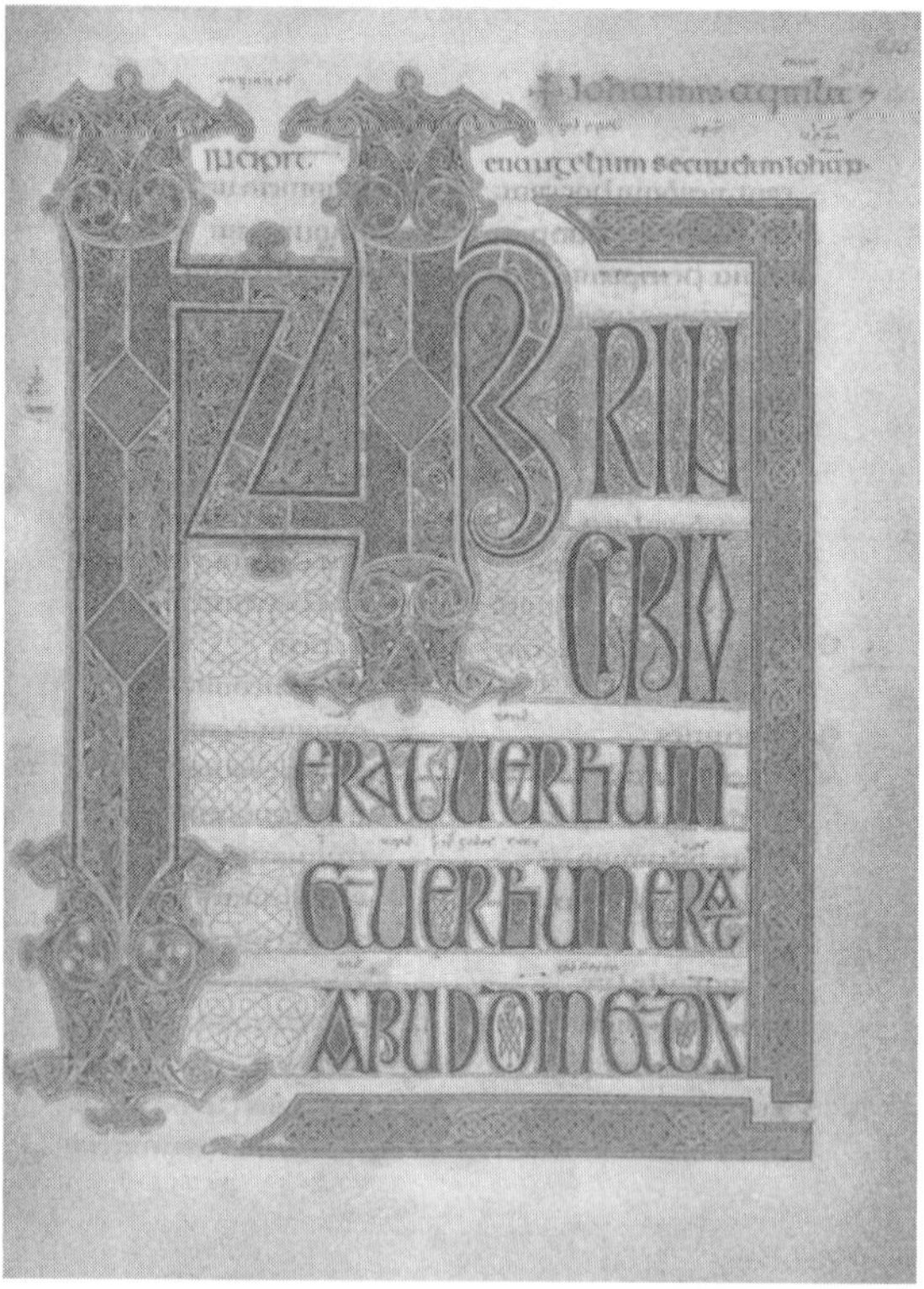

現存する最も有名、かつ華麗なページのひとつ。「ラテン語版リンディスファーン福音書」より、『ヨハネによる福音書』の扉。(イングランド、ノーサンブリア沖、リンディスファーン島)。

この本を始めるに当たって、私はまず私自身の個人的な覚書を書いた。どうして新約聖書のテキストの問題に興味を持ったのか、そしてなぜそれが私にとってそれほどまでに重要となったのか。長年にわたって私の興味を鷲摑みにしてきたものとは、そのすべての謎だったたと思う。多くの点で、本文批評の仕事は探偵に似ている。解くべき謎があり、発見すべき証拠がある。証拠はしばしば曖昧で、いろいろに解釈でき、問題に対する解をひとつに絞るためには論証が必要だ。

新約聖書の写本伝承を研究すればするほど、ますます痛感させられるのは、長年の間に書記の手によってどれほどラディカルな改変がそこに施されてきたかということだ。書記は聖書を守るだけでなく、また同時に変えもする。確かに、現存する写本の中に見つかる何十万何百万という改変のうち、そのほとんどは全く取るに足りない、些細な、何の意味もないものだ。それらはたんに、書記たちといえども、そのスペリング能力や集中力は私たちとたいして変わらなかったという事実を示すものに過ぎない。とはいうものの、現存する写本にあるテキストの改変は、そのテキストの意味内容とか、そこから引き出せる神学的結論には何の影響もない、などと言うのは——そのようなことを言う人は時々いるのだが——間違いだ。ここまでお付き合いいただいたあなたにはお解りの通り、事実は全く逆なのだ。場合によっては、テキスト問題をどう解くかによって、テキストの意味自体が百八十度変わってしまうことだってある——イエスは怒りっぽい人だったのか？　死を前にして錯乱したのか？　毒を飲んでも平気だなんて弟子たちに言ったのか？　優しく忠告しただけで、姦通の女を放してやったのか？　三位一体の教義は新約聖書の中にはっきり書かれているのか？　そもそも新約聖書にイエスが「唯一神」だなんて書いてあるのか？　新約聖書には、神の子自身ですら終末がいつ来るのか知らないと書いてあるのか？　疑問は挙げ始めればきりがない。そしてそのすべては、今日に伝わる写本伝承の中の問題をどう解くかに関わっているのだ。

何度でも言うが、誰の目にも明らかな結論なんて下しようがない。そもそも、有能で真摯で、きわめて知的な学者たちが、同じ資料を見て、しばしば全く逆の結論を下すというのが現実なのだ。これらの学者たちは、世界のあちこちにある数少ない図書館に籠もりきりの、毒にも薬にもならない偏屈な年寄りの学者センセイばかりかというと、そんなことはない。彼らの中には、いつの時代にもそうだったように、社会や文化に対してこの上ない影響力を持った人々もいるのだ。聖書は、どこからどう見ても、西洋文明の歴史の中で最も重要な本だ。だが、私たちはそれを読むことができているのか？　実際、それを原語で読むことのできる人はほとんどいない。そしてそれができる人の中でも、実際の写本を見たことのある人はきわめて稀だ——ましてや、いくつかの写本を読み比べたことのある人に至っては、何をか言わんや。だったら、もともと聖書には何が書いてあったのかなんて、どうやって解る？　一部の少数の人が、わざわざ古代の言語（ギリシア語、ヘブライ語、ラテン語、シリア語、コプト語、等々）の勉強に身を捧げ、学者生活を費やして現存する写本を調べ、新約聖書の著者が実際に書いた内容を確定しているお陰だ。つまり、わざわざ苦労して本文批評の仕事に身を投じ、お互いに何千カ所にも上る相違点を抱えた大量の写本に基づいて、「オリジナル」なテキストを再現しようという人々がいるということだ。さらに、そうやって再現された、ということはつまり異同の決定が為された（『マルコ』の一章二とか、『マタイ』の二四章三六とか、『ヨハネ』の一章一八とか、『ルカ』の二二章四三－四四等々の、オリジナルの形は何かということが決定された）ギリシア語テキストを使って、今度は別の人が、これを翻訳する。あなたが読んでいるのはそういう翻訳版だ——あなただけじゃなくて、何百万という人がそれを読んでいる。これら何百万という人々は、どうやって新約聖書の内容を知ったのか？

彼らがそれを「知った」のは、名前も知らない、どんな人かも、背景も、能力も、好みも、神学も、個人的な意見も全く知らないいろいろな学者たちが、これこそが新約聖書の内容だと教えてくれたからだ。だが、もしも聖書の翻訳者たちが訳した原文が間違っていたら？　そんなことは過去にもあった。欽定訳聖書の翻訳者たちが底本としたギリシア語テキストは、元を辿ればエラスムス版で、それはたった一冊の一二世紀の写本に基づいていて、それは現存する写本の中の最悪の一冊と呼べる代物だった！　だから現代の訳がしばしば欽定訳と違っているのは当然だし、一方で聖書無謬説のキリスト教徒が、欽定訳には何の問題もない、なぜなら神はギリシア語原文ではなくて欽定訳に霊感を吹き込んだのだから、なんて嘯《うそぶ》いたとしても、何の不思議もない！（古い諺にあるように、もしも欽定訳がパウロ様にとって十分なら、私にとっても十分だ、というわけだ）。

　とはいうものの、現実はそれほどスッキリしたものではない。そしてこの場合、私たちは事実と向き合わねばならない。欽定訳は神から与えられたものではなくて、一七世紀初頭の学者集団が翻訳したものであり、彼らが依拠していたのは間違いだらけのギリシア語テキストだ[1]。後代の翻訳家たちが底本としたギリシア語テキストはもう少しマシだったが、完璧じゃない。あなたが今手にされている翻訳版ですら、この本で論じてきたようなテキスト上の問題を含んでいる。あなたの手許にあるのが新国際版にせよ、改訂標準訳にせよ、新改訂標準訳にせよ、新米国標準訳にせよ、新欽定訳にせよ、イェルサレム聖書にせよ、現代口語訳にせよ、あるいはその他何であるにせよだ。これらはすべて、さまざまな箇所を改変されたテキストを底本としている。そして現代の翻訳版にも、依然としてオリジナルでないテキストが収録され続けている箇所もある（この本で論じたもので言えば、例えば『マルコ』一章四一、『ルカ』二二章四三―四四、『ヘブライ人への手紙』二章九など。もちろんこれ以外にもある）。また、オリジナルのテキストが何だったのか判らないという箇所すらある。例えば、きわめて知的かつ高度な訓練を積んだ本文批評家たちが、今もって議論を続けているような箇所だ。多くの学者たちは——第二章で述べた理由によって——「オリジナル」テキストに関して論ずること自体に意味を見出せなくなっている。

私自身の考えでは、そこまで言ってしまうのは言い過ぎのような気もする。もちろん、オリジナルを再現するのに、越えられないかもしれない壁があるということを否定するつもりはない。例えば、もしもパウロが『ガラテヤの信徒への手紙』を口述筆記していたとして、それを筆写している秘書が、たまたま部屋にいた誰かが咳をしたとかの理由によって、単語ひとつを聞き間違えたとする。すると、「オリジナル」そのものがすでに間違いを含んでいるということになる！　得てしてそういうことは起こるものだ。だがたとえそうであっても——想像を絶するほどの問題点はあるとしても——私たちの手には新約聖書のすべての書の写本がある。そのすべては他の、さらに古い写本から複製されたものだ。その底本もまた、さらに古い写本から複製されたのだ。そしてこの伝承の連鎖は、いつか、どこかで終わる。つまり最終的には、著者自身かその秘書である書記が作った「自筆原稿」に辿り着く——それこそ印刷が発明されるまで、十五世紀近くにわたって複製され続けた写本伝承の長い系譜の出発点だ。だから少なくとも、オリジナル・テキストについて語ること自体は「無」意味じゃない。

まだ私が学生で、この十五世紀にわたる複製と改変の歴史について考え始めたばかりの頃、私はつねに、キリスト教の書記について何を言うにせよ——最初の数世紀の書記であれ、中世の書記であれ——彼らは聖書を複製するだけではなく、改竄も行なっていたということを認めねばならないという事実に立ち返った。もちろん、意図せざる誤りもある——たまたま疲れていたとか、注意が散漫になっていたとか、場合によっては、無能だったとか。だが時には、意図的に改変を行なった場合もある。自分自身の信条をテキストによって強調したいと意図したときだ。例えば、キリストの本質について、教会内での女性の役割について、敵であるユダヤ人の邪悪さについて。

書記たちが聖書を改竄したという確信は、テキストを研究すればするほど、ますます強固なものになっていった。そしてこの確信は、テキストに対する私の理解を、さまざまな点で変えてしまったのだった。

とくに、冒頭でも述べたように、私は新約聖書というものをきわめて人間的な書物だと見なすようになった。私たちが実際に手にしている新約聖書なるものは、人間の手で、つまりそれを伝承した書記たちの手で造られたものなのだった。それから私は、たんに書記たちが複製したテキストだけでなく、オリジナルのテキストそのものもまたきわめて人間的な書物だと考えるようになった。これは、十代後半の、できたてホヤホヤの「再生派」キリスト教徒だった頃の私の聖書観とは全く相容れないものだ。当時の私は、聖書とは無謬なる神の御言葉であり、聖書の言葉それ自体が聖霊の霊感によってもたらされたものだと信じて疑わなかったのだから。だが大学院時代にすでに気づいていたように、たとえオリジナルの言葉が神の霊感に基づくものであったとしても、そんなものはもはや地上のどこにも現存しない。だから全霊感説というのは、ある意味では今の聖書には不適切だ。なぜなら神が吹き込んだという言葉は改変され、また一部では失われているのだから。さらに、私はかつて信じていた全霊感説はたんに不適切なだけじゃなくて、たぶん間違いだと考えるようになった。なぜなら、神が聖書の霊感を吹き込んだ理由は、人々に神の真実の言葉を聞かせるため以外にあり得ない（と私は思った）。だが、もしも本当に神が人々に神の真実の言葉を聞かせたいなら、彼は奇蹟によってその言葉を同一に保っていたはずだ。そもそも最初に、奇蹟によってそれを吹き込んだんだから。だが、実際には神は全然言葉を同一に保つなんてことはしていない以上、もはや結論は不可避と思われた。つまり神は、最初からそれを霊感によって吹き込むなんて七面倒くさいことはしていない。

このことを考えれば考えるほど、新約聖書の著者たちだって、後代にそれを伝えた書記たちと同じだと考えるようになった。著者たちだってやはり人間であり、自分なりの欲求、信仰、世界観、意見、愛と憎しみ、熱望、欲望、立場、問題などを抱えている——そして間違いなく、それらは彼らが書く内容に影響を及ぼしている。さらにまた、もっと明白な点で、これらの著者たちは後の書記たちと同じだ。つまり彼らもまたキリスト教徒であり、イエスとその教えに関する伝承を受け継ぎ、キリスト教の救済のメッセージを学び、福音の真実を信ずるようになり——そして彼らもまた、文書の中の伝統を後の世に伝えた。ひとたび、これらの著者たちもまたそれぞれの信仰や世界観や立場等々のある当たり前の人間なんだということに気がつけば、すべての著者が、自分の受け継いだ伝統を異なる言葉で後代に伝えているということが判る。マタイは実際にはマルコと全く同じではないし、マルコはルカと同じではない。ルカはヨハネとは違うし、ヨハネはパウロとは違う。そしてパウロはヤコブではない。書記たちがこれらの言葉を「別の言い方」で言い換えることによって伝承する言葉を改変したように、新約聖書自身の著者たちは、その物語を語り、指導を与え、思い出を書き綴る際に、(人から聞いた言葉ではなくて)自分自身の言葉を使ったのだ。その言葉は、彼らがそれを書いている時、書いている場所の聴衆にとって、最も適切な言葉なのだ。

そういうわけで、これらの著者たちはひとりひとり違うわけだから、各人がそれぞれ他の著者と同じことを意図していると考えるのは適切ではないと考えるようになった——私がこの本で言っていることだって、本文批評について書いている他の著者の言ってることと同じとは限らないわけだし。私たちの言ってることとは違うかもしれない。どうやったらそれが判る？　それぞれの本を丹念に読み、それぞれが言っていることを見極めるしかない——最初から両者が同じことを言ってるなんて決めつけないことだ。全然別のことを言ってるなんてザラにある。

新約聖書の著者たちだって、同じことだ。このことははっきり確認することができる。この本の最初の方で言ったように、一九世紀以来、ほとんどの学者たちにとって明らかになっていることだが、最初に書かれた福音書は『マルコ』で、それから『マタイ』と『ルカ』が続く。この両者は、イエスに関する物語の資料のひとつとして『マルコ』を使った。一方では、この主張にはとくに過激なところは何ひとつ無い。著者というものは物語をどこかから持って来なくてはならないのであり、ルカ自身、自分の作品を書くのに先人たちの話を読み、流用したと述べている（一章一—四）。また一方では、このことはつまり、それぞれに共通する物語について、マルコの言ってることとマタイやルカの言ってることを比べることができるということだ。そうすることによって、後代の著者たちがマルコをどんな風に改変したかを見ることができる。

この探偵業は、とても面白く、啓発的なものでもある。これらの後発の著者たちは、時にはマルコのセンテンスを丸ごと拝借していることもあるのだが、また時には彼の言ったことを改変することもある。それも過激にだ。その意味では、彼らもまた書記たちと同様、聖書を改竄していると言える。すでに本書の中でもその実例をいくつか見たとおりだ。例えばマルコは、イエスが死を前にして深く苦悩したと描いている。マルコのイエスは弟子たちに対し、「私は死ぬばかりに悲しい」と言い、祈りの際には地面に平伏《ひれふ》し、この杯を取り除けてくれるように、三度にわたって神に懇願する。刑場への途上では完全に沈黙を保ち、十字架上では、ふたりの強盗を含むすべての人々に嘲られても何も言わず、最後の最後になってようやく、苦悩に満ちた叫びを上げる。「わが神、わが神、何故あなたは、私をお見捨てになったのですか?」。それから彼は叫び声を上げて死ぬ。

ルカもまた、このマルコ版の物語を手にしていた。だが彼はそれを大きく改変してしまう。彼はイエスがこの上もなく狼狽していたというマルコの描写を、「死ぬばかりに悲しい」というイエス自身の台詞まで含めてすべて削除してしまう。ルカのイエスは顔から平伏すのではなく、たんに跪くだけで、杯を取り除けてくれるように三度嘆願する代わりに、ただ一度依頼するだけで、しかもその前に「御心なら」という但し書きをつける。刑場への道すがらも沈黙するどころか、嘆き悲しむ女たちに語りかけ、私のために泣くな、やがて来る自分自身の運命のために泣けと諭す。十字架に架けられようとする時も彼は沈黙せず、下手人たちを赦すように神に祈る。「自分が何をしているのか知らないのです」。十字架に架けられた後ですら、彼は沈黙しない。強盗のひとりが彼を罵り(『マルコ』では両方が彼を罵るのだが)、ひとりが彼に助力を乞うと、彼は今の出来事が神の恩寵であることに満腔の自信を持って、「はっきり言っておくが、あなたは今日私と一緒に楽園にいる」と言う。そして最後には、何故私をお見捨てになったのですかと問う代わりに——ここには遺棄の叫びは全くない——彼は神に全幅の信頼を寄せて祈る。「父よ、私の霊を御手にゆだねます」。

ルカはこの話を改変した。いったいルカが何を強調しようとしていたのかを知るためには、彼の改変を真剣に考察せねばならない。ルカとマルコは同じことを言っているのだ、などと言って澄ましている人は、ルカの改変を真剣に考察などしていない、と私は考えるようになった。マルコは死を前にしたイエスが完全に見捨てられ、自暴自棄となっていたことを強調しようとした。では、なぜマルコがそんなことを強調しようとしたのかについては、いろいろな解釈がある。一説によれば、マルコが強調したかったのは神の御業の働きの神秘であり、一見不条理な苦難（イエスは最後に激しい疑いに襲われたように見える――「何故あなたは、私をお見捨てになったのですか？」）も、実際には贖罪のためだったのだということだという。ルカが伝えようとした教えはこれとは異なる。ルカのイエスは絶望などしていない。彼は静謐で自制心を持ち、自分に何が起ころうとしているのか、それはなぜか、そして後で何が起こるのか（「あなたは今日私と一緒に楽園にいる」）を知っている。ここでもまた、なぜルカが死を前にしたイエスをこのように描写したのかについて、解釈は分かれている。だがおそらく、ルカは迫害に遭ったキリスト教徒に対して、死を前にしてどのような態度を取ればよいかという見本を提供しようとしたのだろう。如何なる苦痛にも耐え、神が自分の側にいることを信じよ、と（「私の霊を御手にゆだねます」）。

　重要な点は、ルカは彼が受け継いだ伝承を改変したということだ。このことを理解しないと――例えば、マルコとルカはイエスについて実際には同じことを言っているなどと決めつけてしまうと――ルカのことを完璧に誤解してしまうことになるだろう。もしも彼らが同じことを言っていないなら、そう決めつけてしまうのは誤りということになる――例えば、マルコの言っていることを取ってきて、それからルカの言っていることも取ってきて、さらにマタイやヨハネの言うことも採り入れて、それをすべて混ぜ合わせて、イエスはそれぞれの福音書に書いてあるすべてのことを行ない、すべての台詞を言ったのだ、などと主張するようなことだ。福音書をこのように解釈することは、それぞれの著者が自分の言葉で語ることを禁じている。こんな読み方をする人は、著者のメッセージを理解するためにその書を読んでいるわけではない。こんな読み方をする人は、福音書それ自体を読んではいない——新約聖書の四福音書を組合わせて新しい福音書を造っているのだ。私たちの手に伝えられたどの福音書とも似ても似つかない、捏造の福音書を。

ルカが彼以前のテキスト——この場合は『マルコによる福音書』——を改変したとしても、だからといって彼は初期キリスト教著述家の中で孤立してしまうわけではない。実際にはそれは、新約聖書のすべての著者がやっていることなのだ——もちろん、新約聖書以外のキリスト教著述家も。というか、あらゆる場所の、ありとあらゆる著述家と名のつくすべての人が。彼らは伝承を改変し、自分自身の言葉を伝承に付け加える。ヨハネの福音書は、他の三つとはかなり異なる（例えば彼のイエスは一度もたとえ話をしないし、悪霊を祓うこともない。そして他の福音書とは違って、彼のイエスは自分自身の本質について長々と講話し、自分の言ったことが正しいと証明するために「しるし」を起こす）。パウロのメッセージは、福音書に似ていると同時に似ていない（例えば、彼は生前のイエスの言葉や行為についてはあまり語らない。だがパウロにとってのきわめて重要なこと、つまりイエスが十字架の上で死に、死から甦ったことを強調する）。ヤコブのメッセージはパウロのメッセージとは違う。パウロのメッセージは『使徒言行録』のメッセージとは違う。『ヨハネの黙示録』のメッセージは、『ヨハネによる福音書』のメッセージとは違う。等々。これらの著者はいずれも人間であり、いずれもが異なるメッセージを持ち、いずれもが自分が受け継いだ伝承を自分自身の言葉で語った。いずれもが、ある意味では、自分の受け継いだ「テキスト」を改変したのだ。

そして言うまでもなく、書記たちのやっていたのもこれと同じことだ。あるレベルでは、たぶん皮肉なことだが、書記たちによる聖書の改変は、新約聖書の著者たちに比べれば、過激さという点では遥かにおとなしいものだった。ルカが自らの福音書を書こうと準備し、その資料として『マルコ』を使ったとき、彼はたんに後代のために『マルコ』を複製しようと考えたわけではない。彼は、自分が見た、聞いたイエスに関する伝承に照らして、『マルコ』を改良しようとしたのだ。一方、現存する写本を造った後代の書記たちは、基本的には目の前にあるテキストを複製することしか頭になかった。ほとんどの場合、自分が新しい本を書いている著者だという考えはなかった。彼らは、古い本を書写する書記なのだった。彼らが行なった改変は――少なくとも、意図的なそれは――間違いなく、テキストの修正と見なされていた。たぶん彼らは、自分たちは昔の写字生が間違えて改変してしまったテキストの言葉を正しく校訂しているのだ、と考えていたのかもしれない。ほとんどの場合、彼らは伝承の改変ではなく、保守を意図していたのだから。

だが、現実には彼らはそれを改変した。時には偶発的に、そして時には意図的に。多くの箇所で、書記たちは自分たちが受け継いだ伝承を改変した。そして場合によっては、それはテキストに対する現行の理解を補強するためだった。

時が流れ、新約聖書のテキストの研究が進むにつれて、私はだんだん、聖書を改変した書記たちに対する批判的な考えを和らげるようになっていった。最初の頃は、私はこれら無名の写字生たちが転写の過程で加えた改変のあまりのおびただしさに仰天した、というかむしろ憤慨したものだ。何しろ彼らときたら、テキストの単語を改変し、著者の言葉でなく自分の言葉でテキストを書く始末だったのだから。だが結局のところ、彼らがテキストに対してやっていたことというのは、私たちの誰もが、テキストを読む度にやっているのとたいして変わらないことだったのだ。そのことに（徐々に）気づくにつれて、私はテキストを改変した人々に対する態度を和らげたというわけだ。

　研究すればするほど、ますます解ってきたのだ。テキストを読むということは、必然的にテキストを解釈するということでもある。研究を始めた頃は、読むということについて、ずいぶん初心《うぶ》な考え方を持っていたと思う。つまり、テキストを読む要点とは、たんにテキストをして「自ら語らしむる」こと、その言葉に固有の意味を見出すことだと。だが現実には、意味は固有のものではないし、テキストが自ら語ることなどもないということが解りかけてきた、もしもテキストが自ら語ることができるのなら、虚心坦懐に、心を開いてテキストを読む者は、誰もがその内容理解の点で一致するはずだ。だが実際にはテキストには数多の解釈が溢れ、テキストの意味内容について人々が一致することはない。これは聖書のテキストに関しても明らかに当てはまる。ちょっと、『ヨハネの黙示録』の解釈なるものが何百、というか何千あるか考えていただきたい。あるいはまた、キリスト教に宗派というものがいくつあるのかを。知的で誠実な無数の人々が、聖書に基づいて教会のあり方や働きを真摯に考えているにもかかわらず、その結論は過激なまでに異なっているじゃないか（バプティスト派、ペンテコステ派、長老派、ローマ・カトリック、蛇遣いのアパラチア教会、ギリシア正教、等々〳〵）。

　あるいは、何らかの白熱した議論で、誰かが滔々と聖書を引用してみせた時、その聖句の解釈に違和感を覚えたことはないだろうか。いったい、どうやってその人はそんな解釈を思いついたのか？　同性愛、教会内での女性のあり方、中絶、離婚、そしてアメリカの外交政策に至るまで、議論を戦わせる敵と味方が、同じ聖書を――それも時には同じ聖句を――引用して、自分の言い分を主張することもままある。これはつまり、一部の人が頑固もしくは馬鹿であるために、テキストが明白に述べていることが解らないためなのか？　いや、確実にそうじゃない――確実に、新約聖書のテキストが、誰にでも意味の判る言葉を集めたというようなものではないからだ。確実に、テキストを理解するには解釈が必要だ。解釈のプロセスもなしに、たんに読むだけでテキストが勝手にその意味を明かしてくれるはずがない。そしてこのことは、もちろん、新約聖書の文書だけじゃなく、あらゆるテキストに当てはまる。さもなければ、合衆国憲法にせよ、『資本論』にせよ、『ミドルマーチ』にせよ、なぜこんな、過激なまでに異なる解釈が溢れかえっているのか？　テキストは、素直に訊ねれば素直に答えてくれるようなものじゃない。テキストは解釈すべきものだ。そしてそれを解釈するのは（それを書くのと同様）、生きて、呼吸をする人間だ。人間がテキストを理解するためには、自分の他の知識に照らし合わせて説明し、その意味を解釈し、テキストの言葉を「他の言葉で」言い換えなくてはならない。

だが、そうしてテキストを他の言葉で言い換えるとは、すなわち言葉を改変するということだ。何かを読むとき、それを避けて通ることはできない。テキストを読むとき、それをしないですますことはできないのだ。テキストを理解するための唯一の方法は、それを読むことだ。そしてそれを読む唯一の方法は、それを他の言葉で言い換えることだ。そしてそれを他の言葉で言い換える唯一の方法は、それと置き換えることのできる他の言葉を知ることだ。そしてそれと置き換えることのできる他の言葉を知る唯一の方法は、いのちを持つことだ。そしていのちを持つ唯一の方法は、欲望、憧れ、欲求、希望、信仰、観点、世界観、意見、好悪――そしてそれ以外の、人間を人間たらしめるすべての要素を持つことだ。つまり、テキストを読むということは、必然的に、テキストを改変するということなのだ。

新約聖書の書記たちがやっていたのは、そういうことだ。彼らは手に入るテキストを読み、それを他の言葉で言い換えた。だが、ときおり、文字通り他の言葉に移し替えてしまうこともあった。ある意味では、これは私たち全員が、テキストを読むときにいつもやっていることに過ぎない。だが別の意味では、彼らのやったことは私たちの行為とは全然違う。私たちがあるテキストを心の中で別の言葉に言い換えるとき、ページの上の実際の言葉を書き換えたりはしない。一方書記たちはまさにそれを行なった。写本の言葉それ自体を変え、そのために後代の読者が目にする言葉もまた別のものになった。それを理解するためには、またしても別の言葉に置き換えなければならなくなったのだ。

そういう点から見れば、書記たちは聖書の言葉を、私たちがやらない方法で改変したと言える。だが最も基本的な意味では、彼らの聖書改変は、私たちがそれを読むたびにやっているのと同じことでもある。なぜなら彼らは、私たちと同様、著者の書いたことを理解しようと努めながら、一方では著者のテキストの言葉が自分自身にとってどんな意味を持つのか、自分自身の状況と自分自身の人生を理解するのにどのように役に立つのかを見極めようとしていたのだから。

註

はじめに

（1）友人のジェフリー・サイカー曰く、新約聖書をギリシア語で読むということはたとえて言えばそれをフルカラーで見るようなもので、一方それを翻訳で読むというのはモノクロで見るようなものだという。だいたいのポイントは解るが、豊かなニュアンスが全然解らなくなる、と。

（2）今ある本の中で一番近いのは、David C. Parker の *The Living Text of the Gospels*（Cambridge: The Univ. Press, 1997）だろう。

第1章

（1）ユダヤ教正典の成立については、James Sanders "Canon, Hebrew Bible" in the *Anchor Bible Dictionary* ed. Noel Freedman（New York: Doubleday, 1992）, I:838-52 を参照。

（2）イエスをラビと呼ぶからといって、彼がユダヤ教内部で何らかの公式な地位を持っていたと言うつもりはない。たんに彼がユダヤ教の教師だったというだけだ。もちろん、彼はたんなる教師であっただけではない。たぶん、「預言者」というのが最善の理解だろう。これに関する詳細は、Bart D. Ehrman, *Jesus: Apocalyptic Prophet of the New Millennium*（New York: Oxford Univ. Press, 1999）を参照。

（3）この中には、三つの「第二パウロ書簡」、つまり『コロサイの信徒への手紙』『エフェソの信徒への手紙』『テサロニケの信徒への手紙二』と、三つの「牧会書簡」すなわち『テモテへの手紙一、二』と『テトスへの手紙』が含まれる。学者たちがこれらの書簡がパウロによるものではないと考える理由は、パウロ自身の書に依拠している。Bart D. Ehrman, *The New Testament: A Historical Introduction to the Early Christian Writings,* 3d ed.

(New York: Oxford Univ. Press, 2004) 参照。

（4） 後に、「ラオディキアの信徒への手紙」と称する捏造がいくつか出現した。そのうちのひとつが現存しており、通常はいわゆる新約聖書外典に含まれている。それはパウロの句や節を繋ぎ合わせ、パウロの書簡のような体裁を繕ったものに過ぎない。もうひとつ、「ラオディキアの信徒へ」と称するものは、明らかに二世紀の「異端者」マルキオンによって捏造されたものだが、現存しない。

（5） Q資料は現存しないが、これが実在したことはほぼ確実だ――その内容は完全には解らないが。Ehrman, *The New Testament,* chap.6 を参照。Qというのはドイツ語の *Quelle* の短縮形で、これは「出典」を意味する（つまりマタイとルカの語録資料の出典となったものという意味だ）。

（6） 例えば、『ペトロの黙示録』や『大いなるセツの第二の教え』と呼ばれる文書がある。これらはいずれも一九四五年に、エジプトはナグ・ハマディ村近郊の「グノーシス的」文書の隠し場所から発見されたものだ。その英訳に関しては、James M. Robinson, ed., *The Nag Hammadi Library in English,* 3d ed. (San Francisco: HarperSanFransisco, 1988), 162-78 を参照。

（7） 「グノーシス」という名称は、ギリシア語で「知識」を意味する *gnosis* に由来している。グノーシス主義とは、二世紀以後の宗派で、この邪悪な物質世界から救済されるために秘密の知識を受けることの重要さを強調する。

（8） 詳細を知りたい方は、Bart D. Ehrman, *Lost Christianties: The Battles for Scripture and the Faiths We Never Knew* (New York: Oxford Univ. Press, 2003)、とくに一一章を参照。全体を通観する情報は、Harry Gamble, *The New Testament Canon: Its Making and Meaning* (Philadelphia: Fortress Press, 1985) を参照。標準的な学問的研究は、Bruce M. Metzger, *The Canon of New Testament: Its Origin, Development and Significance* (Oxford: Clarendon

Press, 1987）を参照。
（9） ポリュカルポス書簡の最近の英訳に関しては、Bart D. Ehrman, *The Apostolic Fathers*（Loeb Classical Library; Cambridge: Harvard Univ. Press, 2003）を参照。
（10） マルキオンとその教えについて詳細は、Ehrman, *Lost Christianities,* 103-8 を参照。
（11） とくに、Willam V. Harris, *Ancient Literacy*（Cambridge: Harvard Univ. Press, 1989）を参照。
（12） 古代ユダヤ人の識字率については、Cathereine Hezser, *Jewish Literacy in Roman Palestine* (Tubingen:Mohr/Siebeck, 2001）を参照。
（13） Kim Haines-Eitzen, *Guardians of Letters: Literacy, Power, and the Transmitters of Early Christian Literature*（New York: Oxford Univ. Press, 2000）27-28、およびそこに引用されたH. C. Youtie の論文を参照。
（14） 標準的な英訳は、Henry Chadwick, *Origen's "Contra Celsum"*(Cambridge: The Univ.Press, 1953)。本書もこれに従った。

第2章
（1） 詳細は、Harry Y. Gamble, *Books and Readers in the Early Church: A History of Early Christian Texts*（New Haven: Yale Univ. Press, 1995）の第三章を参照。
（2） *Seneca: Moral Essays,* ed. and trans. John W. Basore（Loeb Classical Library; London: Heinemann, 1925), 221.
（3） *Martial: Epigrams,* ed. and trans. Walter C. A. Ker（Loeb Classical Library; Cambridge: Harvard Univ. Press, 1968), 1:115.

（4）詳細は、Haines-Eitzen の *Guardians of Letters* を参照。
（5）この実例は、Bruce M. Metzger から借用した。Bruce M. Metzger and Bart D. Ehrman, *The Text of the New Testament: Its Transmission, Corruption, and Restoration,* 4th ed.（New York: Oxford Univ. Press, 2005）, 22-23 を参照。
（6）これはかの有名なムラトーリ正典目録に書かれている。これは、現存する最古の「正典」の目録で、制作者は不明。Ehrman, *Lost Christianities,* 240-43 参照。
（7）これは Kim Haines-Eitzen, *Guardians of Letters* の鍵となる結論のひとつ。
（8）私の言うプロとは、そのための特別の訓練を受け（そして／あるいは）テキストの複製によって報酬を得る書記である。後代の修道僧はそのための訓練は受けたが、報酬は得ていない。だが彼らもまたプロの中に含めたい。
（9）『マタイ福音書註解』一五章一四。Bruce M. Metzger, "Explicit References in the Works of Origen to Variant Readings in New Testament Manuscripts," in *Biblical and Patristic Studies in Memory of Robert Pierce Casey,* ed. J. Neville Birdsall and Robert W. Thomson（Freiburg: Herder, 1968）, 78-79 の引用より。
（10）『ケルソス駁論』二章二七。
（11）Bart D. Ehrman, *The Orthodox Corruption of Scripture: The Effects of Early Christological Controversies on the Text of the New Testament*（New York: Oxford Univ. Press, 1993）を参照。
（12）オリゲネス、『第一原理論』へのルフィヌスによる序文。Gamble, *Books and Readers,* 124 の引用より。
（13）註8参照。
（14）仕事に飽きた、あるいは疲れた書記によるこれ以外の書き込みの実例については、Metzger and

Ehrman, *Text of the New Testament* 一章三項を参照。

(15) 一度だけ、パウロの秘書である書記の名が明かされたことがある。テルティオという男性で、『ローマの信徒への手紙』の口述筆記を行なった。『ローマの信徒への手紙』一六章二二参照。

(16) E. Randolph Richards, *The Secretary in the Letters of Paul* (Tubingen: Mohr/Siebeck, 1991) などを参照。

(17) 新約聖書自身、福音書の著者たちが何らかの「資料」を用いていたことを示している。例えば『ルカによる福音書』一章一－四によれば、イエスの言葉と行ないに関する話を書き留めた先人たちが「多く」存在した。ルカはそれらを読み、「最初から目撃して御言葉のために働いた人々」に相談した後に、彼自身の話を書こうと決断した。それは彼によれば、他のものと違って、「確実」なものであるという。言い換えれば、ルカは自分の書いた事柄について、文書と口承の両方の資料を持っていた——彼自身がイエスの若い頃を知っていたわけではない。同じことは、たぶん他の福音書の著者たちにも言えるだろう。ヨハネの資料については、Ehrman, *The New Testament*, 164-67 を参照。

(18) 一部の写本が他のものよりも「優れている」と判断できる理由に関しては後述する。

(19) 事実、別の書記によって付加された別の結末がいくつも存在していた——英語版聖書の読者に親しまれている十二節だけではないのである。すべての結末に関しては、Bruce M. Metzger, *A Textual Commentary on the Greek New Testament*, 2d ed. (New York: United Bible Society, 1994), 102-6 を参照。

(20) Ehrman, *The New Testament* 第五章、とくに七九－八〇頁を参照。

第3章

(1) 「プロの書記」の意味するところについては、第2章の註8を参照。

（2） これ以前の世紀に写字室の痕跡がないという議論に関しては、Haines-Eizen, *Guardians of Letters*, 83-91を参照。

（3） エウセビウスは今日では教会史の父とされている。彼は教会の最初の三百年の歴史についての十巻本を書いた。

（4） これら初期の翻訳版については、Metzger and Ehrman, *Text of the New Testament* 第二章二項を参照。

（5） ヒエロニムスのものを含むラテン語版新約聖書については、Metzger and Ehrman, *Text of the New Testament* 第二章二項を参照。

（6） これについて、そして以降のページで述べる他の印刷版聖書について、より詳細な情報は、Metzger and Ehrman, *Text of the New Testament* 第三章を参照。

（7） Samuel P. Tregelles, *An Account of the Preinted Text of the Greek New Testament*（London: samuel Bagster & Sons, 1854）3-11を参照。

（8） ラテン語は、texum ergo habes, nunc ab omnibus receptum: in quo nihil immutatum aut corruptum damus.

（9） Metzger and Ehrman, *Text of the New Testament* 第三章二項を参照。

（10） 傍点ホイットビー。Adam Fox, *John Mill and Richard Bentley: A Study of Textual Criticism of the New Testament, 1675-1729*（Oxford: Blackwell, 1954）, 106の引用より。

（11） Fox, *Mill and Bentley*, 106

（12） Phileleutherus Lipsiensis, *Remarks upon a Late Discourse of Free Thinking*, 7th ed.（London: W. Thurbourn, 1737）, 93-94.

（13） 友人のマイケル・ホームズから聞いた話によれば、七千冊のギリシア語聖書（新旧いずれも）のうち、聖書全体、つまり新旧両聖書のすべてを収録しているものはたった十冊だという。この十冊はいずれも不完全だ（あちこちに欠落がある）。そのうち、一〇世紀以前のものはたった四冊に過ぎない。

（14） 写本――手作業による複製――の製作は、印刷の発明以後も続いていた。ワード・プロセッサが手に入る今日でも、依然としてタイプライタを使い続ける人がいるのと同様だ。

（15） この四つのカテゴリは、同じ原理による分類ではないように見えるかもしれない。パピルス写本は、大文字写本と同様、大文字で書かれているが、素材が異なる。小文字写本は大文字写本と同じ素材だが、字形が異なる。

（16） これ以外の偶発的改竄の例は、Metzger and Ehrman, *Text of the New Testament* 第七章一項を参照。

（17） 異文を巡る学者たちの甲論乙駁の議論に興味のある方は、Metzger, *Textual Commentary* を参照。

（18） この実例、および先のいくつかの実例は、ブルース・M・メツガーによる。Metzger and Ehrman, *Text of the New Testament* 二五九ページを参照。

（19） この異文に関するさらなる議論は、二五八ページを参照。

（20） 主の祈りにおける異文に関する詳細は、Parker, *Living Text of the Gospels* 四九―七四ページを参照。

（21） この長い方のヴァージョンを採用した資料の間にも、多様な異文が存在する。

第４章

（１） 中世において聖書がどのように理解され、取扱われていたかに関する古典的な研究は、Beryl Smalley, *The Study of the Bible in the Middle Ages* （Oxford: Clarendon Press, 1941） を参照。

（2） Richard Simon, *A Critical History of the Text of the New Testament*（London: R. Taylor, 1689）, 序文。

（3） Simon, *Critical History*, pt.1, p.65.

（4） Simon, *Critical History*, pt.1, pp.30-31.

（5） Simon, *Critical History*, pt.1, p.31.

（6） Georg Werner Kummel, *The New Testament: The History of the Investigation of Its Problems*（Nashville: Abingdon Press, 1972）, 21 に引用。

（7） 最も完全な伝記は、今もなお James Henry Monk, *The Life of Richard Bentley, D.D.*, 2 vols.（London: Rivington, 1833）である。

（8） Monk, *Life of Bentley*, 1:398 に引用。

（9） Monk, *Life of Bentley*, 399

（10） *Proposals for Printing a New Edition of the Greek New Testament and St. Hieroms Latin Version*（London,1721）, 3.

（11） Monk, *Life of Bentley*,2:130-33 を参照。

（12） Monk, *Life of Bentley*,136

（13） Monk, *Life of Bentley*,135-37

（14） 詳しい伝記は、John C. F. Burk, *A Memoir of the Life and Writings of John Albert Bengel*（London: R. Gladding, 1842）を参照。

（15） Burk, *A Memoir*, 316

（16） この規範がうまく機能しているのはすでに見た。第三章で論じた『マルコ』一章二と『マタイ』二四章三六の例を参照。

(17) C. L. Hulbert-Powell, *John James Wettstein, 1693-1754: An Account of His Life, Work, and Some of His Contemporaries*（London: SPCK, 1938）, 15, 17.

(18) Hulbert-Powell, *John James Wettstein,* 43

(19) ラハマンは研究史の上では、古典時代の作品のテキスト伝承における写本の家系図的関係の方法論を確立したことで知られている。彼の職業上の第一の関心は新約聖書ではなかったが、それをテキスト学者にとって興味深い挑戦対象と見なしていた。

(20) Metzger and Ehrman, *Text of the New Testament,* 172 に引用。

(21) Constantine von Tischendorf, *When Were Our Gospels Written?*（London: The Religious Tract Society, 1866）, 23

(22) Tischendorf, *When Were Our Gospels Written?,* 29

(23) 今日に至るまで、聖カタリナ修道院の修道士たちは、ティッシェンドルフはその写本を「与えられた」のではなく、持ち逃げしたのだと主張している。

(24) ティッシェンドルフの時代以後、さらに重要な写本も発見されている。とくに二〇世紀を通じて、考古学者たちは多数のパピルス写本を発掘し、なかには『シナイ写本』よりも百五十年も古いものもある。これらのパピルスのほとんどは断片だが、なかにはまとまったものもある。現在までのところ、百十六ほどのパピルスが知られ、目録化されている。それは新約聖書のほとんどすべての書物を包含している。

(25) Caspar R. Gregory,“Tischendorf,” *Bibliotheca Sacra* 33（1876）：153-93

(26) Arthur Fenton Hort, ed., *Life and Letters of Fenton John Anthony Hort*（London: Macmillan,1896）, 211

(27) Hort, *Life and Letters,* 250

（28） Hort, *Life and Letters,* 264

（29） Hort, *Life and Letters,* 455

（30） ウェストコットとホートによる校訂規範のまとめは、Metzger and Ehrman, *Text of the New Testament,* 174-81 参照。

（31） 前出註24参照。

第5章

（1） これらの方法に関する詳細は、Metzger and Ehrman, *Text of the New Testament,* 300-15 を参照。

（2） これの意味するところはいろいろあるが、なかでも「ビザンティン」テキストにありがちな多数派が必ずしも最高の文とは限らないというのが重要だ。それはたんに、現存する写本の数の問題に過ぎない。本文批評の古い金言に曰く――「写本は吟味せよ、数えるな」。

（3） これこそ、最も基本的かつ信頼しうる本文批評の原理と考える学者もいる。

（4） 以下に挙げるものの多くは、*TC: A Journal of Textual Criticism*［http://rosetta.reltech.org/TC/TC.html］5（2000）にある私の論文 "Text and Tradition: The Role of New Testament Manuscripts in Early Christian Studies,"から取った。

（5） この異文、およびその解釈の意味に関する詳細は、*New Testament Greek and Exegesis: Essays in Honor of Gerald F. Hawthorne,* ed. Amy M. Donaldson and Timothy B. Sailors（Grand Rapids: Eerdmans, 2003）所収の私の論文"A Sinner in the Hands of an Angry Jesus"を参照。以下の論述の多くはこの論文に依っている。

（6） Ehrman, *The New Testament* 第六章を参照。

（7）『マルコによる福音書』の中で、イエスが憐れんだとはっきり書かれているのは二カ所だけだ。六章三四で、五千人に食べ物を与える場面。そして八章二、四千人に食べ物を与える場面。ルカは前者を完全に書き換えており、後者は削除している。だがマタイは両方の物語を採用し、いずれの場合も、マルコによる憐れみの記述を残している（『マタイ』一四章一四、一五章三二）。『マタイ』では他に三カ所、『ルカ』ではさらに一カ所、イエスが憐れんだと明示的に書かれ、この単語（SPLANGNIZŌ）が使われている。となれば、本文の問題の箇所にその言葉が使われていたなら、両者がそれぞれ別個に、示し合わせたようにその単語を削除している理由は想像しがたい。

（8）これらのさまざまな解釈については、Ehrman, "A Sinner in the Hands of an Angry Jesus" を参照。

（9）書記たちがオリジナルの物語を改変した理由に関するさらに詳細な議論については、後述の二五四―五五ページを参照。

（10）この異文に関する詳細な議論は、Ehrman, *Orthodox Corruption of Scripture*, 187-94. を参照。この条に関する私の最初の論文は、マーク・プランケットとの共著。

（11）なぜ書記たちがルカの物語追加を行なったのかは、後述の二一〇―一二ページを参照。

（12）この異文に関する詳細な議論は、Ehrman, *Orthodox Corruption of Scripture*, 146-50. を参照。

第6章

（1）この時期の主要なテキストに関しては、Bart D. Ehrman, *After the New Testament: A Reader in Early Christianity*（New York: Oxford Univ. Press, 1999）を参照。この時代に関する素晴らしい入門書としては、Henry Chadwick, *The Early Church*（New York: Penguin, 1967）がある。

(2) 以下で扱う資料に関する詳細な議論は、Ehrman, *Lost Christianiies* 第一章を参照。
(3) 詳しくは、Ehrman, *Orthodox Corruption of Scripture* を参照。
(4) 養子論の観点、およびそれを奉じた人々について詳しくは Ehrman, *Orthodox Corruption of Scripture* 四七―五四ページを参照。
(5) 仮現論、および仮現論的キリスト教に関して、詳しくは Ehrman, *Orthodox Corruption of Scripture* 一八一―八七ページを参照。
(6) 前述三三―三四ページを参照。
(7) 彼はまた、パウロの十篇の書簡（新約聖書に収録されたものから『テモテへの手紙一、二』と『テトスへの手紙』を除いたもの）も正典として受け入れていた。また彼は旧約聖書全体を拒絶した。なぜならそれはイエスの神ではなく、創造主である神の書だからだ。
(8) この引用は、ユスティノスの『トリュフォとの対話』より。
(9) この節がルカのオリジナルではなく、反仮現論のために後代に付加されたものだということについて、さらに詳しくは Ehrman, *Orthodox Corruption of Scripture* 一九八―二〇九ページを参照。
(10) もうひとつの付加、およびこの付加に関する詳細は、Ehrman, *Orthodox Corruption of Scripture* 二二七―三二ページを参照。
(11) 分割論者のキリスト論、およびそれを奉じたグノーシス諸派について、詳細は Ehrman, *Orthodox Corruption of Scripture* 一一九―二四ページを参照。
(12) グノーシスについてさらに詳細は、Ehrman, *Lost Christianities* 第六章を参照。
(13) 『異端反駁』第三部一一章七

第7章

(1) Ehrman, *The New Testament* 第二四章を参照。以下の論述の多くはこの章に負っている。より詳細な議論と文献については、Ross Kraemer and Mary Rose D' Angelo, *Women and Christian Origins* (New York: Oxford Univ. Press, 1999) を参照。また、R. Kraemer, *Her Share of the Blessings: Women's Religions Among Jews, Pagans, and Christians in the Graeco-Roman World* (New York: Oxford Univ. Press, 1992), Karen J. Torjesen, *When Women Were Priests: Women's Leadership in the Early Church and the Scandal of Their Subordination in the Rise of Christianity* (San Francisco: HarperSanFrancisco, 1993) も参照。

(2) 詳細は、Ehrman, *Jesus* 一八八－九一ページを参照。

(3) Ehrman, *The New Testament* 第二三章を参照。

(4) パウロが三四－三五節を書いていないという主張に関する詳細は、Gordon D. Fee, *The First Epistle to the Corinthians* (Grand Rapids: Eerdmans, 1987) の註釈を参照。

(5) これに関する最新の論述は、A. Denaux, *New Testament Textual Criticism and Exegesis* (Leuven: Univ. Press, 2002), 227-92 所収の Eldon Jay Epp,"Text-critical, Exegetical, and Sociocultural Factors Affecting the Junia/Junias Variation in Rom 16:7"

(6) この種の改変の他の例に関しては、Ben Witherington,"The Anti-Feminist Tendencies of the 'Western' Text of Acts," *Journal of Biblical Literature* 103 (1984) : 82-84 を参照。

(7) この分野の決定版と言えるのが、Rosemary Ruether, *Faith and Fratricide: The Theological Roots of Anti-Semitism* (New York: Seabury, 1974) と John Gager, *The Origins of Anti-Semitism: Atitudes Toward Judaism in Pagan*

and Christian Antiquity（New York: Oxford Univ. Press, 1983）。また最近のものとしては、Miriam Taylor, *Anti-Judaism and Early Christian Identity: A Critique of the Scholarly Consensus*（Leiden: Brill, 1995）がある。

（8） Ehrman, *Apostolic Fathers* 二章三一―八三を参照。

（9） ジェラルド・ホーソーンによる英訳。この説教の全訳は、Bart D. Ehrman, *After the New Testament* 二一五―二二八ページを参照。

（10） David Daube,"For They Know Not What They Do," in *Studia Patristica,* vol.4, ed. by F. L. Cross (Berlin: Akademie-Verlag, 1961), 58-70 および Haines-Eitzen, *Guardians of Letters,* 119-23 を参照。

（11）『ケルソス駁論』の英訳は、Henry Chadwick's edition; *Origen: Contra Celsum*（Oxford: Clarendon, 1953）による。

（12） Ernst Bammel,"The Cambridge Pericope: The Addition to Luke 6.4 in Codex Bezae," *New Testament Studies* 32（1986）: 404-26 を参照。

（13） 初期キリスト教に対する迫害の古典的研究は、W. H. C. Frend の *Martyrdom and Persecution in the Early Church*（Oxford: Blackwell, 1965）。また、Robert Wilken, *The Christians as the Romans Saw Them*（New Haven: Yale Univ. Press, 1984）も参照。

（14） さらに、紀元七〇年（この年にイェルサレム神殿が破壊された）以前は、ユダヤ人は皇帝のために犠牲を捧げることで知られていた。つまり国家に対する忠誠の証だ。

（15） 詳しくは、最近出版された Wayne Kannaday, *Apologetic Discourse of the Scribal Tradition*（Atlanta: Society of Biblical Literature Press, 2004）、とくにその第二章を参照。

（16） R. Joseph Hoffman（Amherest, NY: Prometheus, 1994）による英訳。

（17）詳細は註15の文献を参照。

（18）Robert M. Grant, *Greek Apologists of the Second Century*（Philadelphia: Westmenster Press, 1982）を参照。

（19）Eugene Gallagher, *Divine Man or Magician: Celsus and Origen on Jesus*（Chico, CA: Scholars Press, 1982）を参照。

（20）Dale B. Martin, *Inventing Superstition*（Cambridge: Harvard Univ. Press, 2005）を参照。

（21）教者ユスティノス、『トリュフォとの対話』八八。

（22）P^{45}写本はこの部分に穴が開いているが、文字の数を数えることによってこの空隙を埋め、これがオリジナルであることは明白である。

終章

（1）最近の議論に関しては、Adam Nicolson, *God's Secretaries: The Making of the King James Bible*（New York: HarperCollins, 2003）を参照。

訳者あとがき

本書はバート・D・アーマン著『イエスの誤引用——聖書を改変した人々とその理由の背後にある物語』(Misquoting Jesus: The Story Behind Who Changed the Bible and Why, HarperSanFrancisco, 2005)の全訳です。邦題は『捏造された聖書』と、ややスキャンダラスで陰謀論的な香りのするものになりましたが、一読された方にはお判りの通り、内容は実に健全かつ学術的で、スタンダードな現代聖書学の成果を解りやすく伝えるものになっています。昨今話題の『ダ・ヴィンチ・コード』などとは一線を画する正統派の著作でありながら、ある意味ではキリスト教二千年の知られざる暗部を冷徹に暴露する興味深い内容、しかも記述は明快で具体的、かつユーモアに溢れているという、まさに至れり尽くせりの良書と言えるでしょう。

著者アーマンは第一級の聖書学者。現在はノース・キャロライナ大学宗教学部長を務め、新約聖書、原始キリスト教会、イエス伝の専門家です。多くの立派な学術論文を発表している他、一般向けの書物の執筆にも意欲的で、すでに二十冊近い著書を出版しています。その内容も初期キリスト教の異端を論じたLost Christianities(失われたキリスト教)や異端の聖書を扱ったLost Scriptures(失われた聖書)などの学術的色彩の濃いものから、話題の小説を題材にイエスやマグダラのマリアの真実を明かすTruth and Fiction in the Da Vinci Code(『ダ・ヴィンチ・コード』の真実と虚構)という大衆向きのものまで、実に多岐に及んでおり、学者としての彼のフットワークの軽さが窺えます。

さて、そのアーマンの最新作である本書は、彼の専門である「本文批評」という学問分野を、一般の読者に向けて解りやすく語ったものです。と言っても堅苦しい教科書的な部分は全くなく、むしろ良質の推理小説のように、ワクワクしながらページをめくることができるでしょう。

かつて著者アーマン自身がそうであったように、保守的なキリスト教徒の中には、今もなお聖書を「一字一句の間違いもない神の言葉」として理解している人がたくさんいます。しかし冷静に考えてみれば、印刷技術が発明される以前の世界では、書物というものは人間が一冊一冊、一字一字手で転写することによって製作されていたわけで、神ならぬ人間のやることである以上、そこには必ず何らかの間違いや改竄が生ずるものです。その間違いや改竄は年を経るごとに幾何級数的に累積し、現在ではもはや、オリジナルな聖書の言葉というものはどこにも存在しない、と言っても過言ではないという状況になっています。

「本文批評」とは、現存する写本を丹念に比較考量することによって、本来の聖書原文を再現しようとする学問です。三百年の長きにわたって連綿と続けられる本文批評家たちの苦闘と、それによって徐々に明らかになりつつある聖書の真の姿、それこそが本書の主題です。

書記たちによる聖書の改竄には、単純な間違いと意図的な改変の二通りがあるわけですが、何と言っても興味深いのは、彼らが意図的に行なってきた改変の方でしょう。それは聖書の原文に対する取り返しのつかない毀損行為であるにもかかわらず、それに手を染める書記たちには何の悪気もなく、むしろ彼らは純粋な善意や使命感に駆られて、「神から与えられた」と自ら信ずる書物に恣意的な改変を加えてきたのです。彼らの信奉する神学そのものや当時の社会状況が、かけがえのない聖書の原文をいかに破壊してきたか、そして現在の私たちが手にしている聖書がそのような破壊を被った結果、いかに原文とは似ても似つかぬものに成り果ててしまっているか、本書によって初めて気づかされる方も多いのではないでしょうか。

本文中に引用された聖書本文については、日本聖書協会の新共同訳聖書を参考にさせていただきました。ただし、原書に引用されている聖書本文がアーマン自身によってギリシア語から英訳されたものであるため、現在の日本語版新共同訳とは厳密には対応しておらず、場合によっては英語の文意を尊重するために適宜新共同訳に改変を加えた点があることをお断りしておきます。とはいうものの、本書の最終章をお読みいただいた方には、ご寛恕いただける改変であると確信するものです。

改変といえば、翻訳者が作業中に参照していた新共同訳聖書は版が古いものであったらしく、現在書店で流通している新共同訳聖書とはかなり用語等が異なっているとの指摘を頂きました。本書の第七章で詳述されている「社会的理由による聖書テキストの改変」は、何も二世紀や三世紀に限った話ではなく、この二一世紀の日本においてもなお、厳然として行なわれ続けているわけです――そしてそれを行なう人々の動機は、やはり純粋な善意なのです。

最後になりましたが、本書の翻訳に際しては柏書房の飯浜利之氏にひとかたならぬお世話になりました。この場を借りまして御礼申し上げます。

二〇〇六年五月

訳者識

著者紹介

バート・D・アーマン（Bart D. Ehrman）
ノース・キャロライナ大学宗教学部長。新約聖書、原始キリスト教会、イエス伝の権威である。著書多数。

訳者紹介

松田和也（まつだ・かずや）
翻訳家。主な訳書に『イエスの血統』『禁じられた福音書』（いずれも青土社）『アホでマヌケなアメリカ白人』（柏書房）など。

捏造《ねつぞう》された聖書《せいしょ》

2006年6月10日　第1刷発行

著　者　バート・D・アーマン
訳　者　松田和也
発行者　富澤凡子
発行所　柏書房株式会社
東京都文京区本駒込1-13-14（〒113-0021）
電話(03)3947-8251［営業］
(03)3947-8254［編集］

装　幀　森　裕昌
印　刷　萩原印刷株式会社
製　本　小高製本工業株式会社

ISBN4-7601-2942-1